钟兆云　易向农　著

父子侨领

—— 庄希泉　庄炎林百年传奇 ——

山西出版传媒集团

山西人民出版社

图书在版编目（CIP）数据

父子侨领:庄希泉、庄炎林百年传奇 / 钟兆云,易向农著
—太原:山西人民出版社,2013.12
ISBN 978－7－203－08347－4

Ⅰ.①父… Ⅱ.①钟… ②易… Ⅲ.①庄希泉（1888~1988）
—生平事迹 ②庄炎林—生平事迹 Ⅳ.①K827=7

中国版本图书馆 CIP 数据核字（2013）第 222304 号

父子侨领:庄希泉、庄炎林百年传奇

著　　者:	钟兆云　易向农
选题策划:	吕绘元
责任编辑:	吕绘元
特约编辑:	魏　华
装帧设计:	刘彦杰
出 版 者:	山西出版传媒集团·山西人民出版社
地　　址:	太原市建设南路 21 号
邮　　编:	030012
发行营销:	0351－4922220　4955996　4956039
	0351－4922127（传真）　4956038(邮购)
E－mail:	sxskcb@163.com　发行部
	sxskcb@126.com　总编室
网　　址:	www.sxskcb.com
经 销 者:	山西出版传媒集团·山西人民出版社
承 印 者:	山西天天印业有限公司
开　　本:	720 毫米×1010 毫米　1/16
印　　张:	16.75
字　　数:	270 千字
印　　数:	1—10000 册
版　　次:	2013 年 12 月 第 1 版
印　　次:	2013 年 12 月 第 1 次印刷
书　　号:	ISBN 978-7-203-08347-4
定　　价:	35.00 元

如有印装质量问题请与本社联系调换

两代华侨永爱中华的心灵史(序)

罗豪才

庄希泉离开我们已有二十多个年头了，但我依然清晰地记得他老人家的音容笑貌，记得他"永爱中华，矢志不渝"的座右铭。

庄希泉祖籍福建安溪，我幸而与他同乡。作为侨乡大省，福建的侨民有着光辉的历史，除了"华侨旗帜"陈嘉庚外，庄希泉便是其中不可忽略的一位。福建省委党史研究室的同志写了一部反映庄希泉风云一生的书稿，邀我作序，我欣表同意，这大概是纪念庄希泉最好的方式了。

庄希泉早年追随孙中山先生参加同盟会，为民主革命两次下南洋筹款，后又赴新加坡办实业、兴教育。其间，他与夫人余佩皋等人发起、领导了有二十多万侨胞参与的反对殖民当局压制华侨教育的斗争。1924年，国民党改组后，庄希泉夫妇在厦门加入国民党，开展抗日民主运动并因此入狱，备受折磨。蒋介石叛变革命后，他们毅然退出国民党组织，在上海、福建及菲律宾等地开展反蒋抗日活动，再次获罪入狱。抗日战争期间，庄希泉先后在香港、桂林、重庆等地从事抗日工作。尤为感人的是，在广西期间，他毁家纾难，与时任中共地下党党员的儿子庄炎林等冒险潜入已被日军占领的香港，将二十多箱家产设法搬运出来变卖，所得全部捐给当时的中共广西省工委，支援抗战。解放战争期间，庄希泉坚决反对蒋介石的内战政策，支持全国人民的解放事业，体现了一位民主人士对党和人民的赤胆忠心。庄希泉与陈嘉庚先生早年熟识，在历次革命期间又互相支持鼓励，建立了深厚的友谊。新中国成立前夕，庄希泉受党中央委托，作为特使赴新加坡，邀陈嘉庚先生回国参加第一届中国人民政治协商会议，被传为佳话。

新中国成立后，庄希泉先后任中央人民政府华侨事务委员会副主任委员、全国人大代表、全国人大常委会委员、全国侨联主席、全国政协副主席等职。他与何香凝、廖承志、陈嘉庚、方方等同志一道，协助中央制定了一系列侨务政策。他深入侨乡，了解侨情，慰问侨胞。在反右扩大化和"文化大革命"期间，他刚正不阿，抵制"左"的影响，保护了一批归侨、侨眷干部。春回大地后，庄希泉以九旬高龄出任第二届全国侨联主席，为侨务界的拨乱反正、侨乡的两个文明建设以及侨联组织的健全和发展倾尽心血。1982年，在列席了党的第十二次全国代表大会之后，庄希泉以九十五岁高龄加入了中国共产党。

我与庄希泉的独子庄炎林曾在全国侨联一起共事，熟知他的作风和品格。庄炎林十七岁参加革命，曾先后在广西、广东、上海等地从事抗战和地下工作，可谓九死一生。新中国成立后，他先后在福建省的共青团、文教、宣传、水电、省政府等部门工作，后调任国家对外经济联络部，赴坦桑尼亚负责包括坦赞铁路等在内的援外事宜。回国后，历任国家旅游总局副局长、国务院侨办副主任、全国侨联主席等职。卸任后，他退而不休，继续为侨务等工作发挥余热。其间，他发起并参加了我国首届铁人三项马拉松比赛，被誉为"中华第一老铁人"。

福建省委党史研究室的同志以父子合传的方式，以翔实的史料、斐然的文采、充沛的感情，将庄希泉、庄炎林父子的感人事迹写出来，意义深远。读者从中不仅能领略到庄氏父子精诚报国的风采，还能感受到一代又一代华侨薪火相传、永爱中华的赤子之心。

这些年，祖国面貌发生了巨大的变迁，综合国力不断增强，国际地位不断提高，祖国统一大业有了新进展，海内外归侨、侨眷和华侨、华人无不为之欢欣鼓舞。作为老一辈侨领，庄希泉若地下有知，想必一定十分欣慰。而作为生者，我们当效法楷模，见贤思齐，完成前人未竟之业。

是为序。

（罗豪才，曾任全国政协副主席、中国致公党中央委员会主席）

目　录

第一章　投身革命的商界俊才

追风少年

在台湾海峡西岸厦门湾的一处海边，一群少年正在嬉戏。他们时而互打水仗，时而比赛泳技。忽然，传来一声惊叫，既而又戛然而止。循声望去，只见海水深处，一个孩子在拼命挣扎着。

"救命啊，有人溺水了！"伙伴们惊慌呼救。

危急中，一位年纪稍长的少年迅即划向深海，顷刻消失在波浪里。

就在伙伴们惊惧时，波涛中探出一个头来，正是那救人少年。只见他右手拽着溺水者的手臂，左手奋力向前拨水，终于安全到了岸边。溺水的孩子得救了！

"喔！老二哥真行！"

那个被众人叫作老二哥的少年姓庄，族名朝君，又名希泉，在家族同辈中排行第二，家住厦门岛。明洪武年间（1368—1398），朝廷在这个岛上筑城寨、置卫所，命城名为厦门，意寓祖国大厦之门。因古时常有成群的白鹭于此栖息，故又称鹭岛。

庄希泉祖籍泉州安溪县龙门乡榜寨村，是福建内地一个典型的村落。当地常有大姓欺小姓的现象，庄姓算小姓。加之19世纪中叶安溪县发生了严重的洪涝灾害，粮食连年歉收，农家十之八九难以为生。无奈之下，庄希泉的祖父庄登山只好举家逃荒至厦门，以打零工、卖苦力维持生活。

厦门是早年被开放的通商口岸之一，是英、法、日、美、俄等国倾销商品，掠夺资源和诱拐华工贱卖为奴的重要巢穴，也是列强进一步侵华的桥头堡之一。对外开埠后，厦门船舶激增，闽南一带的许多贫苦农民纷纷到此讨生活。庄登山正是众多码头工人中的一个。

庄登山身强体壮,能吃苦,也不失精明,一段时间后便积攒了一小笔钱,做起了小本生意。他先做挑货郎,后摆水果摊,贩卖南北杂货等,生活倒也能混个温饱。

庄登山膝下育有三子两女,长子庄有沙、次子庄有理、三子庄有才。由于次子庄有理生性聪慧,颇谙商道,因此庄登山把振兴家业的希望寄托在他的身上。庄有理也不负父望,少年即独自一人走南闯北,协助父亲打理生意。没几年,庄氏商业就颇具规模,在厦门打响了庄春成的商号,成为闽南有名望的商贾。

庄有理成年后,娶同乡姑娘林勤慎为妻。1888年八月初四,林氏产下一子。小生命的到来,给这个殷实之家带来了莫大的欢乐。深受传统思想影响的庄有理,期待儿子能出人头地,光耀门庭,将来朝拜君王,出将入相,故循朝字辈为子取名朝君,后又名希泉,冀望他成为稀世之才。

庄有理凭其出众的经营管理才能,周旋于各大商贾和外来产业之间,得心应手,游刃有余。少年不识愁滋味,庄希泉在厦门岛虎仔山自家后院里,过着桃花源般的生活。

随着资本的壮大,庄有理逐渐把经营的触角延伸到台湾、上海等地。经营的范围也不断扩大,除了南北杂货外,还涉足地产、运输等行业。

到19世纪末,庄家通过合法经营,资产日益丰厚。在家族同辈中,庄有理虽排行第二,却承担着大管家的职责。他历来一碗水端平,不分远近亲疏、嫡出庶出。他还将弟弟庄有才送出去读书,"家里得有个读书人",庄有理一直坚持这个观点。

1896年9月的一天清晨,八岁的庄希泉被父亲从睡梦中唤醒。今天是庄希泉由父亲领着去学馆拜先生的日子,一路上父亲告诉他,只有读好书,才能出人头地。

跨过一道高高的庭院门槛,一位身着长衫、银须飘飘的先生正站在屋檐下静候他们。

"朝君,快快拜过先生。"庄有理放开儿子的手,急急地催道。

"不忙,先拜过圣人牌位。"先生神情威严地扫了庄希泉一眼,肃穆地领他进了堂屋。

堂屋里烟雾缭绕,一张八仙桌紧靠北墙,桌上摆放着蜡烛、香炉和五颜六色的各类祭品,墙壁正中挂着一幅孔子像。

焚香,三跪九叩;再焚香,再三跪九叩。庄希泉晃着脑后的小辫子,先后拜过画里和眼前的这一死一生两位先生。

从此,庄希泉便每天奔走于学馆与虎仔山之间。四年的私塾生活为庄希泉打下了良好的古文基础。1900年,十二岁的庄希泉步入厦门东亚书院,开始接受新式教育。

厦门东亚书院由厦门士绅创办于清末,开设有算术、外文、地理、化学、物理等新式课程,里面有较完备的设施,还有练琴房、体育场等,让人备感新鲜。

这所所谓的新式学校,随着日本人的染指,最终沦为日本推行殖民教育的工具。1894年,中日甲午海战,北洋水师一败涂地。战后一纸《马关条约》,除巨额赔款外,宝岛台湾连同澎湖列岛一并割让给了日本。然而,狼子野心的日本侵略者犹嫌不足,还在磨刀霍霍谋划下一步鲸吞中国的步骤:以台湾为基地,厦门为跳板,占据福建,窥伺中原。于是,厦门东亚书院就成为日军侵华前哨的一个卒子。

年龄渐长,庄希泉开始用自己的眼睛审视外面的世界,并思考一些问题。为什么那个日本老师说他们大和民族如何如何好,中国如何如何差?为什么日本人要讽刺中国人的辫子为猪尾巴?为什么中国人要对日本人点头哈腰?……

没多久,庄希泉就厌倦了书院的生活。一有机会,他就逃出校门,去游泳、爬山、划船、练武。日本人不是说中国人是东亚病夫嘛,我就要跟他们比试比试。有了这种心理后,逃课于他就更是家常便饭了。游泳是他的最爱,把辫子盘在头顶,衣服一脱塞进海堤岸的石头缝里就下水了。他摸着了水路,可以游到深海处。

三番五次的逃学惹来了老师的告状、家长的责怪,庄希泉却依然我行我素。满嘴"睦邻亲善"的日本校长眼见权威大扫,恼火之余,要他限期改正,否则做退学处理。1903年下学年,庄有理对儿子软硬兼施无效后,只好让他退学回家,跟自己学经商。

但是,过早地让尚未成年的儿子投身社会,庄有理于心不忍。半年后,庄有理的连襟极力怂恿他聘请一位叫陈观波的昔日同学来家授课。陈观波虽是前清秀才,但思想开放,学贯中西,见多识广,曾下南洋担任新加坡崇正学校的校长。1904年春,陈观波回乡省亲,偶遇庄希泉的这位姨夫。经一番恳请,陈观波同意在家乡逗留期间做庄希泉的私人教师。

陈观波国学功底扎实，又出过国门，深知中国的积贫积弱非得有一场大变革才可改变。当时，孙中山正在海内外组织革命活动，影响颇大。革命的思潮冲击着这位爱国知识分子的心田。

陈观波每天除讲授经典古籍外，还给庄希泉讲孙中山革命的故事、西方列强瓜分中国的险恶用心、清廷的腐败和人民的困苦以及他在南洋的所见所闻。如此传道授业解惑，庄希泉的心灵深处慢慢打开了一扇感受清新空气和世界潮流的窗户。爱国主义和革命的种子开始在他的内心发芽。这位启蒙教师对他影响颇深，以至多年后谈到陈观波，庄希泉总是满怀敬仰之情："是他给了我最早的爱国主义和革命精神的启蒙教育，他是我人生中最重要的一位老师。"

陈观波给庄希泉带来了一段阳光灿烂的日子，但好景不长，八个来月后，他必须返回新加坡执教，庄希泉不得不重新择师而学。

这时，厦门一所有名的私塾公开招生，先生周墨史，晚清举人，诗文俱佳，颇有才气。1904年秋，十六岁的庄希泉，又被一心望子成龙的父亲送到这位名儒门下。陈观波为他打开的那个世界，使庄希泉再也无法安心于之乎者也的生活。周墨史的授课虽无可挑剔，但四书五经已无法满足庄希泉对新事物的好奇心。此时，西方列强掀起了新一轮瓜分中国的狂潮，义和团运动和孙中山领导的革命风起云涌。中国再也放不下一张平静的书桌。庄希泉心潮起伏，难以平静。为了解惑释疑，他开始留意一些进步书刊，并开始接触那些被视为禁书的书籍。

"你怎么看这种书？"一日，庄有理见儿子在房间里聚精会神地捧读革命党人邹容的《革命军》，气得一把抢过来，狠狠地摔在地上。

"为什么不能读？世道变了，国家快亡了，我们都有责任！"庄希泉跟父亲顶撞起来。他性格一向很温和，这次却是例外。

庄有理何尝不知道这些，只是他更清楚革命就要流血、就要掉脑袋。从情感上讲，他是怕爱子走上这条不归路。

但庄希泉似乎"中毒颇深"，拒不顺从父亲。庄有理堵塞不成，疏导不通，因为也没有那么多的时间、精力监督，加上他本人还算开明，只好睁一只眼闭一只眼，听之任之了。

异端与叛逆者

1906年初秋的一天，厦门港一如往日的喧嚣。飘扬着英国、日本国旗的大小轮船总也卸不完五花八门成捆成箱的洋货和走私的鸦片。贩夫走卒、散兵游勇、日本浪人等在码头上行色匆匆，叫卖声、吆喝声、斥责声、哀讨声，连着轮船汽笛的呜呜声，不绝于耳。这般触目惊心、两极分化的繁荣，是帝国主义主导下的特殊景象，是专制王朝灭亡前的回光返照，正所谓"红肿之处，艳若桃花；溃烂之时，美如乳酪"。

码头一边，一大一小正向一位妇女挥手道别。少年满含热泪，看来他是第一次出远门，第一次和亲人别离。

少年正是庄希泉，十八岁的他，今天要随父亲远赴上海。在上海，庄有理设有庄春成商号，他希望儿子在上海这个大世界里好好锻炼，将来继承家业，把商号做大做强。既然"学而优则仕"的路子走不通，只好退而求其次了：兵荒马乱之际，做一个社会实业家也不错，在任何政治局面下，都能立足。

轮船起航了。在夹杂着腥味的海风中，庄希泉站在甲板上，不停地向渐远的母亲挥手。在大上海，迎接他的将是怎样的一个未来呢？他无从知晓，却热血奔涌，有一种"海阔凭鱼跃，天高任鸟飞"的振奋心情。

上海黄浦滩头，坐落着英国总领事馆。领事馆南边，有一尊塑造于1893年的英国前驻华公使哈里·斯密·巴夏礼的铜像。这尊铜像，也许是古老中华的第一尊。黄浦滩边的这一码头，就叫铜人码头。

为什么要在自家国土上塑洋人铜像？为什么要有租界呢？庄希泉带着许多问号，打量着这个光怪陆离的城市、中国最大的租界。在庄希泉有限的视野中，20世纪初的上海，是冒险家的乐园、富人的花花世界、洋人的极乐天堂、商人的疯狂舞台、穷人的悲惨地狱！

庄春成商号由庄有理、庄有沙、庄有才三兄弟共同经营，设在永安街首富里，占地三百多平方米，分上下两层，上层住人兼会客，下层售货。商号主营南北杂货,包括福建的土特产、上海的日用品等。

按照父亲的安排,庄希泉在庄春成商号做出纳。他的工作并不累,主要是管好钱,厘清每日的开销,做到日清月结。本着代父操劳之心,庄希泉办事细心,大小交易、各项收付,他都接手经管,笔笔准确无误。加上他待人和善,深得店里伙计的好感,平素大伙儿都称他二少爷,私下里却亲切地叫他老二哥。

庄希泉闲下来时,喜欢一个人到外面溜达,寻找商机,并广交朋友。鉴于儿子的性格,庄有理也有意识地让他参与一些抛头露面的事,并时不时派他代替自己参加泉漳会馆的聚会。

泉漳会馆是福建闽南商人在上海的一个聚会场所兼讨论商务之地,活动经费由各商家酌情负担。在家靠父母,出门靠朋友,中国人历来讲究地缘关系。同是商人,又系老乡,出门在外更应互相照应。由于沪上泉州、漳州籍商友们同声相应、意气相投,泉漳会馆倒也办得有声有色。随着国事维艰,民族存亡系于一旦,来会馆的闽商们讨论的话题渐渐越出了商务范围,更多谈论的是国事。不少反清志士也成了这里的常客。

一来二去,庄希泉慢慢地喜欢上了这里,泉漳会馆成了他在沪最爱去的处所之一。他往往一个人坐在角落里,静听走南闯北的商人们互通八方信息,思索那些抨击政局、呼吁救亡图存的振聋发聩之声。结合越来越深陷半殖民地半封建深渊的大上海和其他地方的见闻,尤其是同盟会、革命军、保皇派、旧政权等进步势力与腐朽势力在这里进行的激烈较量,他感觉自己一下子成熟了许多。

庄希泉聪颖且善于钻研,很快就适应了复杂多变的市场。他有条不紊、举重若轻的工作风格,颇让父亲满意。眼见儿子业已成年,庄有理把儿子的婚事提上了日程。

1908年,二十岁的庄希泉与苏州姑娘叶草余成婚。叶草余虽未受过新式教育,但在当过前清翰林的父亲叶大年影响下,略懂诗书。

庄希泉新婚燕尔,家和万事兴。三年的商海历练,他牛刀小试,崭露出了出色的经商才能。庄有理看到儿子言谈举止多了几分稳健,欣慰之余,提前让他挑大梁——担任庄春成商号的经理。庄希泉接手商号工作后,在接待客商之余,与泉漳会馆的联系也更频繁紧密了。由于庄春成商号是当时福建商人在上海开办的规模较大的一家商号,因此庄希泉经常受邀参加一些茶会和恳谈会。

　　泉漳会馆创办了一所学校,名为泉漳中学,主要面向闽籍子女招生。学校聘请了一批思想进步的知识分子担任教员。学校需要同乡商号提供资金,因此很多活动是与泉漳会馆联合举办的。随着革命形势的发展,泉漳会馆同人与泉漳中学的思想越来越激进,除了经常邀请革命人士来会馆讲课外,还购置了不少进步书籍和报刊。庄希泉积极投身其中,并借机阅读了大量进步书籍。

　　一天,泉漳会馆突然来了一位陌生人,此人面容清癯,目光炯炯,一袭长衫,最引人注目的是他已经剪去了象征大清子民的辫子。

　　这位被视为异端与叛逆者的来客,姓沈名缦云,江苏无锡名士,是应邀来此演讲的。沈缦云国学了得,在清政府组织的乡试中曾中过举人,1905年任复旦公学校董事,1909年任上海商务总会议董。他过去也曾是保皇党人,但在革命思潮的激荡中,加入了同盟会,成为一名坚定的革命党人,矢志追随孙中山。

　　沈缦云的演讲深入浅出,激昂动人。坐在前排的庄希泉如沐春风、如饮醍醐,激动不已。待其演讲完毕,庄希泉疾步上前,紧握其手,向其表明了自己想参加革命的心志,并邀请他到庄春成商号做客。沈缦云似乎也很喜欢这个热情似火的年轻人,便爽快地接受了他的邀请。

　　随着交往的增多,庄希泉与大自己二十岁的沈缦云成了忘年之交。19世纪末,中国正值内忧外患,贫苦出身的沈缦云受实业救国论的影响,自愿放弃仕途功名,投身实业。在实践中他深感金融在振兴实业中的重要性。面对外国银行在中国纷设的局面,他于1906年与人合资,在上海创设信成商业储蓄银行,任协理,主持日常业务,慨助革命。他办事精明谨慎,经营得法,随后又陆续在南京、天津、无锡、北京等地开设分行。随着银行业务蒸蒸日上,沈缦云又以雄厚的财力从事政治活动。当选上海商务总会议董后,曾代表上海商务总会赴北京参与速开国会请愿活动。

　　谈及清廷的腐败,沈缦云感叹:"釜水将沸,游鱼未知。天意难回,人事宜尽。"他告诉庄希泉:"中国前途,舍革命无他法。"

　　从商之余关心时局,与国家民族命运相联系,既是改变商人不好名声的首途,也是商人安身立命之所在。这是沪地商界上层加入同盟会第一人沈缦云几番耳提面命之后,庄希泉在心底涌起的涟漪。

　　此时的上海,有关清廷之覆指日可待的议论正在各色人等中广为流传。1911

年4月爆发的广州黄花岗起义，连同捐躯英烈中多有福建子弟的消息，强烈地震撼着泉漳会馆的同人。

腐败的清廷，像秋后的蚂蚱，蹦跶不了几天了！此时，沈缦云又不失时机地来到泉漳会馆，开展反清宣讲活动。继发起组织并担任全国商团联合会副会长后，沈缦云于1911年6月组织中国国民总会，并任会长，在政商界的影响力与日俱增。通过沈缦云，庄希泉结识了更多的革命志士，他要求参加革命的愿望更强烈了。

黄花岗之役一个月后，湘鄂川粤各地掀起了声势浩大的保路风潮，把清王朝推向了火山口。庄希泉已不满足于在泉漳会馆坐闻如火如荼的革命消息，为了更便捷地了解局势，他一有空就往望平街跑。

望平街南起福州路，北终南京路，全长不过二百米。在望平街汉口路的转角，矗立着两座大厦，一座坐北朝南，是新闻报馆；一座坐西朝东，是申报馆。申报馆向南数十步，即福州路的转角，便是和《申报》《新闻报》齐名的《时报》所在地时报馆。申报馆北边，便是外国坟山，初期的英租界到这儿便到了尽头。可以说，这个世界闻名的报馆街，犹如伦敦的舰队街。就是这条短短的望平街，因为有了这些执中国报坛之牛耳的各大报馆，而与世界呼吸相通，名震中外。

站在望平街上，不用看报，单听议论就可知道朝野内外的动态。庄希泉正是在望平街上了解到保路风潮的进展，并听到武昌起义消息的。

世道真的要变了！

素有"九省通衢"之称的武汉，在1911年10月10日以一场武昌起义推倒了古老中华大地上的第一张多米诺骨牌，各地纷纷揭竿而起，一时间革命浪潮风起云涌，湖南、陕西、江西、山西、云南、贵州、广西等地相继起义或独立，风雨飘摇的清王朝顷刻间土崩瓦解。

恰在这时，庄希泉的长女来到了人世，庄希泉为其取名复生（后名庄玮），寄寓了他期待推翻腐朽的清王朝后古老中华能够重生的深意。

处于中西荟萃之地的上海也积极响应革命。11月3日，上海革命党人组织民军联合商团，在陈其美等人的领导下，发动了上海武装起义。次日，革命军攻克江南制造局，上海宣告光复。革命军公举陈其美为上海军政分府都督，有革命银行家之称的沈缦云因"克复沪江之主功"（孙中山语），而被推举为财政总长。11月6日，上海军政分府（后改为沪军都督府）于海防厅成立，并发布告示如下：

照得武昌起义　同胞万众一心
凡我义旗所指　罔不踊跃欢迎
各省各城恢复　从未妨害安宁
上海东南巨埠　通商世界著名
一经大兵云集　损害自必非轻
今奉军政府命　但令各界输诚
兹已纷纷归顺　足见敌忾同情
惟愿亲爱同胞　仍各安分营生
洋人生命财产　切勿乘此相侵
转瞬民国成立　人人共享太平

黄帝纪元四千六百零九年九月十八日

这个团结亲民的政纲,连同即将改换门庭的中国国体,预示着崭新的未来。庄希泉兴奋地关注着正在发生的这一切,为了表明与清廷决裂的决心,他果断剪掉了辫子,并鼓动伙计们效法。心甘情愿效法沈缦云做异端与叛逆者的他,一度放下手中的生意,跑到上海军政分府门前,饶有兴趣地观看进进出出的革命党人,急切地想为革命做点什么。

恰在这时,沈缦云托人找到他,称有要事相商。

一项艰巨的革命任务正等着他。

一下南洋

庄希泉见着沈缦云,才知军政分府成立伊始即着手处理内政外交事务,但面临的最大困难是资金紧缺,连日常的开支都难以为继。上海起义和军政分府成立事起仓促,军无宿储,而清政府所设各税捐局所,已于起事时明令裁撤,原主事者携款逃遁。帝国主义深恐这场革命会损害他们在华的利益,因此妄图从经济上置新政府于死地。前清上海道存于银行的公款计二十六万余两白银,被各国驻沪领事团强行提取,充为赔款。饷糈无出,而各地军队集沪者达数万之众,军政各项费用皆需财政部筹措,来财政部直立等候者数以百计。身为财政总长,沈缦云身先士卒,为筹款事宜昼夜奔走。尽管他尽职尽责,由信成商业储蓄银行前后垫款达三十余万两白银,但犹不足以应付。革命政权处于"财用急如星火,筹款难于登天"的财政危机之中。1911年11月10日,上海军政分府委派沈缦云另组中华银行,发行军用钞票及公债,议定章程,速筹款项,以应急需。

11月14日,章程议定,邀请孙中山担任总董事长,首届董事为黄兴、薛仙舟、沈缦云、朱配珍,总经理为林连荪。上海军政分府都督陈其美旋派沈缦云亲自前往南洋各埠,向华侨商界劝募股份。

沈缦云立即着手办理这一重大事务。但到哪里为军政分府劝募,找哪些人具体操办呢?沈缦云不禁想到了庄希泉。他认为庄希泉精明稳重,有商业头脑,又热心革命,是个极好的人选。于是,上海军政分府劝募谕一颁布,他马上找来庄希泉商量办法。

庄希泉对沈缦云的信任十分感动,欣然同意帮助筹款。考虑到国内局势未稳,多数富家巨贾携款远避,而海外尤其是南洋的华侨革命基础很好,两人商定,联袂前往南洋。

他们的计划很快就获得了上海军政分府的批准。上海军政分府旋组南洋募饷队,任命沈缦云为募饷队队长,庄希泉任协理兼会计,孔天相任庶务兼翻译,另有职员七人。中华银行股本初创时暂定银洋五百万元,分一百万股,每股五元,先收一半;公股商股各半,计洋一百二十万元,筹划足额;其商股计洋一百二十五万元,不论何人,均可认股,余利一律均派。

远赴南洋,就得有好长一段时间必须撂下庄春成商号经理的担子。弃学从商已是对父亲的不孝,要是再偏离父亲为他铺设的"发家致富,光宗耀祖"的轨道,而献身振兴中华的革命事业,岂不要让没有心理准备的父亲泣血锥心吗?该如何说服父亲呢?庄希泉想了个法子,说此次出洋是为拓宽眼界、开展商务。这符合父亲的生意经,父亲不是把商号都办到台湾了嘛,为何就不能在南洋再开分店呢?

庄希泉说得合情合理,庄有理听后果然大加赞赏,当即表示支持。

于是,庄希泉顺利暂卸自家商号经理的担子,准备跟随沈缦云出洋。不料,就在启程之际,沈缦云因手头大事不能脱身,乃改由庄希泉代理队长。沪军都督陈其美函云:

> 沈缦云担任财政总长,身负重任,不能亲自远行,乃委庄希泉、孔天相、颜伯成等赴南洋各埠劝募中华银行股份。

庄希泉于11月中旬登上远轮,踏上漫漫海航之途。欢叫的鸥鸟在海空中扑棱着翅翼,谁也不知它将栖息何处。但二十三年来第一次出洋的庄希泉,目标很明确,他要为即将新生的民国募筹资金。

庄希泉一行首先来到新加坡。此时的新加坡,与槟榔屿、马六甲同属英国的殖民地,为马来亚首府。在这块面积不足六百平方公里的土地上,洒满了华工的血汗。因此,新加坡的开发史称得上是一部华人的血汗史。

出身于华侨之家的孙中山,十分倚重海外华侨,他多次来新加坡进行革命活动。新加坡华侨的爱国热情和革命意识十分强烈,庄希泉惊奇地发现,但凡有华人的地方,就有人谈论祖国的革命事业,甚至有华侨计划返乡参加革命。此情此景,让庄希泉十分感动,他暗下决心要为革命事业好好筹款。

但是,几天过去了,筹款工作进展不大。原来,募饷队庶务兼翻译的孔天相不务正业,行为不检,而且监守自盗,在侨胞中造成了极坏的影响,导致筹饷工作难以开展。

孔天相乃马六甲华侨,辛亥革命前回国,混入孙中山领导的革命队伍。这个投机分子品行不端,总想通过革命牟取私利。这次下南洋募捐,他通过一个早年结交的朋友——时任南方民军全权谈判代表伍廷芳,将其向陈其美推荐,进入募饷队。得知沈缦云因临时有重任无法成行,他欣喜若狂,认为发财的机会来了。

到新加坡后,孔天相把沈缦云交给他管理的四千元差旅费,偷偷挪用了三千元去赌博。

庄希泉了解此情后,十分气愤。血气方刚的他虽然疾恶如仇,但考虑到团结,他决定暂不与孔天相当众论个青红皂白。经与颜伯成商量,他决计先与时任新加坡崇正学校校长的陈观波联系。

陈观波对庄希泉的来访十分高兴。了解了庄希泉的来意后,陈观波当即表示可以帮忙联系。

南洋的华侨大多从事垦荒、种植、筑路、工匠、餐饮、小商贩等业,为了更好地谋生,他们组织了大小不一的社团组织,如以地缘为基础的同乡会、以血缘为基础的宗亲会。在陈观波的穿针引线下,庄希泉很快就与新加坡华侨商会取得了联系。第二天一早,他来到怡和轩,见到了仰慕已久的新加坡华侨商会董事长陈嘉庚。

怡和轩号称百万富翁俱乐部,于1895年由闽籍华侨李清泉、林文庆等人发起成立,会员均为新加坡华人侨领和商界领袖,是新加坡乃至南洋各地华侨议事的地方。已届不惑之年的陈嘉庚与庄希泉一样,也是福建厦门人,一口闽南话使远离家乡的庄希泉备感亲切。庄希泉后来回忆说:"就在这次筹饷过程中,我和陈嘉庚先生因是同乡,过从更密。"

此时的陈嘉庚已是一名同盟会会员,对革命贡献殊多。武昌起义后,从美国回国的孙中山途经新加坡与陈嘉庚会晤。陈嘉庚得知孙中山为节省开支乘坐二等舱,认为孙中山不能损其威仪,即赠一万元作旅费。孙中山从上海赴南京就任临时大总统时,为就职急需,即电陈嘉庚资助,陈嘉庚慷慨汇去五万元。

在庄希泉到来前,陈嘉庚已发动当地华侨为光复后成立的福建军政府汇去数十万元,帮助新政权渡过了财政难关。听了庄希泉的筹饷计划,陈嘉庚感到,让庄希泉一家一家跑,效果可能不太明显,干脆自己出面把新加坡华侨商界的一些头面人物请到怡和轩来,让他们当面听庄希泉介绍情况。

这些侨商接到陈嘉庚的通知后,马上来到怡和轩。

陈嘉庚亲自坐镇,先把庄希泉向大伙儿做了介绍。随后,庄希泉把国内革命情势和来意全盘托出。

庄希泉慷慨激昂的演讲,打动了在座的每一位华侨。陈嘉庚对庄希泉的言行十分赞赏,随即号召诸位谋划援助。侨商们纷纷表示认捐。

没几天,由陈嘉庚任会长的福建保安会捐援汇叻银(新加坡银)十二万元,广东的救济会捐援汇沪银十万元,两笔款项都直接汇至沪军都督府财政部。募饷队一扫前几天的阴霾,工作逐步打开了局面。

新加坡募饷取得成功后,庄希泉一行渡海到达马来亚的吉隆坡。这时的孔天相仍不思悔改,终日沉湎于吃喝嫖赌。庄希泉从精诚团结的角度考虑,依旧隐忍不发。他与队友调查了解当地侨情后发现,此前不久,已有广东、福建的代表来募饷过,侨胞已尽力。这一情况使他改变了想法,他认为眼下不应再发动募饷,既避免侨胞猜疑反感,又可避免竭泽而渔。于是电告沈缦云,叙说详情:

缦云先生雅鉴:

敬启者同人等抵达吉隆坡以后,即知该坡华侨已尽力募捐,寄济上海,喜慰无量。所以开会亦不过推波助澜,由发起诸君子经寄接济而已。国债一事,因广东、福建均有代表来此招募,纷纷不一,人谁适从,将来若非议定办法由中央主持通告各者,断无应募之人矣。邱君极悉此中情形,彼于昨日同宋太太、宋种雄、宋子佩诸君由吉隆坡返沪,自会面陈一切。但中华银行应向临时政府请中央布告各处,则招股份更易招耳。天相昨同希泉、伯成三人由吉隆坡来芙蓉,现住矿务会馆,此地虽小,人心极热,料过两天与该领袖接洽妥当,自可赴霹雳等处耳。兹将日记附上,至希查阅。同人首途之日,公约半个月后当南来会合。今瓜期已过,未见行旌,曷胜盼望之至。专此,布达。即叩勋安。

弟庄希泉、孔天相、颜伯成顿首

辛亥年十一月二十八日

吉隆坡募捐不成,庄希泉一行遂匆匆改道北上,于1911年十二月初九抵达槟榔屿。中国同盟会在国外有南洋、欧洲、美洲、檀香山四个支部,每个支部还有多个分会。南洋的同盟会分会有十个,支部从新加坡迁到槟榔屿后,修订章程,大力加强组织纪律性,成为东京总部以外的又一个中心。南洋支部机关部长黄金庆热情接洽了庄希泉一行,安排他们住小兰亭公馆,商量下一步计划。

当大伙儿正为接下来的工作尽职尽责时,好色嗜赌的孔天相在立脚槟榔屿后,又一头扎进烟花柳巷渔色,连日不归,同人大哗。庄希泉为维护团队形象,不再对其听之任之,在规劝不成之后,无奈向槟榔屿同盟会南洋支部告发。部长黄金庆委人调查,终于把孔天相从窑子里拖了出来,恬不知耻的孔天相不仅不认错，反而当众大骂庄希泉干涉他的自由，其寡廉鲜耻的卑劣本质暴露无遗。庄希泉忍无可忍，狠狠地打了孔天相两个耳光，随即电告沪军都督府事情原委。

沪军都督府马上回电，宣布撤销孔天相职务，并正式委庄希泉以队长之职。害群之马总算受到惩处，募饷工作却因此耽误了好几天。

听说有位名叫黄务美的华侨大资本家在槟榔屿办事，庄希泉马上设法与他取得联系。黄务美热心祖国事业，见庄希泉气宇轩昂、谈吐不俗、一心向公，当即慨然允诺先认债一万元、认股一万元，且愿意代招。他还诚恳地邀请庄希泉赴其所在地太平(即小霹雳)演讲，以便鼓动更多华侨捐助革命。

庄希泉甚为高兴，满口答应，随后马上电告沈缦云：

缦云先生钧鉴：

……兹有太平地方大资本家黄务美到槟城游历，因与弟谈国事，愿先认公债票一万元、中华银行股份一万元，并愿极力代招云。明后日愿将已认之额汇寄上海，祈于接洽，次三日可将公债票与银行股票寄至太平瑞美号门牌81号交黄金庆黄务美君收便妥。又黄君现热心代招股，将来必有巨资(盖彼拥有财产数百万名誉素著故也)。请即备公函并付债票，银票洋各十付交托他寄往内地各处招募，则彼自必更为尽力耳。本午二时钟，黄务美君邀弟至太平演说国事……顺此奉闻，余言别叙。

此敬近安。

弟庄希泉顿首

辛亥年十二月十七日

在庄希泉的领导下，募饷工作开展得有声有色，很快完成了原定的募捐计划并超出一截，把几百万元寄回了上海。七十年后，庄希泉为纪念辛亥革命七十周年而撰写的《辛亥革命中的南洋华侨》一文如是称："由于同盟会在南洋有那样广泛的群众基础，所以，当我们手持沪军都督府写给南洋各地华侨商会和其他华侨社团的介绍信前来求援的时候，得到了许多华侨极其热情的支持。我们很快筹得一笔款，寄给财力匮乏的上海革命政府，以应燃眉之急。"

庄希泉出众的人品和工作能力，给同盟会南洋支部部长黄金庆等留下了深刻的印象。庄希泉率队离开槟榔屿的前一天，黄金庆、陈新政、邱明昶三位同盟会会员盛情设宴为他们饯行。

席间，黄金庆亲切地问庄希泉："希泉老弟此次来南洋募捐，奔走呼号，出力颇多，不知回国后有何计划？"

"金庆兄过奖，只是此番来洋，弟眼界大开，知我万千侨胞爱国之热忱，回国后当投身革命，忠贞不贰。"

听庄希泉这么说，黄金庆满意地点了点头，继而问道："如此，老弟是否有意加入同盟会？"

介绍庄希泉加入同盟会，是黄金庆此番设宴的主要目的。听了黄金庆的话，庄希泉忙答道："当然愿意，只是弟资历浅，恐难孚众望。"

这些年来，庄希泉一直向往加入同盟会，只是他在上海接触的同盟会会员大多德高望重，而自己资历尚浅，未抱短期加入的奢望。

黄金庆听了庄希泉的话，笑道："老弟的表现有目共睹，我和陈新政君愿做你的入会介绍人。"

饭后，庄希泉随黄金庆来到槟榔屿南洋同盟会总部机关，参加了入会宣誓仪式。这样，庄希泉在返国之前加入了同盟会。至此，庄希泉矢志把一己命运与国家兴亡、民族前途紧密结合起来，不遗余力作奉献。

同盟会是个尚不成熟的资产阶级组织，既缺乏严明的纪律和稳固的结构，又缺乏一个明确、科学的政纲。在反清斗争的洪流中，其成员难免鱼龙混杂、良莠不齐。这支募饷队，从国内出发时是七人，返国时，不仅孔天相携了差旅费逃之夭夭，就是另外几个人，也打起了各自的小九九。结果，有人留恋纸醉金迷的南洋而选择留下来，有人为了淘金而在异国他乡谋职，有人找亲戚朋友暂不回去。最后，竟只有庄希泉一人回国复命。

再下南洋

1912年1月1日,孙中山在南京就任中华民国临时大总统。

第一次下南洋,庄希泉开了眼界,长了见识,坚定了投身民主革命的信念。此行最直接的成效之一,是一定程度上帮助沈缦云缓解了财政窘迫的局面,为中华民国的成立提供了必要的资金保证。孙中山题词称誉沈缦云"功在民国",不言而喻,其中自有庄希泉的一份幕后功劳。沈缦云本想通过此次远赴南洋募饷考验再介绍庄希泉加入同盟会,未料南洋支部慧眼识英才,抢先解决了他的组织问题。未能亲自做庄希泉的入会介绍人,沈缦云略感遗憾,但庄希泉勤于公事、不贪锱铢的高尚情操和坚定不移的革命意志让他高兴不已。

庄希泉回沪后,才知沈缦云已辞去沪军都督府财政总长一职,而被民国临时政府委为交通部顾问,同时还被同盟会任命为理财部干事。出于高度信任和倚重,沈缦云不时邀请庄希泉参与理财机要。

沈缦云告诉庄希泉:"孙中山先生所向往的大同世界,最显著的特征就是和平共处、消灭战争。"

和沈缦云及其他敏锐的上海商人一样,庄希泉此时已把自己的未来同这个新生的共和政体连在了一起。他有所不知,自己所敬重的孙中山,此时正在为国家稳定、南北和平而殚精竭虑。

为求国内早日和平,孙中山不顾个人荣辱,于1912年4月1日辞去临时大总统职务,把权力移交给阳奉阴违赞成共和的袁世凯,转而研究实业建国计划。孙中山设想创建具有国家性质的中华实业银行股份有限公司(简称中华实业银行),作为实业建国计划的基础。适逢海外华侨特派归国参与组织中央和政府的代表南洋同盟会总代表吴世荣和美洲同盟会总代表冯自由到达上海,孙中山乃于上海广东路36号中国铁路总公司会议室召开中华实业银行创立会,自任名誉总董事长,拟订章程三十二条。

章程规定,公司设总行和总分行各一,总行设址上海,由中华民国政府注册;总分行设址新加坡,由新加坡政府注册。会议选举沈缦云为筹备主任,庄希泉与宋教仁、伍廷芳、陈其美、汪精卫、于右任等一道当选为上海组的筹备员。

会后，中华实业银行于上海江西路B字9号设事务所，展开筹备工作。资本运营的首要问题是募股。银行原计划募一百二十万股，每股五元，共计六百万元。后根据需要调整为一千万元，计划在国内集股五百万元，海外集股五百万元。由于数额巨大，集股任务艰巨。

到海外招股及劝募公债，孙中山首先想到了沈缦云。在还未辞去临时大总统职务之前，孙中山已任命沈缦云为同盟会本部理财部干事兼南洋群岛交际员。

重任在肩，沈缦云不敢怠慢，当即着手在上海组队前往，不久就拢集了冯旨明、王为新等一批得力干将。人手齐了，本该立即出发，可沈缦云却总觉得少一个人，那就是他一直欣赏的已有赴洋募股经验的庄希泉，但此时庄希泉已携家眷回厦门。考虑再三，沈缦云决定登门邀请。

1912年5月初，沈缦云一行抵达厦门，下榻在庄希泉家。故友重逢，分外高兴，畅聊起了分别后各自的经历。

沈缦云向庄希泉介绍了筹设中华实业银行的有关情况后，开门见山说明了此行的目的。

对革命事业，庄希泉本该毫不推卸，何况他已是一名同盟会会员。但这次，他却少有地迟疑起来。

沈缦云以为庄希泉舍不得娇妻，于是笑道："贤弟不必担心，可偕令夫人一同前往，一来路上有个照应，二来夫妻俩闲暇之时也可游览异国风情。"

这下可把庄希泉弄了个大红脸，他急急辩解道："沈公误会了，弟是怕上次的事再出现……"

"原来是这事，"沈缦云得知庄希泉所指乃是上次募饷与孔天相闹翻一事后，爽朗表态，"这个请你放心，有我在，没人敢乱来。"

于是，庄希泉决定与沈缦云等一道再次前往南洋。

1913年2月初，庄希泉偕沈缦云一行再次踏上赴南洋招股筹款的航程。在这漫漫航程中，沈缦云与庄希泉谈论最多的是孙中山。

孙中山的巨大威望极大地激发了海外华侨的爱国热情，加上沈缦云和庄希泉的积极活动，不到三个月，他们即成功募股六百万元，提前超额完成了海外招股的任务。认股足额，沈缦云回国，庄希泉则继续留在新加坡打理后续事宜。

一番紧锣密鼓的部署后，民国建立后的第一家银行——中华实业银行于1913年5月15日正式开业。孙中山任名誉总董事长，董事会公推沈缦云为总理、马来亚华侨吴世荣（认股十万元）为协理。中华实业银行是国内民族资本与南洋华侨合资创办的第一家银行。中华实业银行设总分行于新加坡怒米之律街华侨总商会间壁107号，陆秋杰当选为南洋驻行办事处总董事长，二十四岁的庄希泉为协理。中华实业银行南洋总机关暂借新加坡中华商务总会开办，筹办分行一切事务。庄希泉就这样留在了新加坡。

中华实业银行的开办，连同运作筹措来的款项，使孙中山领导的革命和建设事业，源源不断地从南洋获得了大量资金。

去国离乡

1914年春，操劳过度的庄希泉在新加坡大病一场，一时难愈。病中的庄希泉常有思乡之情袭上心头，不免莫名地惆怅。

一天午后，庄希泉躺在病床上，窗外忽然飘来一支闽南歌曲：

> 雨仔雨蒙蒙，
> 送君去出门。
> 送到围头街，
> 目屎流挨挨。
> 举起为君遮雨伞，
> 俯落为君穿草鞋，
> 不知我君此去几时回。
> ……

庄希泉下床，倚窗远望，唱歌的是对面而居的一位闽南籍老华侨。他认识这位老华侨，知道他年轻时背井离乡艰难创业，却一无所成，而后就再也没有回过故乡。看来他要在异地飘零一辈子,叶落他邦了。

听着这凄楚感人的歌曲,想到老华侨孤苦的身世,庄希泉情不自禁地想起远方的妻女。思念之情,连同游子百转千回的乡愁,无可抑制地在庄希泉的心底翻腾着。

为了更好地养病,也为了探望父母和妻女,同时回国述职,庄希泉把手头的事务做了移交,强撑病体,孤篷万里回到了厦门。

经过一段时间的治疗,庄希泉病愈。病愈后,庄希泉随即偕妻女赴沪。一方面上海有他家的实业,有个照应;另一方面上海是当时的革命中心,他可以继续为革命工作。

令庄希泉始料不及的是,在他远赴南洋一年的时间里,国内政治形势发生了巨大变化。

此时的袁世凯拥兵自重,挟北洋军阀之威,想做一个不受制约的独裁者。为此,他相继实施暗杀国民党代理理事长宋教仁、非法和帝国主义五国银行团签订善后大借款、发兵南下、准备内战等一系列重大步骤,企图为剪除异己铺平道路。孙中山在看清袁世凯的反动独裁面目后,马上站到领导国民党斗争的第一线,和黄兴一同号召南方各省力量起来讨袁,史称二次革命。因党内看法不一、力量悬殊、时机错失等原因,讨袁运动很快就陷入"有心杀贼,无力回天"的境地。袁世凯在军事上取胜后,凶相毕露,宣布通缉孙中山、黄兴等人。迫不得已,孙中山和黄兴一同只得再度逃亡日本。袁世凯随后强迫召开国会,当选正式总统后,旋即下令解散国民党,并取消国民党党籍国会议员的资格。

沈缦云因与孙中山交往甚密,目标太大,不得不率全家逃亡大连。这样一来,上海的中华实业银行便无人主持。待庄希泉赶到上海时,中华实业银行事实上已经停止运营了。

放眼上海,已找不到革命的气息,原先的同志或被捕,或远避他乡,只剩下庄希泉孤零零一人。

中华实业银行不能就此停办!庄希泉决定尽快找到沈缦云,他有很多想法和建议,要和沈缦云商量。通过一位故友,在大连海滨一所公寓里,庄希泉找到了化名为吴德潜的沈缦云。他乡遇故知,本该高兴,可一谈及国事,他们谁也高兴不起来。

庄希泉愤然道:"按理说,清廷覆亡、民国成立两年了,人心思治,国内政治应该基本稳定,加之欧洲大战爆发,西方大国无暇东顾,正是我国谋求自立和发展的大好时机,怎么倒发动起内战来了?"

"还不是因为袁世凯!"沈缦云历数着袁世凯的罪行,悲愤异常。这位从前清走出来的举人,满腔热情地投入到旧民主主义革命的大潮中,曾被孙中山表彰为"光复沪江之主功",如今却落魄至此。他不禁叹道:"形势发展至今,且不说国家发展大事,就连民国的颜色都可能改变。这不能不让人忧虑、寒心哪!"

庄希泉感同身受,情知银行解散已成定局,见沈缦云痛苦不堪,一时不忍向他再提中华实业银行一事。倒是沈缦云主动介绍了中华实业银行上海总部的状况,结局与庄希泉的预料自是一致。

"月有阴晴圆缺,革命也有高潮低潮,但总会好起来的,我们不能过分悲观,须积蓄力量,随时听从孙先生的召唤!"沈缦云很快走出阴云,语气重归坚定。他告诉庄希泉,自己避居大连后,以兴办三大兴业公司为掩护,继续联络革命志士进行秘密反袁活动。

"银行的一些善后事宜,还希望贤弟回上海后处理,不知贤弟意下如何?"

迎着沈缦云期待而信任的目光,庄希泉神情凝重地点了点头。

几天后,庄希泉向沈缦云告别,返上海打理中华实业银行善后事务。

回上海后,庄希泉将股金发还给各股东,将供职人员遣散。

安排妥当后,他继续在上海经营庄春成商号。得知沈缦云接受孙中山的指示,联络关外党人筹组奉天革命党机关部、加强反袁活动的消息,庄希泉十分高兴,耐心地等待革命高潮的到来。

政局波谲云诡,不久即传来沈缦云遇难的噩耗。原来,沈缦云的革命活动被袁世凯侦悉后,如芒刺背。在袁世凯的授意下,1915年7月下旬,袁氏奸细在食物中投毒,致沈缦云抱恨身亡,时年四十七岁。庄希泉获知凶讯,不禁潸然泪下。

袁世凯一伙为了扫清皇权道路上的障碍,变本加厉地打压反对他的人。庄希泉考虑到上海金融、革命的颜色已变,不虞之祸随时也可能降临到自己头上,不如把革命舞台搭向海外,去南洋创业!

数日后,上海开往新加坡的邮轮起航了。庄希泉站在甲板上,望着渐行渐远的故国,心潮澎湃,脑海里不时响起顾炎武"天地存肝胆,江山阅鬓华"的诗句。新加坡将会以怎样的姿态迎接这位血气方刚的年轻人呢?庄希泉对未来一无所知,心中只有一个念头——"尽国民一分子之天职"。

第二章　赤子丹心闯南洋

慧眼识英才

庄希泉到达新加坡后,行装甫卸,立即逐一拜会故友,其中有启蒙老师陈观波,也有筹款结识的陈楚楠。

陈楚楠祖籍厦门,1884年生于新加坡,年长庄希泉四岁。他在新加坡经营木材生意,是当地福建帮的核心人物之一。他以郑成功改厦门为"思明"为由,自称思明旧主,并以思明州少年为笔名,在当地的《天南新报》和香港的《中国日报》上发表文章,抨击清廷的腐败。随着国内反清运动日益高涨,陈楚楠的思想也日益激进,在南洋率先创办第一份鼓吹革命的《图南日报》,宣传"革命之目的,以保国而存种"的思想,与"改良救国"、"革命灭种"的《天南新报》进行论战。他还将邹容的《革命军》改为《图存篇》,出资翻印二万册,向华侨广为散发,并寄往国内。庄希泉后来回忆说,《革命军》对他影响极大。同盟会成立后,其新加坡分会在晚晴园成立,陈楚楠被推举为会长,成为孙中山在南洋开展革命活动的得力助手,被誉为"南洋革命党第一人"。

异国他乡,几次过番(旧时广东、福建人称到南洋谋生为过番)的体会使庄希泉深感海外谋生并非易事。

听完庄希泉此次来南洋的创业计划后,陈楚楠十分赞同,表示愿意合股办实业。陈观波和另一名华侨陈金伟也欣然加入。

1915年秋,由他领头,陈楚楠、陈观波和陈金伟协同创办的中华国货公司在新加坡成立。公司注册资金为二万叻银,其中庄希泉出资一万、陈楚楠出资五千、陈观波出资一千、陈金伟出资四千。庄希泉为公司股东兼经理,同时兼营庄春成商号。

取名中华国货公司,表明庄希泉等人办实业的宗旨就是要专营中国货,抵制洋货,尤要抵制日货。庄希泉在沪从商时,对日货及其他洋货在中国的倾销政策已有切肤感受。国内诸多刚行起步的民族工商业,就是被洋货挤垮的。民族工商业不振,国内政治稳定和经济独立就无从谈起。

中华国货公司挂牌后,庄希泉与陈嘉庚往来密切,虚心向他请教创业经验。年长庄希泉十四岁的陈嘉庚,对庄希泉在南洋发展深表支持,有问必答,有难必帮。

在一次次敞开心扉的交谈后,庄希泉总结了陈嘉庚的成功之道:坚守诚信,善观时变,精于预测,敏于把握机会,敢于拼搏。他决心以陈嘉庚为楷模,从小本生意做起,循序渐进地把事业做大。

公司开始运营后,庄希泉经常往返于上海、厦门和新加坡之间,常常既当老板又兼伙计。由于他精于理财,经营有方,为人忠厚,诚实守信,加之陈楚楠等著名侨商的加盟,一些侨商纷纷提出要与他合作。

中华国货公司数月间就走上了正轨,庄春成商号也在新加坡站稳了脚跟,生意颇为红火。庄希泉很快就成为当地后来居上的华侨富商,不少华侨子弟纷纷慕名投奔。后来饮誉东南亚的"橡胶大王"——世界十大华人富商李光前博士,就是其中的一位。

李光前1893年生于福建泉州南安县,八岁丧母,生活清苦,边放牛边读书。其父李国专为供孩子念私塾,曾任乡间塾师,因收入微薄,转赴厦门经营裁缝业,后改行理发,随后又开小客栈,状况皆不理想,乃于1903年背井离乡,举家赴南洋谋生。

到新加坡后,李国专重操裁缝业,送李光前在收费低廉的英印学堂念英文,周末则在崇正学校攻华文。1908年,清政府派学官前往南洋招考华侨子弟,李光前和另外四十多名华人少年被选中,赴南京暨南学堂就读。两年后,李光前考入清华学堂(预科),之后转到唐山路矿专门学堂。

成绩优异的李光前立志报效国家,却因时局动荡、学校停办被迫于1912重返新加坡,在母校崇正学校当起教书先生来,同时在一家华文报纸做电讯翻译工作。他没有放弃继续深造的念头,不久又考入新加坡英国殖民政府主办的测量专科学校。

1915年,李光前半工半读修完学业,精通中英文的他准备接受新加坡英国殖民当局的就业安排,但有人告诉他:"你是中国人,却要为英国殖民政府服务,如此没有骨气甘做洋奴,岂不有辱祖宗?何况为殖民当局做事,也没有广阔的发展空间。"

可他急需解决生计问题。何况,测量专科学校要求每位学员入学前签署一份合同,让他们保证毕业后为英国殖民政府服务五年,否则得赔偿一笔巨款。

看到李光前进退两难,对方又说:"你为何不到中华国货公司看看?那儿的老板庄希泉,是你的闽南同乡,听说他很爱才,也许他会帮你想办法的,这样你更有前途。"

李光前抱着试一试的心理来到中华国货公司。一番交谈之后,庄希泉发现,这位小自己五岁的闽南青年谈吐不俗,可谓腹有诗书、胸有大志,而且对祖国怀有深深的感情。庄希泉慧眼识珠,欣然邀请李光前到中华国货公司发展,并承诺立即可以上班。

听完李光前与测量专科学校所签合同的内容后,庄希泉态度明确地说:"你尽管来上班,剩下的事我来帮你办。"

求贤若渴的庄希泉,马上替李光前缴纳了这笔数额不菲的赔偿金。

二十一岁的李光前在中华国货公司任庄希泉的英文秘书,悉心帮助庄希泉处理有关采办与交涉的事务,由此进入商界。他品性优良,见解卓荦,工作勤奋,深得庄希泉的信任和倚重。

1916年初夏的一天,陈嘉庚忽然来到中华国货公司。此时的陈嘉庚,已基本放弃利润极薄的菠萝罐头、熟米业,而致力于橡胶制造业,成为南洋各埠大名鼎鼎的橡胶大王。

陈嘉庚此番拜访是来挖人的。他问庄希泉:"不知贤弟是否舍得把李光前让给我?"

见庄希泉大惑不解,陈嘉庚便徐徐道出事情的原委。

几天前,陈嘉庚冒着小雨到街边大排档买食物,正待离开,不料雨越下越大。陈嘉庚的汽车停在附近,但他没带雨具,无法靠近汽车,正干着急,在大排档吃饭的一位年轻人认出了他,把随身携带的雨伞递给他。陈嘉庚是性急之人,拿了雨伞头也不回地说:"明天到我的橡胶公司去取回吧。"

　　第二天傍晚，这位年轻人下班后，前去陈嘉庚办公室取雨伞。陈嘉庚感谢他借伞之情，年轻人却说："要说感谢，我还得感谢先生当年轮船上赠毛毯之恩。"

　　原来，十多年前的一个秋天，陈嘉庚从厦门坐轮船返新加坡。几天后的一个傍晚，气温骤降，船上那些背井离乡前往南洋谋生的人们，冻得瑟瑟发抖。陈嘉庚见状，十分同情，找来船上的仓库保管员说："我姓陈，请给每位乘客发一条毯子，费用由我来出。"那位保管员大概没听清楚，通知变成了"乘客中姓陈的每人发一条毯子"，船上乘客不管张三李四纷纷报名说姓陈。过了一会儿，陈嘉庚到各舱察看，只见一个十来岁的少年仍穿着单衣躲在角落里冻得牙齿直打战，连忙问他为何不去领毯子。少年说："船上通知姓陈的才可以领毛毯，我姓李，不能冒姓去领。"陈嘉庚听了不断点头，以赞赏的口气说："你很诚实，也很有骨气，刚才通知错了，凡是船上的乘客都可以领，你快去拿吧。"

　　少年的诚实之举，给陈嘉庚留下了深刻的印象。如今少年提及，他恍然记起，不禁大笑起来。两人在办公室里边喝茶边聊天，谈得正高兴，突然外头传来吵闹声。一位经理进来汇报，说有一个西洋人不知在说什么，他们没人听得懂，不让他进来，他便吵闹。陈嘉庚连忙走出去看个究竟，青年人拿了雨伞也跟着出来。

　　那个西洋人看到陈嘉庚，知道是老板，又叽里咕噜说了一遍，公司职员们因不懂英文，面面相觑。陈嘉庚正感为难，只见青年人上前与洋人讲了一番，随后过来对陈嘉庚说："这位先生是美国商人，他要询问购买橡胶的情形和手续。"于是陈嘉庚通过青年回答了美国商人的问题，对方满意而去。

　　陈嘉庚见这位自称李光前的青年英文了得，处事有方，而眼下自己的橡胶事业要打通欧美市场正急需精通中英文的人才，遂有意请他到自己的橡胶公司做事，但李光前一口谢绝，说："先生虽是高人，但庄希泉先生有恩于我，也很厚待我，知恩图报是我们华人的传统，我岂能改换门庭？"

　　陈嘉庚大为赏识李光前见利不忘义的金子品格，于是直接来找庄希泉。

　　庄希泉虽然舍不得李光前这位不可多得的人才，但考虑到把李光前留在中华国货公司难免大材小用，而陈嘉庚又求贤若渴，于是痛快地说："李光前德才相济，实是可造之才。浅水难养蛟龙，既然嘉庚先生有意延揽门下，我乐于成人之美。"

　　尽管庄希泉同意李光前改换门庭，李光前还是不肯违约，不愿跳槽高就。

庄希泉解释道："嘉庚先生是我的知己,你为他工作,也就等于为我工作。他那边急需人才,你到他那里去,可以大有作为。"

庄希泉把话说到这份儿上了,李光前只好恭敬不如从命。

李光前进入陈嘉庚的谦益公司,负责橡胶出口业务,尽心尽力辅佐陈嘉庚叩开欧美橡胶市场之门,从此他开始在南洋商界崭露头角。由于其出色的能力,很快就被擢升为谦益公司橡胶贸易部经理。

因为李光前的关系,陈嘉庚与庄希泉来往更密切了。后得知庄希泉筹办南洋女子学校(简称南洋女校,今南洋女中前身),陈嘉庚积极支持,特地将长女爱礼送到南洋女校就读。几年后,陈嘉庚招李光前为东床快婿,将爱礼下嫁。李光前自此成为陈氏事业的继承人,后来成为南洋后起的华人领袖。

对这事,庄希泉后来回忆道:"当时李光前与我公司有合同在先,按规定合同未满离职是要罚款的。可是我想,李光前到陈嘉庚那里工作,更可以发挥他的才能,于是我破例支持他,并放弃一切要求。后来李光前果然大才大用,成为陈嘉庚事业的继承人,被陈嘉庚择为乘龙快婿,成为南洋华侨社会最大的实业家之一。"

开南洋华侨女子教育先河

庄希泉在新加坡牛刀小试站稳脚跟,正考虑把妻子和两个女儿接来时,却传来妻子病逝的噩耗。庄希泉与妻子感情笃厚,闻此噩耗悲痛不已。悲痛中,他埋头事业,以解脱感情的折磨。

随着时间的推移,中华国货公司的生意越做越大,资本日渐雄厚。该如何利用闲置资金呢?庄希泉陷入了深思。可以说,他是怀抱实业救国的理想来南洋创业的,现在实业做大了,却多少有点报国无门的缺憾。1916年6月,袁世凯因为称帝在国人的唾骂声中死去后,庄希泉原本期望形势有所好转,但被袁世凯搅乱的国内政治,已是一锅浑水。城头变幻大王旗,北洋军阀主导下的格局也只是换汤不换药而已。庄希泉是不会把钱往这腐败的政体里输送的,而孙中山领导的南方

革命，却音信全无。

庄希泉觉得，仅靠实业还不行，如果民智不开化、民气不提升，再好的实业也终究无济于事。就拿南洋来说，多数华侨文化水平不高，在异国谋生，深受"青睬牛"（文盲）之苦。陈嘉庚能出类拔萃，跟他发奋补习文化知识不无关系。想到此，一个念头在他脑海里闪现：何不在南洋投资办教育？实业救国与教育救国齐步走。

庄希泉找来陈楚楠、陈观波等人商量，大家很快达成了共识。

南洋华侨办教育素有传统，新加坡也不例外。早在1849年，一位名叫陈金声的华侨就在福建会馆旁边办起一所名为崇文阁的侨校。1898年戊戌变法后逃到新加坡的康有为，劝导华侨兴办学堂，提出"以开民智而兴文教"的主张。南洋英属马来半岛（包括新加坡、马六甲、槟榔屿）的办学热潮更是有增无减。

虽然办学的提议获得了大家的支持，但办什么性质的学校、育什么思想的人才，却需要认真研究。讨论中，陈楚楠道出了他跟孙中山交往中的一件往事。

1906年3月的一天，孙中山对同盟会南洋分会的会长陈楚楠、副会长张永福等人说："新加坡是南洋群岛的枢纽、人文荟萃的中心，可是历次革命，新加坡始终没有女性参加。"陈楚楠问起原因，孙中山答："这是新加坡女子极少有或几乎没有机会受教育的缘故。没有受过教育，就没有知识，当然不会关心国事，又怎么会参加革命呢？"

听罢陈楚楠的叙述，庄希泉很是认同孙中山的看法。他接过陈楚楠的话，表明自己的态度："楚楠兄意思很明显，一是要办女子学校，二是要塑造具有革命思想的人。愚以为这是可取的。"

自孙中山鼓励兴办女子教育起，陈楚楠就开始筹办南洋女校，却因种种原因而未能实现。如今见庄希泉有意为之，慰勉之中自是勤于响应。

庄希泉马上投入办校事宜。物色校长人选时，一位名叫余佩皋的知识女性进入了他的视野。

初见余佩皋，庄希泉对她矢志兴学的追求十分敬佩，又见她英姿飒爽、气度不凡，就不由自主地想起了"鉴湖女侠"秋瑾的诗句："休言女子非英物，夜

1914年，余佩皋赴南洋前与母亲在苏州合影

夜龙泉壁上鸣。"

余佩皋于1888年6月15日出身于姑苏城里的一个书香世家,父亲余夔卿因不屑仕途,遂在家乡兴办学馆、医馆,教书育人,悬壶济世。余佩皋在家中排行老三,天资聪颖,好胜心强,年少即走出闺阁,就学于父亲任教的苏州振吴女子学校。一入校门她便毅然放足,扔掉"三寸弓鞋"。她每天鸡鸣即起,勤于求学,成绩名列前茅。1907年,她只身到北京,考入北京女子高等师范学校(北京师范大学前身)。毕业翌年,在辛亥革命洪流的激荡下,她和同班挚友周芜君怀着一腔热血,远赴广西桂林执教于省立女

1917年,余佩皋(左)与周芜君

子师范学校,并担任校长,开始探索提高女子教育、振兴女权的道路。1915年,她偕周芜君不辞辛苦南渡荷属婆罗洲(今印度尼西亚加里曼丹),开创华侨教育事业。余佩皋担任婆罗洲山口洋中华学校校长。这个号称世界第三大岛的地方不仅偏远,而且经济落后、文化不振、交通不便,余佩皋无法施展其办学才华,两年后,她辗转到新加坡发展。

所谓无巧不成书。素昧平生的庄希泉和余佩皋,谈起教育十分投机,一个需要资金和平台,一个需要校长,两人一拍即合。

庄希泉郑重地向大家介绍了余佩皋,说她科班出身,是一位热心推广女子教育、富有新思想的知识女性。余佩皋为大家所认可后,马上投身到筹办女校中。

一番张罗后,1917年8月15日,由陈楚楠、庄希泉、张永福、林瑞轩、黄肖岩等人发起筹办,复由庄丕唐、甘清泗、洪神扶等赞助的新加坡南洋女校开学。学校租用三角埔(今新加坡国泰戏院左边隔邻)门牌7号店屋为校舍。

学校初创时,学生不到百名,但余佩皋富有远见地提出办附属小学,小学部也可招收男生,此外还兼办两年制的简师班(初级师范班),培养具有初中文化程度的小学师资,以便更好地推动华侨教育的发展。由于办学思想明确、教学方式灵活,学校声誉日隆。到1918年,学生人数骤增,于是加租隔壁的一间店屋,以满足需求。

陈楚楠担任南洋女校首任总理(董事会主席)不久,就接到孙中山来信。此时的孙中山正在广州组织成立军政府,开展护法运动,急需用人,作为南洋同盟

会的负责人，陈楚楠接到通知后，马上北上，受聘担任孙中山大元帅府参谋。这样一来，南洋女校的实际事务转由庄希泉打理。

庄希泉自打理学校事务以来，和余佩皋时有接触。同年出生的巧合、相似的情趣、远大的追求、不谋而合的见解，使他们成了无话不谈的好朋友。

庄希泉告诉余佩皋自己在南洋兴业、兴学的初衷："我办实业，并非全为一己私利，总想着有朝一日能达实业救国之功效。我致力于育才海外的事业，并不是单纯为兴学而兴学，而是希望在华侨社会倡导新观念，树立新风尚。"

余佩皋对庄希泉敬佩之余，不时向他提出办学建议，比如要打破女校不能聘用男教师的陋习。

有人说："男女授受不亲，女校来了男教师，校风岂不要变坏？"

余佩皋反问："男校能聘女教师，女校为什么就不能请男教师呢？"

早年在私塾读书习文的经历，使庄希泉亲身体会到旧式教育的种种弊病，对引进新式教育深以为然。因此，他不仅大力支持余佩皋见识超群的主张，还提出面向全国聘请进步教师的办法。在南洋女校延聘的男教师中，有来自广西的陈寿民，有来自湖南长沙、参加过北伐战争的张国基（张国基是毛泽东的同学，曾加入毛泽东发起的新民学会，新中国成立后曾任第三届中华全国归国华侨联合会主席）。男教师到女校，开了岛上所有女校的一代新风。在这些堪称惊人之举的背后，南洋女校的教学质量进一步提高。

1919年春，陈嘉庚倡导创办东南亚华侨第一所跨帮会华文正规完中——南洋华侨中学，随后把自己在新加坡的各个营业机构改组为陈嘉庚公司，全权交给胞弟陈敬贤经营，自己则抽身回故园集美，专心于家乡的教育事业（三年后因陈敬贤病重，陈嘉庚只得再返新加坡主持经营）。回国前，陈嘉庚请庄希泉等好友来家茶叙话别。

陈嘉庚对庄希泉投资兴学育才之举大为赞赏，他谆谆相告庄希泉："不牺牲财产，无教育可言，民无教育，安能立国？办学虽然不能立见成效，但能保我国粹，扬我精神，以我四万万众之民族，抑或有重光之一日。我们要努力啊！"

庄希泉听后频频点头，诚挚地说："嘉庚先生所言极是，我唯嘉庚先生马首是瞻。"

1919年，庄希泉被正式推举为南洋女校总理。这时，因学生人数不断增加，教室不够，南洋女校便迁往三角埔门牌10号的双层洋房。

洋房是一幢私人房舍,房间很多,但大小不一,每间容纳人数约十人至二十余人不等,未能成班(每班三十人)。然无论大小班,均需一位教师。当时学费为每生每月三元,而每位教师的月薪为四十元到七十元,所以学校经费较为吃紧。由于许多女生的家长思想守旧,常有女生退学现象。为此,庄希泉和余佩皋等不得不经常家访做工作。对经济实在困难的,学校为实践女子教育开放的宗旨,亦设法为其减免学费,故当时流传着这样一句话:"南洋女子学校请老师来教书,也请学生来读书。"

作为南洋女子教育的先驱人物,庄希泉和余佩皋本可进一步发展他们的理想教育,谁知,从祖国传来的反对巴黎和会的五四运动的消息,改变了他们的命运。

前仆后继反苛例

与广大华侨一样,庄希泉对一战后的世界形势尤其是国内形势十分关注。一方面,愤慨于西方列强的蛮横无理和北洋政府的软弱无能;另一方面,惊讶于国内民气之旺势,庄希泉甚至认为:"愚观国内近来之民气,为民国以来未有之事。"

为了支持五四运动,庄希泉和余佩皋组织南洋女校师生上街游行示威,号召广大华侨声援国内的爱国运动,南洋女校成为海外最早响应五四运动的学校。在他们的鼓动下,不少华侨学校也纷纷组织游行活动。游行学生还呈书英属殖民政府,要求支持中国政府在巴黎和会上的正当要求。

南洋女校等华侨学校的行为引起了众人的关注,许多华侨积极响应,英属殖民政府将其视为一个不稳定的信号。在此之前,华侨教育的蓬勃发展、华侨爱国主义意识的提高,就已经引起了殖民当局的恐慌,于是,一个志在摧残华侨教育事业的阴谋处于酝酿中。

1920年5月,英属殖民政府议政局抛出经过精心炮制的《海峡殖民教育条例草案》,对华侨教育施加种种无理苛刻的限制。这个条例一经颁布,无异于在华侨界投下一枚重磅炸弹,广大华侨激愤不已,一片哗然。但这种你一言我一语的反对,因为缺乏组织性,对于阻止条例的施行显然无济于事。

庄希泉反复仔细地阅读着条例草案，深感事态严峻，一针见血地指出："这个条例针对的，不是新教育和旧教育的问题，而是有教育和无教育的问题，条例一旦施行，必置侨校于死地。"

"庄兄说得对！"余佩皋语气激愤地说，"政府有权随时封闭学校，教员须经政府许可，学校有不合政府旨意的负责人要受重责，教科书须由政府编订，甚至从中国到新马侨居入学的学生也须经过他们审查批准……这些苛刻的规定，是殖民政府釜底抽薪之计，其险恶用心，昭然若揭，那就是要摧毁南洋的华侨教育。"

作为一名决心实践教育救国的华侨和同盟会会员，庄希泉自觉责无旁贷："这个条例如果施行了，不但华侨要倒退回从前的野蛮状态，就是殖民政府也要取笑我们软弱无能。我纵使牺牲全盘生意，也要反对，替华侨争回一点人格！"

该如何有理有节地代为南洋华侨说话呢？他想起了在殖民政府中任职的唯一一位闽籍华侨林文庆。

林文庆是陈嘉庚的好友，虽生于新加坡，但仍持有中国国籍。他长期侨居海外，在商学界均有名气，曾获女皇奖学金到爱丁堡大学攻读医科，求学期间由于成绩年年名列榜首，因此又荣获金质奖章，成为远东获此殊荣的第一人。

庄希泉跟这位同是厦门籍的华侨素有交往，知道林文庆一方面赞赏维多利亚时代的成就，效忠于殖民政府；另一方面由于具有强烈的民族自尊心，热爱祖国。考虑到林文庆具备向立法部门反映侨情的有利条件，因此，庄希泉决定先找他谈谈。

一天上午，庄希泉和余佩皋等人拜会了林文庆，庄希泉单刀直入："今次来拜见文庆兄，想必兄已知道。近日，政府的教育条例草案一经下发，众议纷纷，条例之苛刻实为世上罕有。如真施行，于我华侨教育可谓大破坏矣。"

对庄希泉的来意，林文庆心知肚明，因为近日已有多位侨界人士向他反映过此事，要求他转达民意。但对这个问题，林文庆有着自己的看法和打算。待庄希泉陈述完后，他慢条斯理地说："老弟言重了，政府颁布条例，实为整顿教育，观我华侨教育，确有不稳定之因素，条例颁布有利于华侨教育的繁荣发展。"

听罢，庄希泉气不打一处来。本来还希望林文庆反映侨情并与之商量对策的他，即欲起身告辞。余佩皋急忙拉住他，对林文庆正色道："林先生身为炎黄子孙，想必会为广大华侨谋利益，这次条例太甚，若不及时将民意转达，恐出现难以收拾的局面。"

林文庆阴着脸说:"民意我自会转达,只是余先生所说的难以收拾的局面所指何物?还请见教。"

余佩皋一脸严肃:"这还不好理解吗?政府之条例乃是项庄舞剑,表面上是整顿教育,其真实意图却是要遏制乃至取消华侨教育,最终达到遏制我三百万华侨之目的。此事关乎我华侨人格高低和自由生存之大事,众侨民是绝不会轻易答应的!"

林文庆迟疑片刻,态度缓和下来:"各位稍安毋躁,我想政府会给我们一个答复的。"

"政府的答复全赖众人努力,林先生身为华民议员,受三百万华侨之托,自当为众侨民说话,万不可做出令炎黄子孙不齿的事来,请好自为之,告辞!"庄希泉说罢,不待林文庆言语,即和余佩皋、陈寿民等起身告辞。

事后证明,庄希泉等人的判断是正确的,林文庆不但没有转达广大侨胞的民意,反而站在殖民政府那边,极力阻止华侨反对教育条例实施的活动。

德高望重的陈嘉庚回国了,他无法提供援手,寄希望于林文庆又不可靠,怎么办?庄希泉此时又想起了一个人——和陈嘉庚一同创办南洋华侨中学并出任董事长的林义顺。当时新加坡有华侨学校有三十余所,华侨中学规模最大,也是当地华侨联办的唯一一所完全中学,在当地很有影响力和号召力。庄希泉想,如果华侨中学带头振臂一呼,反应必然强烈,而这种情势下,殖民当局是不得不考虑民意的。

庄希泉遂前去拜会林义顺,本想说明来意后,与其商量在华侨中学组织向殖民当局请愿取消教育条例的事宜,但林义顺一脸犹豫,表示要召开校董事会研究。

身为董事长的林义顺,系新加坡同盟会交际干事,曾先后到槟榔屿、仰光等地创设同盟会分会,并资助过革命,办事一向干练,此次教育条例的个中利害他也很清楚,却为何态度暧昧呢?

殊不知,在此之前,林文庆已跟林义顺打过招呼,说这个教育条例,总督的意思最多是同意修改,不能取消。林义顺既不想开罪殖民当局,但又不得不面对华侨中学的董事会。

1920年6月,林义顺先后两次召开董事会。林义顺提出由华侨中学牵头,联合新加坡另一个华侨学校领导机构——侨民教育研究会,共同向殖民当局请愿,要求修改教育条例。林义顺还以看似关心的语气说,如有人反对教育条例的实施,总督将把他拘留后驱逐出境。

林义顺这一企图堵住主张取消教育条例华侨之嘴的行为,招致不少与会者的不满,但也有人提出,待二读会(二读会系三读会立法程序之一。三读会程序分一读会,即在议会里朗读提案;二读会,朗读通过理由;三读会,朗读决议,这时立案始告完成)通过后,看修改的程度如何再作决定,侨民教育研究会的少数代表即是持这种看法。

对少数不明真相的华侨所认同的修改一说,庄希泉等人一开始就反对,但考虑到林文庆、林义顺在侨界的影响,也为了让代表们真正识破殖民当局的伎俩,他们只能静观其变。

不多久,议政局关于教育条例的二读会通过了,条例确实做了修改,但修改的是哪些内容呢?

第一,将《海峡殖民教育条例草案》改为《海峡殖民学校注册条例》。

第二,将"十人以上的学校须注册"改为"十五人以上学校须注册"。

第三,将"被认为不合法的学校须在一个月内向提学司解释,否则宣布学校破产"改为"被认为不合法的学校须在三个月内向提学司解释,否则宣布学校破产……"

除了细枝末节的修改外,实质性的东西丝毫未动,而这些都是林文庆和林义顺的"杰作",还声称是广大华侨的公意。

这样一来,不仅侨民教育研究会的侨胞,就是华侨中学的不少董事,都表示强烈不满,声称上了林文庆和林义顺的当,转而支持取消这一条例。

在这种情况下,庄希泉与诸多华侨学校董事、校长商量,认为只有联合广大华侨重新建立一个组织机构起来反对,才有望阻止教育条例的实施。

1920年7月3日晚,由庄希泉等发起,新加坡华侨工商各界在新加坡星洲书报社开会讨论教育条例,庄希泉被推举为会议临时主席。大会最后确定以"英属华侨不受1920年教育条例请愿团"为名提交请愿书,并商定成立一个名为英属华侨学务维持处的机构,将南洋教育界全体同人结成一个团体,同时可请各埠各界的商会加入,戮力同心,事必可成!

7月4日晚7点半,庄希泉偕昨天与会人员移居新加坡工商补习学校,召开第二次会议。会议推举涂开舆为临时主席。

庄希泉先后用国语和闽南话宣读了英属华侨学务维持处的简章,请与会人员讨论修改。庄希泉逐条宣读简章,无人提出异议。接着又由陈安仁用粤语宣读了一遍,仍无意见,遂通过。随后,会议推举庄希泉、涂开舆、陈寿民、余佩皋、陈安仁、洪石亭等十二人为临时干事员,郑鹏等四人为中文书记并速记员,张漱珠为英文书记,周芜君、王卓生等二十人为交际员。

一切规划妥当后,斗争有序地开展起来。庄希泉始终站在第一线,未曾后退一步。

那段时间里,庄希泉和余佩皋几乎每天晚上都要忙到深夜一两点,配合默契,共同语言颇多。在余佩皋眼里,这位和自己一样飘零海外的同庚,不仅是个有远见有魄力的革命同志,而且还是个会关心体贴他人的同龄人,此时,一种莫名的情愫在这位非理想爱人不嫁的巾帼心里滋长。

自妻子英年病逝后,庄希泉伤感了好久。英俊儒雅、年轻有为的他很快就受到当地的一些惹娘(华侨人家的姑娘)的青睐,也有一些华侨富商有意选他为婿,但庄希泉都不为所动,他甚至想独此一生,一心革命。然余佩皋的到来,让他那枯竭的情感荒原似乎又重现了生机。余佩皋大他几个月,外柔内刚,理想坚定,如此可敬可佩的优秀女性,真是可遇而不可求啊!

可当前重任在身,怎可儿女情长? 两人都极力克制着内心蔓延的情感。

反苛例斗争一开始,被推为英属华侨学务维持处干事、请愿理由书汉文部编辑的余佩皋,就表示了坚决反抗直到条例被取缔的决心。她赶写了《条例说明书》,号召爱国侨胞坚持斗争。庄希泉看后大加赞扬,把它作为英属华侨学务维持处成立后的第一号印刷品,刊发数万份,分寄南洋群岛。

这场声势浩大、席卷南洋的"争人格,反苛例"的抗暴斗争,让殖民当局大为恐慌,命令华民政务司调查此事。得知华侨学务维持处的成立、行动、主要人物后,1920年7月12日,华民政务司给华侨学务维持处发出面质传票。

华侨学务维持处采取的是集体协商、集体负责的工作方式,名义上没有具体的单个领导人(即传票上所谓的总理),为此,传票并未指定第二天由谁到署面质。拿到传票后,华侨学务维持处当晚8点召开紧急会议。

一番计议后,众人推举庄希泉、陈寿民、洪石亭三人为面质代表。

三人慨然表示不辱使命,庄希泉同时不得不考虑:万一自己和代表们被政府拘留了怎么办?为此,他说:"现在代表已经选出,但兄弟我还有一层意见。我们要是万一被那当地政府拘留去,还希望诸君不要灰心。要是灰了心,我们这维持处所主张的目的就不能达到了。诸君当前仆后继,不达目的不罢休! 切记!"

庄希泉此言一出,马上引起在座者的共鸣,纷纷鼓掌支持。

对于取消教育条例,庄希泉抱定了牺牲的决心。

入狱风波

1920年7月13日上午10点,庄希泉一行来到了华民政务司。

一名叫何乐如的华人翻译引他们进了一间屋子,告诉他们不要惊慌,只管放心答问就是。既已抱定牺牲精神,庄希泉自是不会惊慌。

没多久,华民政务司官员进来。见过面后,庄希泉他们即把翻译成英文的取消教育条例的请愿书呈上。

政务司官员有一行没一行地看着,忽然,这位官员指着请愿书上"这是我们侨胞生死的关头"这一句话说:"这个写得很激烈,怕是其他人看了,以为生死所在,要拼命去争。"

陈寿民解释:"这是中国人的习惯语,意在很紧要的事,不会引起误会。"

庄希泉接着说:"对这个教育条例,我们的目的就是要把大多数人的意见提出来,请政府采纳。"

该官员眼珠子一转:"只要你们的主张合理,政府不会禁止。"

庄希泉即一针见血地说:"希望政府有此善意。我们最不明白的是,自从条例提出来后,政府里面有人说,政府定要施行这个条例,如有人反对,政府将驱逐其出境。不知此事是否属实?"

该官员没有料到庄希泉如此单刀直入,忙支支吾吾地回答:"不至于如此,不至于如此。"

当然,这是殖民当局要的诡计,想通过殖民政府里的华侨议员一红一白唱双簧,达到既实施条例又消磨华侨反抗意志的目的。

谈话中,该官员的态度尚算温和,面质结束后,还亲自送代表们出门。有的请愿代表感到似乎有可能达到目的,庄希泉却隐隐感觉不踏实,他说:"我看华民政务司这样的态度只是暂时的,其骨子里绝无收回条例的诚意。"

在当晚的会上,庄希泉汇报了白天面质的情形,提醒大家:"我感到华民政务司的谈话有虚情假意之嫌,要防止他们玩阴的一面,要有继续斗争的准备,还要有坐牢的准备。"

为了尽可能把广大华侨的意见反映上去,达到取消教育条例的目的,他们于1920年7月19日发布了英属华侨学务维持处的第一次通告,并将其登载于各报。

林文庆及少数受殖民当局蒙蔽的华侨,公开表示不赞成取消教育条例,说什么政府颁布教育条例也是为侨民着想,有利于华侨学校的规范化等。他们还到处散布,说谁要是反对教育条例,便是反政府,政府就会将其拘留甚至驱逐出境等。他们这一番活动倒真蒙蔽了一批人,不少报馆也不敢刊载华侨学务维持处的通告和相关文章了。

为了正本清源,庄希泉撰写了《为教育条例告三数人之硬要主张修改者》一文,指出林文庆等人的错误所在及真实目的。殖民当局得知后,对庄希泉甚为恼恨,认为他有意扰乱民心,制造混乱。随后一场突如其来的事故不可避免地降临到庄希泉身上。

1920年7月24日晚11点许,庄希泉从华侨学务维持处回家,一起的还有余佩皋、陈寿民、黄肖岩等人。

由于已近深夜,街上行人稀少。像平常一样,其他人各自先行离去,庄希泉送余佩皋回住所。

"各地华侨发动起来了,你说华民政务司会不会接受民意?"余佩皋轻声问道。

和余佩皋一样,庄希泉对华侨学务维持处近来的工作进展很满意,但他头脑很清醒:"现在已不是'民可使由之,不可使知之'的时候了,他们理应接受民意才对,最近似乎有这个倾向,但事情很复杂,不经斗争是达不到目的的。"

余佩皋点点头,她看到连日来紧张工作的庄希泉消瘦了一圈,便关切地说:"看你累的,回去早点休息吧,路上小心点。"

从华侨学务维持处到庄希泉的住地不过千把米,送余佩皋到家后,庄希泉一边不紧不慢地往回走,一边思考着第二天的工作。

当庄希泉走到第二个拐弯处时,五六个人突然拥上来,将他团团围住。月光下,庄希泉辨认出他们是殖民政府的督牌。督牌不由分说,拽着庄希泉就往华民政务司方向走去。

这帮人是受殖民政府的指派来捉拿庄希泉的。

在拘留所里,督牌言行恶劣,先是将庄希泉身上的衣物、鞋袜尽行剥去,搜索数遍,接着又加以手铐,将他关进一间小暗屋。庄希泉一宿无眠,思考着次日如何跟殖民当局面质。

翌日上午8点许,拘留所里突然又关进来一人。庄希泉定睛一看,不禁大吃一惊:来者不是别人,正是与他一起工作的陈寿民。原来,这天早上7点半许,陈寿民在去供职的启发学校路上,被殖民政府的人拷了进来。

陈寿民也很惊讶为何庄希泉在这里。待相互讲明情况后,两人感到事情重大,殖民政府对教育条例的态度已不言而喻。他们在拘留所里互相砥砺,商量着下一步的对策。

庄希泉、陈寿民被拘的消息很快传到华侨学务维持处。7月25日晚,华侨学务维持处召开会议,讨论庄希泉、陈寿民被拘事件。对这起突发事件,余佩皋最为着急。

次日下午,余佩皋设法通过在华民政务司当翻译的何乐如,见到了在押的庄希泉和陈寿民。庄希泉告诉余佩皋:"维持处不要因为我们被拘就灰心了,或者变了计划。你回去告诉大家,我们经得起考验,不要为我们担心,外面的行动越大,我们在这里就越安全。"

余佩皋点头称是,并说每周来看两人一次,以便互通信息。

庄希泉和陈寿民被拘后,只余佩皋探望过一次,后来任何人包括余佩皋再来探视,殖民当局概不允许。除了巡警和送饭的,他们再未见过其他人,华民政务司也没人来与他们谈话,两人只好斗室枯坐,学老僧闭关状。

关了二十四天后,一天午后2点,他们被巡警带出拘留所,辗转进入一个大院。两人不知身处何地,一问巡警,才知此处是殖民当局最大的监狱——西朗敏监狱。

一会儿工夫,他们被带至一幢小楼,入室一看,里面坐着三个人。除了翻译何乐如,余者皆不认得。介绍过后,才知正中的乃是总督委派来的审判官,右侧的是华民政务司的官员。

华民政务司官员拿出一沓材料,开始问话:"知道为什么要拘留你们吗?这里有你们维持处的许多印刷品,言辞都很激烈。这种话在欧美尚可,若被华民中无知的人看了,怕要惹出许多出轨的事来。"

庄希泉不卑不亢地回答:"我们的活动和印刷品,都是合法的。华民政务司曾经讲过,对我们的讨论是欢迎的,我们的印刷品就是一种讨论的载体。至于你说这些言辞在欧美可以,在华民中却不行,这实在是天大的误解。华民在新加坡居住多年,从来都是最守纪律的人群,这是有目共睹的。"

华民政务司官员举着手中的几封信,说:"我这里有华民受你们蛊惑滋事的事实,你们看看。"

庄希泉、陈寿民接过来一看,是几封骂林文庆等的匿名信,粗的无非是说了些乌龟王八走狗一类的话,文的则言"为虎作伥"、"桀犬吠尧"。他们相视而笑,知道是一些侨民气不过,用中国传统的方式发泄一下心中的怨气。可恨的是林文庆他们却将其作为滋事的证据上告华民政务司。

陈寿民把信归还,对政务司官员说:"你这是过虑了!这种骂人的信在中国是平常的事,只要有人不讲天理和良心,就会有人骂,只是发发怨气,倒不会变成大的事故。若是不骂,怨气无处发,憋在一起,那时再行爆发,才会有大的震动。维持处的工作意在通过合法途径与政府沟通,以化解侨民心中的不满。"

华民政务司官员听完翻译,愣了愣,随即又说:"之所以拘留你们俩,是据侦探调查。你们是维持处的头领,扰乱秩序,搞得外面很不安静,把你们请进来,外面就会安静许多。"

庄希泉冷笑一声,道:"大人这就搞错了,外面安静与否,倒不是我们,也不是华民之故。要不怎么条例未颁布前,各人都心平气和、安居乐业,条例颁布后,却是人心惶惶呢?看来还是条例的问题。"

庄希泉、陈寿民与殖民政府针尖对麦芒,使殖民政府的官员理屈词穷,只好草草结束审讯,将他们关进西朗敏监狱。

其实外面并非华民政务司官员所说的那般安静。

7月30日晚7点,华侨学务维持处召开工商学各界代表会议,讨论传送请愿书等事宜。

会上,吉隆坡教育总会会长廖衡酌说:"我未到此之前,闻庄希泉、陈寿民两君被政府拘禁。据道途所闻,这两位代表是激恼了林文庆先生,所以被他拿去了,但两位代表因何被拘,我们对此很关切。"

一位叫黄云刚的代表说:"庄希泉、陈寿民两位被拘后,我们到华民政务司担保,但对方拒不受理。我们又找律师查他们犯了何罪,华民政务司也没有答复。后来,我们又去问辅政司,辅政司也说,他们犯了什么罪现在不能说,要保释,他们做不了主。后来我们咨询了律师，律师说，殖民地总督的特权很大，他要拿人或者驱逐其出境，就可以夺了当事人的诉讼权。"

廖衡酌声音洪亮地说："当局拿我们两个代表，必定是以为这个请愿书是他们两个弄出来的，故将他们拘禁了，这事必定瓦解。不知我们是不怕拘禁，就是拿了三百个，我们也是要斗争到底的。否则既辜负了百万侨众，也对不起庄希泉、陈寿民两君！"

7月31日上午9点半，华侨学务维持处开会讨论保释庄希泉、陈寿民事宜。曾汝平提议，各州府代表及维持处代表一同去见太平局绅，由太平局绅设法担保。廖衡酌认为可先去找林文庆，他毕竟是华民政务司的议员。黄小隐则认为由各埠推举几位代表一起去见林文庆，让他知道被拘代表不只是新加坡方面的，也是代表全体华侨的。

保释工作没有进展，但华侨请愿活动却一直在有序地进行。到8月30日，一切请愿手续均已办妥，侨民大会也已开过，达成了共识，至此，华侨学务维持处不再开会，一切事宜由教育总会和请愿代表接洽。

华侨声势浩大的抗议活动，并没能阻止殖民政府的一意孤行。9月初，在殖民总督的授意下，立法议政局悍然三读，通过教育条例。不仅如此，殖民当局对华侨学务维持处的工作十分恼怒，遂将怨恨一并发泄到庄希泉和陈寿民这两位被拘代表的身上，指使司法局宣判庄希泉和陈寿民为危险分子，欲将他们驱逐出境。

消息传出，华侨各界气愤至极，纷纷指责殖民当局的无理行径。新加坡工商学界联名致书殖民当局，要求保释庄希泉、陈寿民。

请求保释书递交殖民当局后，数日未有回音。9月11日，华民政务司一官员放出话来，说殖民政府执意要将庄希泉、陈寿民两人驱逐出境，而且会很快执行。

请愿代表闻讯，无不愤懑。形势严峻，余佩皋知道急也没用，须有良策，方能挽狂澜于既倒。心细胆大的她提议："事已至此，我们是否可以通过祖国政府的途径，向殖民当局提出交涉？"

众皆称善，言只要祖国政府相援助，事情或许会出现转机。

9月12日，各代表联名向中华民国外交部、教育部致电，详细讲明情况，请求援助。同时亦向驻新加坡总领事馆致函，要求出面交涉。

余佩皋等华侨学务维持处的代表投书祖国领事馆，想来总领事必将出面助一臂之力，但他们想错了。

中华民国外交部驻新加坡总领事伍璜,向来胆小怕事,尤不敢得罪洋人。他对此次华侨就学校注册条例进行的请愿活动早已知晓,总领事馆也有人提出向殖民政府交涉,但他三缄其口。庄希泉曾专门拜访过他,见伍璜旁顾左右而言他,遂下决心成立华侨学务维持处进行请愿。

余佩皋等代表怀着一线希望,请求伍璜出面交涉,而伍璜却反复讲"你们的行动是可以理解的,我会向政府汇报,现在还是你们活动"之类无关痛痒的话。而当中华民国外交部接到华侨请求、向总领事馆询问情况时,这位总领事却又一手包办,声言无碍。如此欺上瞒下,代表们自然无法得到祖国政府的援助。

告败新马总督的硬骨头

联名保释和请求祖国政府交涉均无结果,这可让华侨学务维持处的代表们心急如焚,难道眼睁睁看着庄希泉、陈寿民被驱逐出境?

余佩皋等人几次上议政局质问二人所犯何罪,对方都不予作答。要求担保,仍是不许。每次问及为何要驱逐二人出境,对方都说这是法律赋予总督的特权,已实行了五十余年,无须再做解释。

殖民政府的蛮横和霸道,让余佩皋悲愤不已。得知殖民当局稍微放宽了拘禁管理、亲人可以探监的消息,余佩皋不假思索地以庄希泉未婚妻的名义,到西朗敏监狱探视。余佩皋的挚友、时在南洋女校执教的周芜君对此回忆:"庄君被禁以后,余君对于请愿的事情,更努力前进,奔走不息。"

听余佩皋详细说完这些天来外界发生的情况后,庄希泉沉思片刻,让余佩皋去咨询律师,看殖民当局的法律究竟对驱逐出境有何规定。

余佩皋回去后,马上找到一位颇有名望的律师。一经咨询,发现殖民当局有违法的嫌疑。原来,殖民政府总督有驱逐外国人出境的特权倒是不假,但问题在于,凡是被宣判出境的,拘留时间不许超过两周,两周内遇有便船,即应让被驱者乘船回国。

余佩皋立即前往监狱,将这一信息告诉庄希泉。

庄希泉听罢,扳着指头算了一下,对陈寿民说:"我们已被无理逾期拘押了七个多星期,总督违法显而易见。必须打一场官司,我们要告总督违法,就是倾家荡产也要打,要让他们懂得尊重我们华侨的人格和尊严!"

结果毫无悬念,一审结束,法官宣判庄希泉、陈寿民败诉。

"难道我们华侨注定要受人欺凌?我们不服审判,我们要提起上诉,要把官司打到伦敦。"庄希泉昂首走出法庭后,愤然向新加坡的大小媒体发表言论。

庄希泉的言论见诸报端后,舆论大哗,震惊伦敦,英国枢密院(最高法院)下令复审该案。

10月11日上午9点,这场官司移至殖民政府高等审判厅进行审判。作为原告方,庄希泉和陈寿民做了充分准备,并聘请了辩护律师。而被告方,作为当事人的总督自是不会来的,但按照英国法律,总督又不能拒绝,因此他委派了一位下属,一同来的还有三位律师。

双方律师经过一番唇枪舌剑后,主审法官出于维护法律的效力、让民众接受法律管束的目的,据实宣布总督有违法之嫌,庄希泉和陈寿民胜诉,于当日无罪释放。

堂堂殖民政府总督竟被告败,喜讯传来,大长广大华侨的志气。当时在南洋女校任教的周芜君,后来在《南洋英属华侨教育之危机》一书序言中如是落笔:

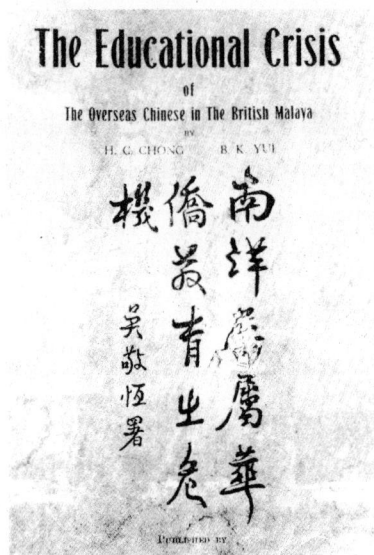

庄希泉与余佩皋合著的《南洋英属华侨教育之危机》一书封面

从来被判出境的,从没有一人能释放出来。而庄君竟能与政府争执到此地步,实属奇迹。所以当时各州府的侨众,一见了庄君恢复自由,一面欢迎得像大旱逢雨,一面又多出一种觉悟来。知道总督的特权本来是有限制的,这是庄君在侨界一种很好的贡献。

1920年10月11日,庄希泉、陈寿民出狱。

庄希泉出狱后,得知议政局三读会已不顾民意反对通过了教育条例。学校注册在即,他马上提议华侨学务维持处召开紧急会议,商讨对策。

败诉已让总督和殖民当局颜面扫地,此时庄希泉又领头与他们作对,扰乱他们的计划。这口气叫殖民当局如何咽得下?于是,几天后,警察又主动找上门来了。

警察举着手中的传票:"有人告你的状,说你诈骗财物!"说着不由分说把庄希泉带走。

庄希泉执意把总督告上法庭,殖民当局恼羞成怒,遂派人指使曾和庄希泉一起创办南洋女校的陈姓华侨做伪证。该华侨是林义顺的舅舅,迫于殖民当局的淫威,他竟一纸诉状将庄希泉告上法庭,诬称庄希泉在与他合办南洋女校时,诈骗了他九千元。法庭如获至宝,马上又把庄希泉拘禁起来。

抱定倾家荡产也要和总督打官司的庄希泉,由于在诉讼过程中花费巨大,已不得不将南洋女校转让,当时庄希泉还在狱中,乃委托余佩皋全权处理。当时陈姓华侨就在场,账目早已算清。

对陈姓华侨的诬告和殖民当局的陷害,余佩皋与大伙儿义愤填膺,决心不遗余力营救庄希泉。余佩皋一番筹划后,打出"要公理,要人权"的旗号,广大华侨纷纷跟随她到殖民当局理论。迫于巨大压力,殖民当局被迫同意以五万元保释,允许庄希泉暂时回家,等待开庭。

庄希泉获得保释后,一边主持反对教育条例实施的工作,一边搜集证据,准备和诬告自己的陈姓华侨打官司,还自己一个清白。此时,他和余佩皋的恋情已水到渠成。11月7日,二人举办了一场新式婚礼,结为夫妻。

1920年11月7日,庄希泉、余佩皋夫妇新婚合影

第三章　永不低头真勇士

新娘子火线求援

庄希泉以其疾恶如仇、桀骜不驯的个性，在南洋华侨中声名鹊起，让殖民当局必欲除之而后快。

1920年11月17日下午，殖民当局发出拘留票，再次将庄希泉关进西朗敏监狱。对庄希泉的再度被捕，广大华侨气愤不已，纷纷指责殖民当局的无理行径。

次日上午，余佩皋直奔华民政务司，严词质问："为什么政府要再次拘禁庄希泉先生？"

华民政务司官员说："以前是因为政府拘禁过期，庄君提出诉讼，所以要释放。而此次拘禁庄君乃因外面谣言很多，说庄君犯了诈骗罪，政府要他洗刷明白，以见真相，于庄君也有利，故拘留过期。现在政府决意要执行出境手续，不理别事，所以要拘禁。"

余佩皋冷笑一声："你们就这样让他出境，不是明摆着让他打不成官司，讨不回自己的清白吗？"

华民政务司官员讪讪道："政府驱逐庄君出境，是因他触犯了公众。外面有人诉庄君诈骗是他的个人私

1920年11月10日，庄希泉、余佩皋结婚三天后与周芜君合影及题字

事,自然不能因为个人私事,而让他留境。"

取消教育苛例一案未果,庄希泉再次被捕下狱,部分华侨产生了失望情绪。华侨学务维持处紧急召开代表会议,决定推举余佩皋为华侨代表回国,直接向国民政府请求援助。

12月5日,余佩皋只身回国求助。轮船在海上漂泊了八天后,于13日抵达厦门。此前,庄希泉已托人发电报给厦门家人,告知妻子即将返厦之事。

余佩皋的到来,让庄有理全家又喜又忧。喜的是儿子找了这么一位知书达理、容貌俊秀、处事干练的媳妇,忧的是儿子还被关在新加坡,生死未卜。

余佩皋救夫心切,在厦门短暂停留后,于12月27日抵达上海。此前,陈寿民因被驱逐,已先期到沪多日,并在小范围内进行了活动。余佩皋到沪后,陈寿民为余佩皋积极联络上海媒体和部分工商学界人士。

随后,余佩皋穿梭拜会沪各界要人,在机关、团体和报馆发表演说,陈述自己作为华侨代表返国请求援助的意义和目的。

12月31日,余佩皋和陈寿民在上海一品香餐馆设茶会报告南洋教育情形。与会者有教育部佥事沈商奢、江苏教育会的沈恩孚、荷属商务总会会长韩希琦,以及全国各界联合会的毛一丰等共三十余人。大家先后发言,表示对余佩皋向国民政府求助的支持。

其间,余佩皋还见到了久别的亲人——胞兄余天遂。余天遂也是一位思想进步的爱国知识分子,此时在上海澄衷中学任国文教师。余天遂的文笔了得,社交亦广,他全力协助妹妹,帮助联系和筹划在沪开展一系列活动,并根据妹妹的意思,草拟了一封《致北京大英国公使和新加坡殖民政府总督》的电文。

电文采取"以子之矛,攻子之盾"的方式,将华侨要求取消学校注册条例的理由娓娓道来。电文公诸报端后,引起国人的广泛关注,为余佩皋赴京请愿做了充分的舆论准备。

年末的上海,十分寒冷。从地处热带的新加坡赶回祖国,气候反差巨大,加之一路奔波劳累,余佩皋在厦门已感不适,到上海后,她终于患了风寒,日渐严重,但她仍然带病坚持与陈寿民参加各类活动,多方奔走,反复向国人诉说南洋华侨实情。仅几天工夫,就得到了上海各界的广泛支持,这让余佩皋对北上进京充满了信心。

1921年1月4日，余佩皋强撑病体，只身搭上了北去的列车。车过家乡苏州之时，在海外漂泊了三年的她，是多么想回去看一眼啊……

夜幕降临，火车行进到津浦路一个叫管店的地方，意外发生了！一辆北来的货车驶错了方向，与火车迎面相撞。

躺在卧铺间的余佩皋，被火车巨大的惯性从卧榻带到过道上。万幸的是，她只受了轻伤。

车祸的消息见报后，正在庄春成商号打理事务的庄惠泉，心急如焚，立即与陈寿民一起发电报给余佩皋，要其暂留管店，待他们来接其回沪再作打算。虽然出师不利，但余佩皋回电仍称不碍事，将继续赴京。

见余佩皋心意已决，庄惠泉和陈寿民遂连夜出发追至管店，与余佩皋共赴北京。

几日后，余佩皋一行抵京，立即开展活动。1月13日前后，余佩皋正式向外交部提出援助请求。外交总长颜惠庆委托徐姓秘书接洽。待余佩皋详细叙述南洋华侨教育的现状及此行的来意后，徐秘书表示：此事重大，待仔细研究再做计划。

余佩皋几经周折，1月下旬，终于得到外交总长颜惠庆面见之邀。

颜惠庆祖籍厦门，生于江苏，早年留学美国，回国后长期从事外交工作，曾随晚清要员伍廷芳出访欧美，思想较为进步（新中国成立后曾任华东军政委员会副主席）。

此前，余佩皋已了解到颜惠庆也是江苏人，见面后便直奔主题："佩皋受新加坡华侨学务维持处推选，肩负南洋华侨、华侨学校师生争取'享有共办教育、学习华文的权利'之重托，只身回国呼吁各界支持，在此特向总长先生请求：一、请外交部电驻京英国公使，向英政府严重交涉，以撤销该学校注册条例为目的；二、速电南洋殖民地政府，请其暂缓施行该条例；三、速电驻新加坡领事及教育总会，命其妥为安慰华侨，勿起无谓之恐慌，并勿为激烈之行动。"

颜惠庆稍作思考，说："余先生所言一、三两条极合情理，我即着有关人员妥为办理交涉。唯第二条不合外交程序，不便交涉。"

"第二条为当前极为紧要之事，一旦当局宣布施行该条例，则恐悔之晚矣。"余佩皋急忙恳求，"此事务请总长大人明察，维国体，顺侨情。南洋几百万侨胞，无不渴盼祖国撑腰，帮助改变悲惨处境！"

余佩皋炽热的爱国言行，让颜惠庆大受感动，他遂表示可以考虑。

在此期间,京沪各报一直仗义执言,舆论呼吁,十天内就发出近三十篇消息和评论。

北洋政府如垂危的病人,毫无起色,但面对强大的舆论压力,外交部、教育部还是先后正式向英国驻北京公使提出交涉,并电告驻新加坡总领事伍璜,要求其出面与殖民当局交涉,使其考虑实情,撤销学校注册条例。

在国内来电的催促下,惯于见风使舵的伍璜才真正有所行动,他通告当地侨民,言"政府已经向英国政府交涉,我侨民应静候办理"。

得知祖国政府已出面交涉,新加坡华侨奔走相告,经商议,委托马来联邦华侨代表、吉隆坡教育研究会会长廖衡酌回国,协同余佩皋工作。与此同时,英国方面也不得不过问此事。

接到电讯后,余佩皋遂与庄惠泉、陈寿民于2月初回沪,继续为后续事宜努力。

被逐回国

回到上海,时值春节,余佩皋见到了日夜牵挂的庄希泉。

余佩皋走后,庄希泉被拘了五十五天。在狱中,他巧妙地与殖民当局周旋,并延请律师就陈姓华侨控告他欺诈一事展开调查,搜集证据。正待对簿公堂时,受殖民当局指使自知理亏的陈姓华侨,良心发现,突然撤诉。由此,庄希泉欺诈他人财物一案水落石出,高等审判庭宣布此案注销。

该案结束了,华民政务司却传出消息,说政府念及庄希泉在星洲(新加坡的别称)的声望,如能承认错误,还可留下,相安无事,否则驱逐出境,没收财产。

庄希泉知道他们说的错误是指什么,乃斩钉截铁地说:"我维护华侨教育权利,完全是正义之举,无错误可言,也决不认错!"

殖民当局本想继续拘禁庄希泉,但此时国民政府已出面交涉,他们害怕庄希泉再告他们拘留过期。因此,1921年1月11日诉讼案一结束,殖民当局便于次日下午3点派三个侦探将庄希泉"永远驱逐出境"。

被驱逐出境是在庄希泉毫无准备的情况下突然宣布的。待他被押到丹绒巴葛码头时，离开船只有一个小时了。殖民当局惧于庄希泉在华侨中的声望，怕众多华侨来送行生出事端，遂采取此阴暗、狠毒的手段。新加坡地处热带，庄希泉当时是单衣单裤，且未带一件行李，遂向三个侦探抗议："我反对你们的条例是光明正大，你们送我出境，却用这种卑鄙手段！现在中国正值严冬，我只此单衣，岂不是叫我冻煞？你们还讲人道吗？我们中国人，此后发达了，皆要反对这种苛例。照你们这样送人出境，不知要害死多少人，谈何文明！"

庄希泉义正词严的抗议，引来了同船华人华侨尊敬的目光，他们同声指责这几个英国侦探。英国侦探在骂声中仓皇下船，匆匆而去。

站在海康号轮船甲板上，回望南洋，但见寥廓海天之际，新马渐行渐远，庄希泉不禁悲从中来。从当年参加辛亥革命到南洋筹款，时至今日，他在南洋前后工作生活了近十年，如今一朝离别，怎能不悲伤？

一周后，庄希泉抵达厦门，稍作停留即作别父母和两个女儿，匆匆赶赴上海。

夫妻故国重逢，本是叫人喜出望外之事，但庄希泉和余佩皋并没有沉溺于重逢后的儿女私情。两天后，他们在上海大观楼召开茶会，邀请沪上名流贤达约六十余人参加。会上，庄希泉将新马殖民当局以种种手段摧残华侨教育事业的前因后果、来龙去脉讲述了一番，反复强调其危害性，并指出当前的状况。余佩皋也讲了在京的活动情况，表示前景不容乐观，需要在座诸君协同努力。他们的演讲反响热烈，大家纷纷发言表示支持。

为了督促政府加大外交力度，1921年3月初，庄希泉和余佩皋一同北上，向外交、教育部递交了《归国请愿代表余佩皋上外交部、教育部条陈》及一说帖。

随后，全国各大小报纸，几乎都先后刊登了有关此事的通电、通告和公函，各地学生团体成立的后援会，雨后春笋般冒出来。这是继五四运动之后震惊全国的又一件大事。

在庄希泉、余佩皋等人的奔走下，舆论声援，群情鼎沸，无奈旧中国政府懦弱腐败，虽然当时北洋政府的外交部、教育部做了不少工作，但英政府和殖民当局并不将其当一回事，那个苛例最终还是通过施行了。

庄希泉和余佩皋得知此情，心急如焚，此前对北洋政府寄予的一缕希望完全破灭了。

由于庄希泉眼下无法踏足新加坡,回国请愿历时一年又三个月的余佩皋此时已身怀六甲,而且在殖民当局眼里也是不受欢迎的人物,两人决定暂留上海。余佩皋随即致电南洋女校,辞去校长之职。

夫妻俩身在国内,却情牵南洋,决心以著书立说的方式,为取消殖民教育苛例努力。他们的想法得到了亲朋好友及诸多人士的支持,一位叫倪天斋的好心人为此专门设法筹款援助。

1921年11月20日清晨,上海大世界对面一家红十字医院里,庄希泉和余佩皋的儿子诞生。余佩皋的父亲余夔卿为孩子取名炎林, 余佩皋则按夫家永字辈排行,给儿子取了个小名:永福,希望他永远幸福。

创办厦南女中

20世纪20年代的中国,风云际会,气象万千。

因为著书、生子和商业上一些事情而在上海蛰伏多时的庄希泉夫妇,怀着无以复加的对女子教育的情感,决定重整旗鼓,在自己的国土上继续办学,让女子教育发扬光大,为唤醒民智、推动社会风气好转尽绵薄之力。

女子教育自孙中山大力提倡以来,取得了较大发展,但令人遗憾的是,北洋政府仍把"贤妻良母"教育作为女子教育的方针,女校和男校教授的内容存在明显区别。委身于一所办学思想与自己观念不一致的学校,非庄希泉夫妇所愿。基于此状,他们决定自办学校。夫妻俩合计了一下,在上海办校,耗资较大,而且上海已有一批思想较进步的学校。有人劝他们选择余佩皋的老家苏州办校,但苏州的教育也较发达。相比之下,在厦门办学,无论是开办费用还是学生缴费都较低廉,庄希泉又是厦门人,人际关系好处理,易于打开局面。因此,在厦门办学为上上之策。

1922年初春,庄希泉挈妇将雏回到厦门,开始了兴学之路。学校未建,名字倒先有了,名曰厦南女子师范学校(简称厦南女学),意思是厦门的南洋女校。

3月的一天,正在新办厦门大学视察基建的陈嘉庚,特地前来看望庄希泉。他此前就对庄希泉、余佩皋不畏难，不避险为南洋华侨教育事业四处奔走呼号的事迹有所耳闻，如今听了他们夫妻俩的办学设想，不禁赞赏有加："你们把南洋女校办到厦门来，造福社会，好，好！"

余佩皋谦逊地说："与陈老先生热心兴办华侨和家乡的文化公益事业相比，我们真是小巫见大巫了。"

陈嘉庚连连摆手："众人拾柴火焰高，大家都尽些力，才能更好地作出成绩来。"

余佩皋初会陈嘉庚，见这位华侨兴学第一人和蔼可亲，乃想借此良机好好向他请教有关教育的问题。

谈及教育观，陈嘉庚慨然道："民无教育，安能立国？因此，教育实为立国之本。办教育，不能仅仅是慈善家办教育，而应把兴办教育视为关乎民族振兴、国家进步的一件根本性大事。教育乃百年树人，虽然不能立即拯救国家于危亡之际，然启迪民智，有助于革命，有助于救国，其理甚明。"

余佩皋点头称是："陈老先生所言极是。打倒列强靠枪，推翻清廷靠革命，建设国家、振兴国家，则要教育先行。"接着又问："听说陈老先生亲自制定了集美学校面向海外广纳侨生、优待侨生的招生原则，并强调此例永续不废，不知是出于何种考虑？"

"这个说来话长……"陈嘉庚吸了口雪茄，缓缓道出南洋各地华侨子弟缺乏中国传统文化教育的现状后，说，"鼓励侨生回国念书，就是希望华侨子弟不致割断与祖国的联系，浓厚祖国观念。"

庄希泉接过话来："集美学校以'诚毅'为校训，听说也是嘉庚先生亲自制定的，其中可有什么高深含义？"

陈嘉庚道："所谓'诚毅'，即'以诚待人，以毅处事'。前者要求集美师生对我中华民族忠诚不贰，真心实意；后者要求集美师生对爱国事业要百折不挠，勇往直前。"

谈及当时刚刚开学的厦门大学，陈嘉庚更是难以抑制内心的喜悦，他告诉庄希泉夫妇，出掌厦门大学的是他的老朋友林文庆。

庄希泉陡地吃了一惊："这次南洋所发事件，林文庆可是站在殖民政府一边的，嘉庚先生何故聘用此人？"

陈嘉庚道："林文庆前段时间的事情我也听说了,盖人非圣贤,孰能无过,他是一时犯糊涂。但此一时彼一时,接到我的邀请后,他马上允诺放弃新加坡优越的工作和生活条件,举家归国,而且不领我半分薪水,此情诚可感人。希泉老弟,你和文庆都是我的好友,我不希望你们在厦门再行交战,希望以大局为重。"

见陈嘉庚如此胸怀,庄希泉沉默了,心想林文庆也许正如外界所说,在政治上立场不坚定,而在教学业务上尚有一套,只要他真心辅佐陈嘉庚办学,也许真能搞出一些东西来。他话题一转,看着陈嘉庚,关切地问:"听说嘉庚先生近日又要过番?"

陈嘉庚微叹了一口气,道:"形势所迫,徒呼奈何。"

1919年,陈嘉庚把南洋的一大摊子交给胞弟陈敬贤后,原定今后在家乡专门投身教育,未料不过三年,陈敬贤就得了一场重病,无法支撑,四十八岁的陈嘉庚不得不第六次出洋,到新加坡主持事务。

庄希泉在新加坡与陈敬贤素有接触,对其人品以及经商才华颇为赞赏:"敬贤可是个做生意的奇才,可能是太操劳了,才致病疴。嘉庚先生老将出马,相信会把事业做得更大,只是年纪大了,这次过番,可得多加保重。"

一日,在外忙于为厦南女学募款的庄希泉回到家中,和余佩皋商量道:"我们是不是把回国后的奔走详情以及办学事宜,向海外侨胞作个书面报告?这样既可以让他们全面了解实况,也可以得到他们的理解和支持。"

余佩皋赞同庄希泉的想法:"那就以我们俩的名义吧。"

庄希泉却说:"不,还是以你的名义,你是华侨代表嘛。"

夫妻俩怀着炽热的感情,你一言我一语,连夜写就一封《致海外侨胞书》。

《致海外侨胞书》寄往南洋后,于1922年4月6日,在上海《民国日报》另行刊发。

这封书信,清楚地反映了余佩皋和庄希泉办学的缘由和意图。庄希泉夫妇身在国内,却心系南洋众多侨胞,情牵教育。这份情怀,自是受到南洋华侨的普遍欢迎,于是大家纷纷解囊,襄助他们创办厦南女学,又陆续把自家女儿送来就读。

庄希泉选择在自家祖宅地东边的草仔垵办学。5月1日,正式挂起了厦南女学的校牌。过去庄希泉弟妹十多人都在日本人办的学校读书,如今大都转到厦南女学。

厦南女学创办后,庄希泉任董事长,余佩皋任校长,周芜君也到校任教。学校的课程很丰富,除国文、算术、物理、健身等课外,还定时开展歌舞、戏剧活动,推广普通话。国文课大幅减少了那些晦涩难懂的古文，代之以新鲜活泼的白话文。因此，学校成立伊始，就别具一格，领风气之先，岛内外不少家长纷纷把女儿送来就学，还吸引了不少进步教师前来应聘。

一天，庄希泉从暹罗(今泰国)、缅甸联络侨胞助学回到厦门，有位长衫老者来访。庄希泉打面一看，又惊又喜，原来是幼年的私塾老师周墨史，遂赶忙执弟子礼，将周墨史迎进屋。周墨史此时虽年事已高，但旧学了得，仍受聘于厦门同文书院。

庄希泉并不知道周墨史的来意，一番寒暄后，就谈起了自己几年来的经历和将来的打算。话题转到教育上时，周墨史轻咳两声，语带不满地说："你们好像也太出风头了……"

庄希泉心里一惊，忙谦虚地说："请老师不吝赐教。"

原来，日本人开设的东亚书院鉴于厦南女学的声望，想兼并厦南女学，知道周墨史和庄希泉的师生关系，乃托他前来说服。周墨史思想守旧，对庄希泉和余佩皋的办学思想本就不满，经校方怂恿，也就糊里糊涂地答应来做说客。周墨史原本以为以师生之谊细心规劝，庄希泉会接受。

厦南女中部分校舍

得知周墨史的来意后，庄希泉心里很不是滋味，本来他就很反感同文书院的教学方式，现在该校竟想来兼并，真是岂有此理！碍于师生情面，庄希泉隐而不发，只是耐心地陈述当前的形势和自己的办学宗旨。

周墨史知道多言徒劳，只好起身告辞。

与周墨史相比，还有一些思想守旧者对厦南女学恶意中伤，部分不明就里的家长将孩子转学或辍学。学生的流失，对学校来说无疑是致命的。面对这种情况，庄希泉夫妇联合学校其他教师多方努力，使厦南女学终于走出低谷，不久改名为厦南女子中学(简称厦南女中)，并附设小学。

浇灌着庄希泉夫妇和南洋华侨心血的厦南女中，一时誉满厦门，远播海外。

暗潮涌动

身为厦南女中董事长，庄希泉把主要精力放在了募集办学资金和发展实业上。国家之富强在实业，无实业，教育经费则无所出；教育之命脉在经济，必须发展实业，使经济充实，教育之中辍之虑才能清除。

厦南女中生机勃勃，影响日大，它的存在引起了当地一个反动组织兴兴公司的忌恨，他们欲去厦南女中而后快。

1923年初，帝国主义和国内反动势力秘密组织成立兴兴公司，加入该组织的，有反动洋人的走狗，有驻厦皖系军阀臧致平的财政处长邢管田，还有一大帮日本浪人、厦门地痞流氓。为了掩人耳目，兴兴公司有意吸收一些社会知名人士做点缀。总而言之，该公司有文有武，气焰十分嚣张，它有一个巨大的阴谋，就是要垄断整个厦门的地皮买卖，大发横财。

兴兴公司成立后，立即宣布厦门草仔垵等二十四处山头荒地（连同一切确定所有权的新旧坟墓）为其所有，旋即组织人员强占山头，秘密挖掘人家祖坟。

草仔垵一带坟墓众多，这里的居民多为船夫、码头工人，社会地位低下，上天无路，入地无门。为了对付兴兴公司，他们想到了厦南女中董事长庄希泉，知道他急公好义，又是当地名人，如果请他出面，找臧致平陈情，或许事情有望解决。

庄希泉对当地居民向来有求必应，何况这次厦南女中也在此范围内，遂爽快地答应下来。翌日，他来到原清代厦门水师提督衙门，要求面见臧致平。

在荷枪实弹的卫兵引领下，庄希泉见到了臧致平。庄希泉在厦门是有声望之人，又是归国华侨，臧致平原以为庄希泉是来找自己当靠山或来送帖子的，不料庄希泉竟是为兴兴公司之事而来。

庄希泉道完兴兴公司如何强占土地、私掘他人祖坟等恶行后，臧致平不耐烦地问："他们也挖了庄董祖坟？"

"这倒没有。"庄希泉如实回答。

脑满肠肥的臧致平嘴里抽着雪茄，打着官腔道："没有就好嘛。古人讲，各人自扫门前雪，莫管他人瓦上霜。庄董何必无事找事呢？"

庄希泉不卑不亢地说："兴兴公司挖人坟墓确实不关鄙人何事，却关乎当地居民的利害，而且，也关乎贵军的利害和声誉。"

臧致平瞪大眼睛，操着安徽腔，瓮声瓮气地问："危言耸听，何以见得？"

庄希泉不慌不忙地将兴兴公司招致的民怨一一讲来，并称长此以往，厦门治安将持续恶化，驻军护民不力，声誉自当扫地，万一上峰追查，恐难交代云云。

臧致平似乎心有所动。庄希泉趁热打铁："鄙人此行，系代表当地居民的公意而来，臧镇守使乃明理之人，万望勿逆民意。"

1916年率军入闽、以陆军第十四混成旅旅长而新任漳厦镇守使的臧致平，觉得为维护长久统治计，暂不能招致众怒，遂让副官传令下去，停止掘坟。

经庄希泉出面交涉，草仔垵居民取得了与兴兴公司斗争的初次胜利，但兴兴公司岂会善罢甘休。短暂的平静之后，兴兴公司的一帮干将又蠢蠢欲动了。

为了达到目的，他们决定先清理庄希泉这个最大的障碍。经过一番密谋，兴兴公司诡计多端的股东们决定采取利诱的方式，派得力干将林仲馥前往庄希泉处探口风。

林仲馥时任厦门英华中学校长，胸中倒是有一点墨水，但思想反动，还是当时厦门反动报刊《思明报》的社长兼主笔，是帝国主义和国内反动势力的御用文人。加入兴兴公司后，其势力进一步扩大。

这天，林仲馥神气十足地来找庄希泉，一见面就先声夺人："希泉兄，近来可好？"

庄希泉知道林仲馥无事不登三宝殿，遂试探性地问："林兄是大忙人，这次莅临寒舍，有何见教？"

"希泉兄办学有方，厦南女中生机勃勃，兄弟特来讨教一二。"林仲馥假惺惺地应道。

"林兄是办学行家，而兄弟只是一校董。如真交流办学经验，待我叫本校校长及其他教师来与林兄切磋。"庄希泉说罢，佯装起身要离开。

林仲馥急忙拦住庄希泉："兄弟这次拜访，是有要事与希泉兄商量。"

庄希泉快人快语："既然有事，直讲无妨。"

林仲馥支支吾吾了好一阵，见四下无人，便明知故问："兄弟近日闻希泉兄为地方上的事，与臧镇守使有一叙，可有其事？"

庄希泉答确有其事后，反问道："不知林兄所问为何？"

林仲馥抛出了底牌，故作神秘地说："其实，希泉兄还有更好的办法。"

庄希泉不动声色，笑道："我一介草民，能有什么好办法？"

"老兄何不加入兴兴公司,这样不仅可以扩大贵校的办学规模,还可以借此经营地产,为贵校获得常年经费。"林仲馥面露喜色,以为庄希泉会被他利诱上钩。

原来是这种勾当,想拉我下水!庄希泉心生愤怒,但表面上看似平淡实为严正地说:"这不是要把成百上千的乡亲们赶到海里去吗?"

"不会,我们会有补偿的……"林仲馥毫不识趣地想继续说下去。

"不必说了,你要钱,我要这个——心。"庄希泉打断他的话,用手指着自己的胸口处。

林仲馥脸色骤变,语带威胁地说:"自古识时务者为俊杰……"

庄希泉怒不可遏,一拍桌子,手指门口,朝林仲馥喝道:"滚,你给我滚!"

见庄希泉怒发冲冠的样子,林仲馥好不吃惊,急急出门,样子好不狼狈。

国民党临时省党部的夫妻店

1924年初,国民党一大结束后,其福建方面的代表江董琴和许卓然、秦望山、张贞等人,受孙中山和改组后的国民党中央执行委员会委托,回福建筹建国民党福建临时省党部。

许卓然于2月到厦门后,根据事前的摸排,找到了庄希泉。得知许卓然所负的使命后,庄希泉欣然表示愿意帮忙。他们在鼓浪屿龙头路以开设鼓浪屿图书馆为掩护,秘密开展国民党党务工作,接着又创办了光华小学,作为联络志士、开展革命活动的据点。3月间,江董琴到达厦门,立即会同许卓然开展筹建工作。

许卓然向江董琴通报了先行开展的工作,说:"福建尚处于革命的边缘地带,厦门也不例外,原有的福建籍老同盟会员,大多侨居在海外,形势不容乐观。"

江董琴当然了解这些情况,他说:"是啊,难题着实不少,当务之急是发展党员,同时考虑临时省党部的执委人选。"沉吟片刻,他又说:"你找庄希泉算是找对了,可还是漏了一人。"

许卓然问:"谁?"

江董琴微微一笑:"庄希泉的夫人余佩皋女士。"

翌日晚,庄希泉和余佩皋接到江董琴的邀请后,准时来到布袋街蔡记二楼。

江董琴详细地将这次国民党一大的基本情况和会议精神做了介绍，庄希泉欣喜地说："国内革命形势很快就会有新气象啊！"

"是啊，肯定会有新气象的！"江董琴接着恳切地说，"国民党福建临时省党部成立在即，我想介绍二位加入国民党。"

余佩皋和庄希泉一样，虽然乐意加入孙中山领导的国民党，却心存顾虑。她认真地说："我们夫妻俩同时加入，恐怕不合适吧，别人还以为我们是开夫妻店呢！"

"开夫妻店又何妨？只要有利于革命，这样的夫妻店要多开才好，内举不避亲，外举不避贤嘛。"江董琴笑着说，"不要犹豫了，你们夫妻完全合格，明天来我这里填表注册就是。"

这样，在江董琴的介绍下，庄希泉和余佩皋加入了改组后的国民党，鼎力协助江董琴工作。此时，厦门仍处于北洋军阀臧致平的统治下，他们的一切活动仍须秘密进行。

经过秘密联络，1924年3月29日，庄希泉夫妇和在厦门的其他国民党人以喝茶为名，相继来到布袋街蔡记二楼，参加由江董琴主持的筹备谈话会。随后，开始在厦门登记党员人数，同时于小走马路25号设立国民党福建临时省党部筹备处。庄希泉夫妇同时被推选为临时省党部筹备处执行委员，庄希泉主要负责经济工作，余佩皋负责妇女工作。

皖系军阀臧致平及其所部败走后，厦门为闽系海军势力所控制，但直系军阀掌控的北京政府却任命张毅为厦门镇守使。闽系海军当局设立的漳厦海军警备司令部，为了争取支持力量与张毅相抗衡，对国民党人在厦的活动予以默许。因此，筹备和发展国民党福建地方组织的活动渐有发展。

随着闽系海军势力的扩大，厦门的政治环境更为宽松。国民党福建临时省党部筹备处的活动也渐次公开，除了组建厦门各地区分部，还派人到各县筹建县党部。

令人担忧的事情发生了。一次会上，庄希泉竟见到了那个曾想利诱自己加入兴兴公司的林仲馥。这种人竟然混进了国民党，而且还是临时省党部筹备处的重要干部。

不久，庄希泉和林仲馥就发生了一次正面交锋。原来，兴兴公司在草仔垵掘祖坟的恶行被军阀臧致平叫停几个月后，英国驻厦领事谓兴兴公司因改良市政引发械斗，危及英国侨民，故英国要出面采取措施。如此丧失主权的行动，当地居民当然不答应，但身为国民党福建临时省党部筹备处干部的林仲馥，反而为英国人帮腔。在场的庄希泉当即提出批评，指出其中利害，要林仲馥识时务，免得犯众怒。群众也高声反对，林仲馥这才悻悻离去，此事不了了之。

1924年的厦门颇不平静，继北洋军阀臧致平被驱、商人罢市风潮后，厦门大学又发生学潮。厦门大学校长林文庆因无故辞退该校四名进步教师，遭学生反对后，竟伙同英国驻鼓浪屿租界的工部局污蔑学生是布尔什维克，结果引发学生大规模罢课和驱林事件。

厦门大学学潮事件特别引起了庄希泉的关注。此时如果要报当年南洋的一箭之仇，必对林文庆不利。庄希泉觉得林文庆虽然在这件事上处理方式欠妥，但他对厦门大学的教育事业还是尽心尽职的，因此决定不介入个人恩怨。

将不合作运动坚持到底

1925年3月12日，孙中山先生因肝癌在北京长逝。消息传到厦门，4月17日，厦门各界举行公祭大会。公祭大会结束后，国民党福建临时省党部筹备处为了纪念孙中山、培养革命青年，决定在鼓浪屿创办一所中山学校。有着丰富办学经验的庄希泉、余佩皋，马上协助江董琴筹划办校事宜。不久，学校建成。江董琴亲任校长，庄希泉夫妇等人参加了学校董事委员会，江董琴还吸收了共青团员阮山等人担负学校的重要工作。中山学校后来成为第一次大革命时期国共两党在厦门的重要活动场所。

1925年5月，日本资本家枪杀中国工人顾正红（共产党员）、英国巡捕血腥屠杀请愿民众的五卅惨案发生后，全国人民掀起了反帝斗争的高潮，消息传到厦门后，各界愤怒异常。为了更好地领导这次爱国运动，6月8日，江董琴等人在厦门主持召开了福建省国民党党员代表大会。大会推举江董琴为临时省党部执行委员会主任委员，庄希泉、余佩皋及许卓然等人为执行委员，公开打出了国民党福建临时省党部执行委员会的旗号，省党部直接听命于广东中央党部。

6月26日，在省党部领导下，国民外交后援会组织厦门各界大规模游行。

随着全国斗争的深入，各地掀起了声势浩大的"三罢"（罢工、罢市、罢教）和抵制"仇货"(英货、日货)的热潮。厦门国民外交后援会也积极组织,热烈响应。英国驻厦门领事惶惶不可终日,被迫致函厦门国民外交后援会,要求和平解决。

稍后,国民外交后援会召开全体执委会,商讨不合作运动(即罢工、罢市、罢教,抵制英货、日货运动)事宜。庄希泉、余佩皋和江董琴等参加了会议。

会议一开始就分为两派,一派以江董琴、庄希泉、余佩皋等国民党左派和共青团员及进步人士为代表,主张立即开展不合作运动;一派从自身利益出发,强烈反对搞不合作运动,林仲馥是其中的积极分子。双方争辩激烈,一时难以表决。

左右为难的会议主持人江董琴请庄希泉发言。

庄希泉大声说:"搞不合作运动,长我民族志气,灭帝国主义威风,惩外人之资本家,故所利者,是我中华之利。而所弊者,无外乎国内之发展有所停顿,国内之资本利益有所损害。故我以为,诸君当抱牺牲暂时一己之利之精神,合力奋斗,求长远之利益,求大众之利益!"

他的话掷地有声,话音刚落,会场即响起热烈的掌声。

"庄先生说得好听,但不中用。"林仲馥带着嘲讽的语气说道。这个早已被英日帝国主义收买的民族败类,又蠢蠢欲动了。

"依你看当如何?"庄希泉反问。

"其一,庄先生未设工厂,自然希望罢工,这是不碍事的。其二,据鼓浪屿领事团消息,如果罢工,那么英日战船一定会派兵登陆保护他们的侨民,其后果就要由后援会负责。"林仲馥当然讲不出什么看法来,只是一味地攻击庄希泉,还用英日战船要派兵的话来恐吓其他人。结果,有不少人又附和起林仲馥来,说英日军队登陆后,万一发生冲突,居民的生命财产就将失去保障。

林仲馥见状,万分得意,进而又煽动说:"我听说,英国领事已把海后滩的警权交出,并答应修改鼓浪屿租地章程,增加华董;学生示威游行,工部局还把巡捕撤回,一再向我们退让。这已经很不容易了,我们得见好就收。庄先生,你也是有实业的,难道忍心看到它们毁于战火?"

林仲馥的破坏活动让庄希泉怒火中烧,心想,看来得揭穿这个道貌岸然的伪君子的老底,新账旧账一起算了,遂针锋相对地说:"林先生所言极是,只是鄙人没有钱,做不成资本家。不像某些人,靠着洋人发了家,盆满钵满的,还动不动就带人掘老百姓的祖坟。"

林仲馥恼羞成怒,语带威胁地说:"甭说了,几年来,我们的主张和事业,一直为你所破坏,究竟谁强谁弱,还是一个未知数。干脆些,我今天就要和你决斗。"

面对林仲馥狐假虎威的恐吓,庄希泉冷笑一声,大声回应:"要决斗,行,你可约一时间、地点,鄙人自当准时到场。"

林仲馥一时像泄了气的皮球,哼一声后再无他语。

见此情景,江董琴趁机面向大家,说:"大家对不合作运动意见如何?请表态。"表示赞成的手越举越多。

但就在这时,又有人说话了——原来是闽厦警备司令部的代表。

"你们要搞不合作运动、抵制英日货,那好,到时所引发的工人滋事、英日军舰派兵登陆,敝部一概不管。"这位军方代表扔下这话后扬长而去。

此话一出,会议风向立即发生了变化,举手赞同的人少了一大半。坐在远处的林仲馥二郎腿一翘,洋洋得意地看着江董琴、庄希泉如何收场。

江董琴、庄希泉等人知道,警备司令部的人和厦门岛内的许多资本家是一丘之貉。面对罢工决议受阻难以通过的局面,他们不禁义愤填膺,小声议论后,作出一个重大决定——退出国民外交后援会。

"各位,今天屡起争端,可见意见无法统一,为救国计,鄙人等决计退出外交后援会,另行组织以继续努力。"江董琴朗声宣布后,和庄希泉、余佩皋等国民党左派及李觉民、罗扬才等共青团员共计十五人,愤然退出会场。

江董琴、庄希泉、余佩皋等人经过一番筹划,决定发起厦门外交协会,将不合作运动坚持到底。

遭暗算身陷囹圄

为筹备厦门外交协会而奔走的庄希泉此时并不知道,一个针对他的阴谋正像一张网似的悄悄向他撒来。

1925年7月4日下午,庄希泉办理完厦南女中的事务后,打算前往江董琴处,与其商量外交协会的工作 刚走出校门没多远,突然从树林深处钻出四个人来,将他围住。

对方蓄着小胡须,个头不高,清一色穿着日本和服,一看就是日本浪人。

一个日本浪人操着半生不熟的中国话，要求庄希泉跟他们到日本领事馆走一趟。

此言一出，庄希泉莫名其妙，寻思除了抵制日货，近来与日本领事并无瓜葛。他一时不知对方葫芦里卖的什么药，遂说："我平日与你们领事无甚往来，缘何找我？"

那个日本浪人说："这是秘密，你去了便知道，请放心，我们会保证你的安全。"

看样子，今天不去是不行了。庄希泉回家向余佩皋打了个招呼，就和四个浪人前往设于鼓浪屿的日本领事馆。

上岸后，四个浪人领着他往岛内深处走去，穿过几条弄堂，沿着一条朝山坡伸展的石子路行不多远，即远远见到一面日本国旗在上空飘扬。旗杆下是一幢西洋楼房，上下两层（另有一层地下室），自成院落。时近黄昏，楼房隐匿在树丛中，若隐若现，给人一种阴森肃杀的感觉。

庄希泉刚入厅门，一个穿背带裤的男人便迎了上来，左手还拿着一个冒烟的烟斗。此人正是日本驻鼓浪屿领事井上庚二郎。

"庄希泉君，久仰，久仰。"井上庚二郎满脸堆笑地伸出右手做握手状，作为有名的中国通，他的汉语说得极为流利。

"领事先生找我来有何贵干？"庄希泉向来不屑与此等人握手，遂双手在胸口一抱拳，算是还礼。

"不要叫我领事先生，你我一直就是大日本帝国的子民，自己人嘛。"井上庚二郎徐徐放下手来，极力掩饰脸上的不悦。

"我乃堂堂炎黄子孙，中华民国一分子，怎成了你日本子民？"庄希泉提高了声调。

井上庚二郎一脸阴笑，继续说："庄君真是健忘呀，多年前，令尊在我台湾经营商业，成了大日本帝国台湾籍民，至今贵府还悬挂着籍民牌，受我帝国保护。作为贵府家庭成员，庄君自然也是日侨，是我帝国一分子。"

听到井上庚二郎这番强词夺理的言论，庄希泉顿时怒不可遏，大声道："我父亲是厦门人，不是日本籍民，就算他是，我也不是。如果儿子必须与父亲同籍，我明天就登报宣布脱离日本籍。"

日本领事为何强说庄希泉是日本子民？所谓的日本台湾籍民又是怎么回事呢？

原来，1895年中日甲午战争后，日本强迫清政府签订了割让台湾、澎湖列岛给日本的《马关条约》。为了达到永久统治台湾的目的,日本帝国主义加强了户籍管理,规定:凡台湾居民,均为台湾籍民,受日本国内法律制约;在台经商、上学、务工等中国大陆人员亦要办理台湾户籍护照,受日本法律制约。当年在台湾设有商号的庄有理也办理了护照。由于闽台一衣带水,居民往来密切,故多有持所谓日本台湾籍民身份的人员留居福建,厦门犹多。此等所谓的在中国大陆居住的台湾籍民,日本领事馆一律发一木质日本籍民牌,悬挂屋中,其全家同一般日本人一样,不受中国大陆法律约束,反受所谓的日本领事裁判权即治外法权制约。日本当局还专门颁布特别法令,言:凡台湾籍民及其亲属均为日本臣民,不得参加外国的政治结社活动,否则以违反法律治罪。

显然,日本帝国主义这一籍民管理制度是为其推行殖民政策、为进一步侵华做准备的,其反动性和荒谬性自不待言。但少数丧失气节、崇洋媚外的中国人,竟千方百计谋求所谓的台湾籍民身份,乞怜在虎狼的庇护下做顺民,讨一口饭吃,所谓"宁为太平犬,不为乱世民"。也有人利用日本对籍民的治外法权,抬高身份,打击异己,加害他人,林仲馥便是其中一个。

自庄希泉在厦门国民外交后援会公开与林仲馥斗争后,林仲馥一直心存怨恨,想方设法对庄希泉实施报复。得知庄希泉的父亲庄有理曾在台湾经商,办理过所谓台湾籍民护照,他就跑到日本领事馆,向日本领事井上庚二郎报告说,厦门这次反日事件的主要发起人庄希泉系台湾籍民。他知道,日本的国籍法认定长子是继承人,庄有理持有台湾户籍,庄希泉是其长子,亦当然算是台湾人。按日本法律,是不允许日台臣民在国外结社反日的。

庄希泉的反日活动,其实早就引起了井上庚二郎的关注。听林仲馥指认他是台湾籍民,井上庚二郎就嘿嘿笑了起来:"既是台湾籍民,还胆敢在国外结社,反对我大日本帝国?"

林仲馥谄笑着说:"抓了庄希泉,可以杀一儆百,防止更多的人搞罢工、抵制日货的运动。"

经一番密谋,井上庚二郎决定亲自出马,并决定如果庄希泉不肯就范,为己所用,则以治外法权将他扣押。

果然,当庄希泉竭力反对井上庚二郎的谬论时,这位假惺惺装出一副关心本国子民样子的领事,立即换了一副嘴脸:"庄希泉君,中国有句古话叫作'识时务者为俊杰',大日本帝国收你为子民,是抬举你,别敬酒不吃吃罚酒。"

庄希泉当即反击："本人生是中国人，死是中国鬼。"

不待井上庚二郎开口，庄希泉继续说："井上先生，中国还有一句古话，叫'多行不义必自毙'。现在我就代表厦门外交协会与你正式交涉，请你接受罢工工人所提出的条件，取消在厦领事裁判权。"井上庚二郎本以为威胁一下，就能降服庄希泉，没想到反被他一通抢白，批驳得无言以对。他一反原先气定神闲、彬彬有礼的风度，气急败坏地吼道："你的，不撞南墙不回头。"随着井上庚二郎的一个手势，站立两厢的日本浪人立即一拥而上，将庄希泉扭住。

"慢着！"庄希泉大吼一声，"你们无故抓人，算什么好汉！"

"好吧，我就让你知道抓你的理由。"井上庚二郎说罢，拍了两下手掌。

掌停人出，林仲馥嬉笑着从厅堂屏风背后闪将出来。

庄希泉顿时心里明白了，怒向胆边生："好啊，原来是你这等小人在作怪！"

林仲馥也不介意，反倒猫哭耗子似的说："希泉兄，我这是为你好，你也是，何苦非要退出外交后援会，去搞什么不合作运动。你是台湾籍名人，有财大家发，你却不知趣。这倒好，犯了日本的台湾籍民法规。把你请到这里来，是让你反省反省。"

庄希泉先是哈哈大笑，接着朝林仲馥狠狠啐了一口，道："你这个败类，不得好死！"

林仲馥遭此痛骂，脸色煞白，半天没回过神来。

1924年，庄希泉夫妇与儿子庄炎林在厦门

庄希泉继而面向井上庚二郎痛斥："我是堂堂的中国人，岂能认贼作父？待我民众团结起来，必将你们这些侵略者扫地出门！"

井上庚二郎发出一阵狞笑后，朝手下人一挥手，几个浪人合力扭紧庄希泉，将他迅速押进日本领事馆地下室的秘密囚室里。

夜已深，庄希泉迟迟未归，这让余佩皋心急如焚，感到凶多吉少，丈夫一定是被日本领事馆扣押了。她叫上好友周芜君，抱着三岁的儿子庄炎林，深一脚浅一脚来到庄希泉父亲的住处。

庄有理得知儿子再次被捕，十分担心，连夜找厦门商会主席洪晓春等人商议，请求疏通。

很快日本领事就传来回话:只要庄希泉出具悔过书,声明退出国民党,即可释放,否则,将予以惩办。

庄有理担心庄希泉有生命危险,要余佩皋速至日本领事馆相见,劝说庄希泉怜其年老不堪惊吓,答应日本领事所提条件。翌日一早,余佩皋把儿子托付给周芜君后,就急忙与本校教师林云影前往国民党福建临时党部办事处,找江董琴商量对策。江董琴听了庄有理的意见后,一时无计可施,认为救人要紧,于是三人联袂先到日本领事馆了解情况。

在日本领事馆见到井上庚二郎后,余佩皋厉声质问:"庄君与你们素无往来,为何无缘无故抓人?"

井上庚二郎将其荒谬的理由又说了一遍,林云影怒斥:"你这是强词夺理,你们不马上放人,难道还想制造一桩'沪案'吗?"

无论他们如何理论,井上庚二郎一口咬定庄希泉是所谓日本统治下的台湾籍民,犯了所谓台湾籍民参加外国政治结社罪,要提交日方司法部门处理。众人觉得与之作口舌之争没用,遂提出面见庄希泉。

在秘密囚室见到庄希泉,余佩皋不禁伤心垂泪。庄希泉安慰说没事,并将昨日事情的经过及林仲馥在日本领事馆一事告诉三人,要他们小心为是。听了妻子转述的老父主张后,庄希泉表示难以从命,自己宁死也不会向小日本屈服。江董琴大受感动,他告诉庄希泉,党部将尽快设法营救。

三人坐船回到厦门,立即把庄希泉受日本领事馆无理拘押的消息公之于众。"沪案"之后,全国各地反日反英斗争正处于高潮,厦门各界也正在筹划不合作运动。因此,这一消息立即刺激了厦门广大市民、学生、工人的神经,大家纷纷强烈抗议,要求日本领事馆放人。厦门八十多个爱国团体,联名向日方提出严正交涉。

庄希泉是厦门乃至全国、南洋侨界颇有影响的人物,把他关押在领事馆,终究是一枚定时炸弹,弄不好就要惹出事端。为防万一,井上庚二郎决定转移目标,1925年7月14日,他以日本属民非法参加外国政治结社罪,将庄希泉押往台湾。

1925年，庄希泉（前左一）被日本当局押解上船赴台湾。庄希泉、余佩皋（前左二）和挚友林云影（前左三）在船上向送行的群众告别

消息传出，余佩皋肝胆俱裂。是日中午，庄希泉被押上了开往台湾的船只。余佩皋临时决定，把儿子庄炎林和校务诸事托付给周芜君料理，自己则伴随丈夫同船前往台湾，誓与强权分子斗争到底。林云影也慨然表示，愿与庄氏夫妇同往台湾。两人毫不犹豫地跟随庄希泉登上了船。

自以为阴谋得逞的林仲馥正沾沾自喜，以为终于拔掉了眼中钉，可他万万没想到，他的恶行很快就遭到了报应。就在庄希泉等人乘船离厦两小时后，林仲馥连中数枪，被暗杀于厦门老酒巷内。

林仲馥死后，其徒子徒孙如丧考妣，不甘失败，四处招魂。有的在《思明报》上大做文章，有的向地方法院控诉，有的再次乞怜于日本领事馆，总的矛头指向厦南女中和国民党福建临时省党部负责人。

此事也影响到羁押于台湾的庄希泉。接到日本驻厦领事馆指控庄希泉有指使他人杀人嫌疑的电报后，台湾殖民当局一度认定庄希泉蓄意谋杀林仲馥。庄希泉一一辩驳，公开承认自己确与林仲馥有隙，但绝不会以此种手段清除异己，何况自己彼时已身处船上，何来指使？当局没有证据，此项指控也就不了了之。

枪杀林仲馥的人究竟是谁？有人说，国民党福建临时省党部的某些委员可能知道详情，因为他们认为林仲馥是叛党叛国的败类；有人说，可能是黑社会的人下的手，因为林仲馥在扩张生意和势力时，与他们产生了矛盾，几至势不两立。众说纷纭，莫衷一是，此事真相，终是一桩悬案。

第四章　　在危境中抗争

台湾获罪

闽南移民中有句俗语："第一好过番,第二好过台湾。"对过番的艰辛,庄希泉深有体会,可他没想到的是,第一次过台湾,竟是这样的身不由己,而且竟是去坐牢。

庄希泉被押解到台北后,即被关进台湾殖民当局设在郊外的监狱。余佩皋、林云影在外面活动,以期营救。

监狱里关押的,都是不服日本管教的台湾籍政治犯。正因为如此,日本殖民当局对这些犯人格外对待,让他们吃发了霉的烂芋糙米饭,住阴冷潮湿的黑屋,不仅如此,还动辄毒打。

一次,庄希泉没有理会送饭的看守,看守便破口大骂:"耳朵聋了?支那猪,给你做籍民还不要……"

刻毒的谩骂刺痛了庄希泉的心,他立马回敬:"狗日的,谁做你日本人!"边说边将脚穿过铁栏槛,猛地向看守踹过去。

庄希泉的反击立即遭到了日本人的报复。几名日本狱警闻讯赶来,将他双手反绑在铁槛上,皮靴、拳头、包着钢丝的皮鞭雨点般向他飞来。鲜血染红了他的衬衫,但他倔强地咬紧牙关,一声不吭,直到昏倒在地上。

不知过了多久,庄希泉才醒过来,耳边传来一个声音,似乎在叫他:"老兄,有你的,有没有事啊?"

庄希泉慢慢睁开眼睛, 发现说话的是隔壁监牢的一位难友。他艰难地坐起来,咬紧牙关说:"不碍事。"

难友一边打量庄希泉,一边关切地问:"老兄因何事来此?"

庄希泉语带愤懑地将此前经历简略地说了一遍。

通过交谈,庄希泉得知,此人乃是台湾有名的社会活动家,姓蒋,名渭水,祖籍福建漳州,1891年生于台湾宜兰。因反对日本在台湾的殖民统治,曾多次被台湾殖民当局以违反治安法拘押,此次又因治警事件被判入狱。

所谓治警事件,就是治安警察法违反事件的简称。起因是蒋渭水出面发起组织台湾议会期成同盟会,推动在台湾设置特别立法会,为台湾人在日本殖民统治下争取平等公道的权利。他向台北市警察署提出结社申请,却遭申斥,成立大会也被日警驱散。但他决心不改,1923年赴东京请愿,在东京重建台湾议会期成同盟会,并在台湾设立支部。台湾总督认为此为非法组织反日团体。于是,这年年底当蒋渭水回台湾率众请愿时,殖民警察以扰乱治安罪将他们逮捕。一审经九次开庭后,最终判蒋渭水等人无罪释放。可台北地方法院检察官不服上诉,二审又判他们有罪。只因看到各地的声援斗争一浪高过一浪,为平息事端,只判蒋渭水等首领有罪。蒋渭水不服继而上诉,但在1925年春节后被终审驳回,以有罪之身重入监狱。这起事件耗时两年,轰动台湾。

庄希泉了解了蒋渭水的身世后,问:"蒋兄谈吐不凡,出口成章,深得中华传统文化的陶冶,可为何选择了学医?"

这一问,引发了蒋渭水对台湾殖民当局的声讨:"为了扼杀台民的民主自由思想,殖民当局对台籍学生接受中等、高等教育强行设卡:只能选农、医科专业,历史、政治、思想、法律等容易导致思想不稳的敏感学科,非中国人所能就读。"

比之新加坡英国殖民当局的教育体制,日据下的台湾教育有过之而无不及。庄希泉大发感慨:"日本当局的做法,歧视性不说,纯属十足的奴化教育、露骨的愚民教育!"

蒋渭水点点头,继而道:"台湾人受贱价教育的事实,已存在了三十年。殖民教育的本质,就是企图在政治上、社会上堵台湾人的嘴,所以我们要反抗!"

两人年龄相近(庄希泉三十八岁,蒋渭水三十五岁),又同是落难之人,自然相处融洽。尤其在了解了彼此反殖民统治的经历后,庄希泉和蒋渭水更是惺惺相惜,成了无话不谈的狱中好友。

一天,蒋渭水告诉庄希泉,他此次被象征性判监禁四个月,不久就可以出狱,出狱后定当设法营救庄希泉。

庄希泉对此表示感谢,随后将此情告诉了前来探监的余佩皋和林云影。

重获自由的蒋渭水不忘诺言,努力奔走,发动台湾文化协会等多个进步组织积极呼吁,要求殖民当局释放庄希泉。余佩皋、林云影也奔走呼号,敦促殖民当局了结此案。台湾殖民当局迫于压力,向庄希泉下了传票,通知开庭日期。

1925年9月14日,庄希泉从牢狱走到法庭。余佩皋和林云影早已站在法庭门口等候开庭,蒋渭水和一些不认识的台湾人士也来到现场,站成一排。

原告方是日本殖民当局委托的日本检察官上龙泛。此人洋洋万言,细数庄希泉自1911年加入同盟会以来的条条"罪状",可谓证据确凿。庄希泉大义凛然,对自己在厦门的所作所为毫不隐瞒。

接下来,法官开始问话:"庄希泉,你可知罪?"

"我做事光明正大,问心无愧。"

"你触犯了大日本帝国的法律。"

"我是中国人,在自己的国土上做事,竟也会触犯你们日本的法律,岂不荒唐?"

"胡说,你是台湾籍民,也就是大日本帝国子民。"面对庄希泉的质问,法官有点失态。

庄希泉义正词严地说:"法官先生,凡是尊重事实的人都知道我是中国人。我再一次告诉你,我是中华民国公民,你们根本就没有审判我的资格。今天的被告,应该是你们,首先应该是日本驻厦门领事井上庚二郎!"

庄希泉的辩驳,让日本裁判长铃木英男、判官高岭方美等恼羞成怒,他们不由分说以外国政治结社(指参加国民党)的罪名,判处庄希泉监禁六个月。这场荒唐的审判,让庄希泉以及在场旁听的余佩皋、林云影等备感悲愤,不仅仅是为个人的命运,更为国家、民族的积贫积弱,正因为国家落后,日本帝国主义才敢如此猖狂啊!为了激励自己,庄希泉一直保存着当年台北法院的判决书。

判决既下,庄希泉继续被监禁在台北监狱里。他放心不下厦南女中和临时省党部的事业,遂叮嘱余佩皋、林云影先行回厦门,做实事要紧,他在狱中会照顾好自己,何况蒋渭水等台湾志士也经常会来探监。

余佩皋见丈夫说得有理,况且六个月监禁已成定局,眼下营救无望,乃和林云影乘船返回厦门。

将革命进行到底

余佩皋和林云影回到厦门后，继续为组织工人罢工、抵制英日货而奔走。余佩皋被推举为厦门外交协会交际委员，工作繁重，经常奔走于各团体、组织之间，有时还要向英日领事馆提出交涉。

在江董琴、余佩皋等国民党左派的努力下，厦门外交协会的工作渐现成效，影响日大。国民党右派、地方反动势力以及帝国主义势力对此深为忌恨，余佩皋尤被视为眼中钉。一段时间以来，国民党右派一直认定她是共党分子，是打入国民党内部来破坏国民革命的，而且还怀疑她与刺杀林仲馥一案有关。

阴云四起，余佩皋仍无所畏惧，坚持斗争。一天，她从外面开会回来，刚进厦南女中二楼的卧室，就听到外面响起狗吠声。她机警地掀起窗帘的一角向外一看，只见一群军警端着上了刺刀的步枪正欲闯入厦南女中。

正在这时，庄希泉在厦南女中读书的一个妹妹匆匆跑上楼来，边跑边喊："嫂子快走！他们来抓共产党，要抓你。"

余佩皋镇静而迅速地换好衣服，侧身转到后门，翻过虎头山，逃了出去。

余佩皋逃走时，四岁的儿子庄炎林就在身边，他还跑到阳台上观望，但母亲很快就由亲友带领从后山消失了。直到步入耄耋之年，庄炎林仍清楚地记得当年这一幕："远远地看见好多士兵，荷枪实弹，上着刺刀开进校门，明目张胆地声言要抓共产党人，捕捉余佩皋。妈妈闻狗叫声四起，知外面有变，即在同事们的掩护下，从后门越虎头山转移，才幸免于难。"

这批军警没抓到余佩皋，就带走了林云影。林云影坚决否认与刺杀林仲馥一案有关，几天后瞅住一个时机逃了出来。

面对反动势力的搜捕，余佩皋没有退缩。她在一位友人家避了几天后，又出来开始活动，出席各种抗日集会，发表演说，被人们称为"奇女子"、"女界之丈夫"。反动军警要抓她的消息传开后，不少进步人士尤为激愤。他们惮于民愤众怒,遂不敢在公开场合动手。明的不行就来暗的,他们的暗算计划一刻也没有停息过。

一日晚,余佩皋参加完集会回家。快到学校时,突然看见不远处的树林里有几个人鬼鬼祟祟正向外张望。余佩皋感觉不妙,立即疾步向前,身后立即传来了几声枪响,余佩皋快速冲进学校。

学校众老师听到门口的枪声,又见余佩皋行色匆匆从外头赶来,知道枪声与她有关,遂一起围将过来,关切地询问情况。有人闻到了烧焦味,细看余佩皋的衣袖,有块地方被撕开了一个口子。很明显,子弹穿衣袖擦肩而过,好险!

反动势力将余佩皋视为眼中钉肉中刺,必欲除之而后快。明枪易挡,暗箭难防,怎么办? 是留在厦门还是转移他处继续革命?

为了免于无谓的牺牲,江董琴经与组织联系,决定派余佩皋到广东去,到国民革命的中心工作。

1925年10月,余佩皋将儿子庄炎林托付给好友周芜君,然后与叶崧生、庄惠娟(庄希泉的小妹)、陈庆云、詹振华等人一道,从厦门秘密乘船前往广东汕头。抵目的地后,他们马上与汕头的国民党左派人士取得联系。10月下旬,余佩皋一行五人,受命辗转来到福建省最南端的诏安县。余佩皋等人抵达诏安后,马上着手开展工作。余佩皋等国民党左派卓有成效的工作,有力地推动了诏安县农民运动和妇女运动的开展,使诏安的国民革命有了可喜的发展。余佩皋本人也被诏安民众誉为“农运先驱”。

鉴于余佩皋在诏安的出色表现,也考虑到工作上的需要,1926年10月,国民党组织把余佩皋调回厦门。余佩皋回来后的第一感觉,就是国民党在厦门的影响日趋式微。

1926年初,国民党召开二大后,其福建临时省党部执行委员会增选共产党员阮山、李觉民、罗扬才等为执行委员。共产党员和国民党左派在临时省党部占了优势,国共合作的基础本该得以进一步加强,国民党右派分子却在捣乱。4月,因为国民党右派的不合作和变本加厉的破坏,国民党福建临时省党部执行委员会的活动陷于停滞,实际工作为共产党所主持的国民党厦门市临时党部所替代。

在与共产党人一道从事国民革命的活动中,余佩皋对共产党的主张有了进一步的认识。形势的发展,让她无暇顾及厦南女中,只好把学校的事务连同儿子庄炎林,一并交给好友周芜君等人负责。

10月16日,鉴于江西战事进展顺利,国民革命军总司令蒋介石电委何应钦为国民革命军东路军总指挥,凡入闽各部概归其指挥调遣,以进取闽浙。12月初,省城福州克复。至此,国民革命军北伐在福建战场上取得决定性的胜利,推翻了北洋军阀在福建的反动统治。

随着国民革命在福建的顺利进展,余佩皋的工作也相应北移。1926年11月,她奉命随北伐军进入泉州。1927年初,正是天寒地冻之时,余佩皋在泉州接到前往福州工作的命令。

1926年底至1927年初的福建,已完全处于青天白日旗的覆盖之下。1926年12月4日,国民党中央发出代电,宣布撤销设在厦门的国民党福建省临时执行委员会,在福州重新筹建福建省党部,并任命先前派往厦门解决福建党务纠纷的特派员丁超五为筹备处主任,马式材(共产党员)、李培桐(左派人士)、林尧阶为筹备员。

生于闽北邵武的丁超五,是有名的国民党左派人物,早年追随孙中山参加同盟会,1924年由孙中山指派为国民党一大代表,后当选为国民党中央委员。12月22日,国民党福建省党部筹备处正式成立后,丁超五四处招揽人才,以期尽快组建一个思想过硬、精干有力的省党部领导班子。在晋江工作的余佩皋引起了他的注意,加上时任北伐军东路军政治部主任江董琴的建议,丁超五马上把她调往福州,任命她为国民党福建省党部委员兼妇女部部长。由于丁超五等人的努力,左派人士在国民党福建省党部占了主流。

随着革命形势的发展,中共福州地委派了一批共产党员参加国民党省党部的工作,并在丁超五、潘谷公等国民党左派的配合下,掌握了国民党福州市党部。共产党人高举国共合作的旗帜,不遗余力地继续支持北伐战争。

福建是蒋介石的亲信部队北伐东路军最早攻克的省份。国民党福建省党部被左派控制后,思想日益右倾的蒋介石甚为气恼。为与国民党左派和共产党员占优势的武汉国民党中央、国民政府相抗衡,蒋介石竭力要把闽赣两省的权力抓在手中。他除了把国民革命军总司令部设在南昌外,还指示其亲信、入闽的北伐东路军总指挥何应钦组织福建临时省政府,自兼福建临时省政府最高权力机关福建临时政治会议主席。蒋介石身在南昌,不能来闽履职,乃委何应钦任代主席。何应钦离闽入浙前,任命蒋介石信得过的方声涛任福建临时政治会议代主席。这样，以蒋介石为首的国民党右派实际掌握了福建除省党部以外的政、军、财大权。

1927年2月底，国民党右派控制的福州总工会与所属人力车工会首先挑起事端，开始对中共与国民党左派及其领导下的革命团体发起攻击，并纠集了一批流氓、打手，连续猖狂袭击共产党员和革命群众，造成多起流血事件。他们企图以此为突破口，达到肃清跨党分子、拥蒋护党的目的。

暗流涌动，国共合作的局面阴风四起。迎接余佩皋的，将是更加严峻的挑战和考验。

虎口脱险

1925年的冬天，对庄希泉来说，显得特别寒冷。自被台湾殖民当局羁押以来，他终日与铁窗为伍，苦等自由的那一天。冬去春来，1926年4月，庄希泉刑满出狱。重获自由的庄希泉被台湾殖民当局要求三年内只准在台湾和日本范围活动，不得返回中国大陆。庄希泉不得不暂时在台湾住下。

蒋渭水常来看望庄希泉，介绍他认识林献堂、连横等一些志同道合的台湾友人，并邀请他参加台湾文化协会等团体组织的一些活动。

大名鼎鼎的台湾文化协会，是蒋渭水和台湾另一位民众运动领导人林献堂等联合发起成立的，以提高文化、启发民智、唤醒台胞的民族意识、摆脱日本殖民统治、改革社会为宗旨。台湾文化协会所彰显出的浓郁的中国色彩，让殖民当局深感恐慌，因此时加干涉，不断破坏。

一天，庄希泉应邀参加台湾文化协会在林献堂私宅雾峰举办的夏季讲习所，待人员到齐，课程却被临时压缩，原因是一位思想进步的讲课人被殖民当局认定为不宜授课，取消了他讲授的内容。

为了填补这空出的时间，蒋渭水适时建议："庄希泉先生来自祖国大陆，先后在新加坡和祖国大陆投身教育，不独对教育，对政治亦素有主张，是不是请他来给大家做个即兴讲演？"

庄希泉上台介绍完南洋和国内的教育及政治形势后，又把台湾的殖民统治和南洋的殖民统治做了比较，义正词严地说："台湾统治现状，大谬不然。总督握有立法、行政大权，行独裁政治，一手遮天。为政者不顾台湾的历史与习惯，不听岛民舆情，随意掠夺人民当受之权利，束缚大众言论自由，妨碍合法请愿运动，视岛民如奴隶，随意拘禁虐杀。如此这般违背立宪精神，无甚于此！"

伴随着热烈的掌声，刺耳的哨声也直冲耳膜。两名日本警察从外闯入直冲上讲台，制止庄希泉继续讲演下去，并宣布解散当天的讲习。

原来，台湾文化协会的活动，经常有殖民当局的耳目前来旁听。一有反日言论，他们马上向附近的警厅报告。

庄希泉因这次演讲，受到了殖民当局的威胁和申斥。

庄希泉人在台湾心在厦门，对妻儿的思念，让他感到压抑，必须想办法回到厦门去。他的想法得到蒋渭水及台湾文化协会一帮友人的理解和支持。经过周密筹划，一个逃离台湾殖民当局监视、返回大陆的金蝉脱壳之计形成了。

庄希泉向台湾殖民当局申请去日本，理由是考察日本教育。殖民当局虽然感到突兀，但终究找不到破绽，总督府经一番计议，批准了庄希泉的申请，并派专人一路监督。

1926年初夏，庄希泉离开台湾，乘船前往日本。在和蒋渭水等友人相拥握别时，他以孙中山的遗言相砥砺："革命尚未成功，同志仍须努力。"到日本后，庄希泉不动声色地参观了一些地方，随后以经商的名义在日本活动，佯装出一副乐不思蜀的样子。这年冬天，庄希泉又从日本回到台湾，过着闲云野鹤般的生活。翌年仲春，表面上对大和文化心悦诚服的庄希泉，向台湾总督府提出，要赴日本处理生意上的事。获得批准后，他在两位专人陪同（实为监视）下，坐上了一艘由台北经上海开往日本的轮船。

一天下午，当轮船缓缓驶进上海港加煤时，庄希泉期待已久的时刻终于来到了！

轮船徐徐靠岸，庄希泉以上厕所为名，客气地请两位同船监视的日本人帮助照看行李。庄希泉快速冲下甲板，只身离船上岸，潜入市区。待两位监视者知大事不妙、下船追截时，庄希泉早已消失得无影无踪。

庄希泉的"叛逃"，让日本当局恼怒万分，他们马上向上海有关方面交涉，要求缉拿庄希泉归案。但要在偌大的上海寻人，无异于大海捞针，何况庄希泉早年在上海打拼了多年，对上海极为熟悉，怎么可能会让日本人发现？

出于慎重，庄希泉没有立即赶回设在上海的庄春成商号，而是暂住在南洋归侨王雨亭家。

两天后，上海《新闻报》刊登了一则引人注目的署名为庄海涵的启事，启事痛斥日本帝国主义的殖民政策，声明"我是中国人，并非日本籍民"。报纸声明栏下，还印上了一枚取名"庄一中"的印章。庄希泉虎口脱险后特地办理中国国籍以及登报声明这一行动，既抗议了日本殖民当局的非法行径，表明了自己的心志——做一个有骨气的中国人，同时也暗示，世界上只有一个中国，绝不承认台湾归属他国。这枚珍贵的印章，至今仍完好地保存着。

大屠杀中幸逃脱

从1926年7月9日广州誓师北伐开始，到1927年3月，国共合作的革命形势一片大好。继上年在湖南、湖北、江西取胜后，这年年初，北伐军一路过关斩将，向闽浙皖地区胜利挺进。到1927年2月17日，攻克杭州；21日逼近上海外围，可谓势如破竹，反帝反军阀的革命斗争如火如荼。

这喜人的形势，庄希泉在遭受拘禁和监视期间是未曾想到的。他急切地想投身到这一火热的革命事业中去，也急切地想知道余佩皋的近况。在上海，他打探到余佩皋已随北伐军东路军到福州后，立即乘船南下。

3月下旬，庄希泉和余佩皋这对久别的革命伴侣终于在福州重逢。

几天后，曾在厦南女中任教的林云影忽然从外地来榕，匆匆找到他们说："周恩来、邓颖超让我带信给你们，这段时间恐有激变，切切提高警惕，随时应变。"

原来，庄希泉的启事在上海公布后，引起了周恩来、邓颖超的注意，他们知道他会南下找妻子余佩皋，乃托林云影前往通知，并捎带密信。林云影把信放在热水瓶内胆和外壳之间，从南平坐汽船前往福州途中，见船上军警搜查得厉害，为防万一，只好把热水瓶从厕所丢到江中。信虽没带到，口信却传达到了。

林云影还谈及从武汉、江西回闽途中的所见所闻。听后，余佩皋心情略显沉重，说："这段时间，国民党中总有人咒骂共产党这也不好那也不是，但我能感到共产党是在为国家独立自主而奋斗。反倒是国民党右派钩心斗角，争权夺利，腐化堕落,有许多不检点的地方。"

庄希泉也说:"国共合作的北伐战争正节节胜利,这是前所未有的良好政治局面,国民党总不至于在半途又把枪杆掉过来对付共产党吧!"

正如他们所担心的那样,这时的福州,已是山雨欲来风满楼。

1927年3月底,执意叛变革命的蒋介石,指示张群从安庆致电福建临时政治会议,"转述总司令意,如有不良分子意图破坏秩序,政治分会有权制止,并可颁布戒严;如有不合理举动皆可干涉,无待中央派员也"。这是蒋介石开始发难的信号。得知张贞入闽时,"与左派人物颇接近",蒋介石去电警告,并拟查办。身兼国民革命军独立第四师师长、福建政务委员会委员、福建临时政治会议常委、福州留守司令要职的张贞,一番考虑后,表示服从蒋。

一个月前,国民党福建省党部筹备处主任丁超五赴武汉出席国民党第二届第三次执行委员会会议,其职由老同盟会会员、国民党左派戴任代行。蒋介石为了排除在福建发动政变的阻力,也为了避免打草惊蛇,乃电召亲共的戴任赴沪。如此这般安排妥当,3月31日,蒋介石电令福建国民党右派加紧策划反革命政变,相机动手。

在蒋介石直接指挥下,福建的国民党右派率先拉开了背叛革命的帷幕。当他们向在福州的共产党员和国民党左派举起屠刀时,余佩皋及大多数左派人物和共产党员尚不知情。

4月3日早饭后,余佩皋接到请她前往福州南校场开会的通知,说是福建临时政治会议代主席方声涛通知召开省党部会议。庄希泉很是纳闷,召开省党部会议,怎么是右派分子方声涛发通知呢?联想到周恩来、邓颖超的信,以及近日来出现的一些摩擦事件,他放心不下,决定陪妻子一同前往。

两人刚转入大街,就远远看见一支人马急匆匆奔来,当中一人骑高头大马,煞是面熟。待其走近,余佩皋才认出是张贞,乃亲切地与他打起招呼来。

张贞看到余佩皋和庄希泉,不禁大吃一惊,警觉地前后探视一番后,快速跳下马,忙把两人拉到街边房屋的一角。

"你们要去哪里?"张贞急促地问道。

"去南校场开会。"余佩皋答。在她的印象中,张贞虽是国民党右派何应钦的手下,但思想还较为进步,为人也肝胆忠贞,遂如实相告。

"不能去,去了就没命了,快跑!"张贞急急地往他们来的方向挥手。

见两人一脸茫然，张贞更急了，指着余佩皋说："那是上头下令清党的大会，黑名单上有你的名字。他们确认你是共产党，要杀你的头，快点离开福建，越远越好。"

说话间，张贞再次警惕地看了看周围，随即翻身上马离去。

有人要叛变革命！

犹如晴天霹雳，余佩皋和庄希泉迅速拐入路旁的一条小巷，消失在人流中。

果然，这天在南校场召开的根本就不是什么省党部会议，而是方声涛、谭曙卿（东路军后方指挥部总指挥、新编第一军军长）、黄展云（国民党福州市党部筹备处主任、福建临时政治会议常委）等右派分子，在蒋介石直接命令下举行的拥蒋护党大会。

会上，右派分子抛出紧急决议案十六条，提出：拥护国民革命军领袖蒋总司令在军政时期行使全部职权；肃清跨党分子；惩办武汉国民政府和国民党中央左派领导人徐谦、邓演达、顾孟余和共产党领导人陈独秀、李大钊以及在国民党中央和国民政府担任要职的中共党员谭平山、恽代英、于树德；惩办国民党福建省党部筹备处代主任戴任等七人，改组福建省党部筹备处……

在要惩办和肃清的人员中，余佩皋的名字赫然在列。

那些不知底细而前去开会的国民党左派人士，一律被拘捕，共产党员则被枪杀。国民党右派这一重大叛变举动，史称四三事变。

风云突变！事变翌日，谭曙卿以全省戒严司令的名义，宣布全省实行戒严。同日，福建临时政治会议通过了对三百余名革命分子的通缉令，明令悬赏"潜逃在外"的余佩皋等人。

四三事变只是国民党右派叛变革命的前奏。随后，厦门的四九事变、上海的四一二反革命政变、广州的四一五反革命政变等接踵而来。一时间，大半个中国血雨腥风，一批又一批的共产党员和国民党左派人士，在国民党反动派恶意制造的一系列罄竹难书的事变中，或被捕，或被杀，或被通缉。不仅如此，蒋介石还公然在南京建立其反动政权，与业已存在的武汉国民党中央和国民政府形成对峙。庄希泉、余佩皋在这场大屠杀中虽然幸免于难，却仍被通缉。

第五章　身处革命的漩涡

登报退出国民党

刚刚兴起国民革命的中国,因为蒋介石集团的叛变,转瞬间变成了白色恐怖的天下。

在被黑暗笼罩的中国大地上,尚有一处还暂时维持着革命的颜色,那就是武汉。蒋介石四一二反革命政变后,武汉国民政府即发布命令,宣布将蒋介石"开除党籍,免去本兼各职"。1927年4月21日,武汉国民党中央、国民政府发表讨蒋通电,指出:"凡我民众与我同志,尤其是武装同志,如不认革命垂成之功堕于蒋中正之手,惟有依照中央命令,去此总理之叛徒、本党之败类、民众之蟊贼。"中共中央也发表宣言,完全赞成武汉国民党中央的决定。在此情势下,武汉一时成了忠于革命的旗帜、国民党左派活动的中心。当时流行的一句口号是"革命的向左来",许多被通缉的进步人士纷纷辗转来此。

鉴于国民党福建党组织已被破坏,暂时无法开展工作,庄希泉和余佩皋也决定先到武汉。5月间,夫妻俩乔装打扮后,由一位神父护送,从马尾坐船,踏上了经上海转赴武汉之路。

令大家始料不及的是,汪精卫领导下的武汉国民党政府,其革命的气象不过是表面文章,昙花一现。虽然进行了二次北伐,取得了军事上的胜利,但其内部纷争剧烈,经济、政治危机严重。加之汪精卫、唐生智等敌视工农运动,在蒋介石另立政权的冲击下,国共合作裂痕加大,并很快演变成宁汉合流一同镇压革命的局面。

迫不得已,庄希泉和余佩皋只得再度逃亡,由汉口潜往江西庐山。但九江一带的情况亦是纷乱不堪,不得已,他们于8月间前往上海,于这年冬天逃到杭州。

杭州虽不是反动势力活动的中心,但此时也处于白色恐怖之下。庄希泉和余佩皋只得隐姓埋名，在杭州西湖白堤旁边的张公祠租得一间房屋落脚。

表面上看来，庄希泉夫妇生活得倒也平静，但事实上，从辛亥革命到袁世凯复辟，从国共合作到大革命失败，这一系列让人眼花缭乱的事件，让庄希泉夫妇对自己加入的国民党组织有了清醒的认识。此时的国民党再也不是孙中山先生主张的三民主义思想指导下的政党了，它已经蜕变为在蒋介石专制政权统治下，联合国内外反动势力镇压进步势力的反革命政党了。既然国民党已违背初衷，从革命的领导者沦为革命的对象，必要时，就要宣布脱离国民党，以示与反动分子决裂。

一晃到了旧历年底，国内气氛有所缓和，加之上海庄春成商号来电说有事，庄希泉和余佩皋便回到了上海。

1928年春节过后，庄希泉夫妇同时登报宣布：为抗议蒋汪反革命政权，决定自即日起退出国民党。

轰轰烈烈的大革命虽然失败了，但庄希泉和余佩皋始终坚信，总有云开日出的一天。

庄希泉继续经营庄春成商号，这样既可在暗中继续为革命做事，又可维持厦南女中的正常运转。厦南女中渐入正轨后，庄希泉、余佩皋在好友许琼华、周芜君的大力帮助下，强华小学在上海市大南门开办了。庄炎林随大姑、大姐、二姐从厦门来上海，先在曙光公学就读。不久，庄希泉和余佩皋因国内风声紧而南渡菲律宾。周芜君去湖南后，庄炎林住在许琼华家里，就读西城小学。1929年，庄希泉和余佩皋回到上海，这才把心爱的儿子接回身边。

一天迟暮时分，一位破帽遮颜的中年人几经周折找到了庄希泉，一脱帽子，把庄希泉吓了一跳，原来是江董琴。他急忙把江董琴请进屋，关切地询问分别后的情况。

蒋介石发动四一二反革命政变后，江董琴愤然弃职，转赴武汉参加国民政府，出任武汉公安局局长。为表革命决心，他特在武汉公安局门口

1927年，庄希泉与余佩皋在菲律宾纳卯留影

张贴对联："是革命者站到左边来,反革命者滚回右边去。"江董琴与主持汉口总工会的刘少奇相处融洽,还与共产党员杨匏安成立了国民党闽粤桂三省党部驻汉办事处,负责接待和联系福建、两广因遭反动派镇压而流亡至武汉的革命同志。孰料好景不长,1927年7月15日,汉口也发生了反革命政变,江董琴悲愤之中,星夜赶往南昌,任叶挺部队的政治部主任,参加了周恩来领导的南昌起义,而后携眷赴上海。因受蒋介石的通缉,他只好改名江春孚,行踪不定。

江董琴向庄希泉夫妇痛斥了一番蒋汪合流的丑剧后,直奔主题:"这次来,是想找你们帮忙。"

原来,江董琴觉得隐姓埋名终究不是长久之计,他要继续革命,为死难同志报仇。为了不连累家庭,并摆脱蒋介石的通缉,他急着想把自己变成华侨,同时把家眷送往南洋,以便一心革命。他知道庄希泉有门路,遂来求援。

在庄希泉的帮助下,江董琴冒名顶替别的老华侨的名字,很快就携眷前往菲律宾宿务市。他在那里开办了一家前进书局,专售中文书籍,以养活妻小。将妻小安排就绪,自己又有了华侨通行证,江董琴没了后顾之忧,遂经常只身回国,继续从事反蒋活动。

多方奔走抗日反蒋

"什么? 蒋渭水先生逝世了?"

1931年8月,正在上海的庄希泉得知蒋渭水在台湾病逝的消息,异常震惊。在他眼里,在台湾有着"圣雄甘地"之称的蒋渭水正值盛年,又是医生,然志未竟而身殁。

庄希泉为好友英年之殁而心痛,他马上和余佩皋召集好友,在上海为蒋渭水举行公祭会。

9月18日,日本关东军在沈阳悍然挑起九一八事变,举世震惊。大敌当前,理当竭力抗日,但蒋介石执意推行"攘外必先安内"的"不抵抗主义",一心"剿共",

致使日军轻易占领东三省。中华民族到了生死存亡的关头。

九一八事变激起了中国人民的抗日怒潮。中国共产党于9月20日发表《为日本帝国主义强暴占领东三省事件宣言》，痛斥国民党反动派的不抵抗政策，号召广大群众用"革命的铁拳"，制止帝国主义的暴行，将帝国主义驱逐出中国。在中国共产党的领导和影响下，各地人民纷纷要求抗日，反对国民党政府的不抵抗做法。

九一八事变后，全国工人、学生抗日情绪高涨。正在国内的庄希泉夫妇自觉地加入到抗日救亡运动中去，反对蒋介石的不抵抗主义。

九一八事变也激起了海外华侨的反日热潮。不久，同乡挚友王雨亭从马尼拉急电庄希泉，要他马上到马尼拉商量抗日救亡事宜。

10月，庄希泉与余佩皋抵马尼拉。此时的菲律宾言论相对比较自由，许多华侨团体活动频繁，抗日之声不绝于耳，气象鼓舞人心。但庄希泉不久就发现，华侨中还存在一股暗流，少数国民党右派分子及其随从试图搅局，大肆宣传蒋介石所谓"攘外必先安内"的政策，破坏了抗日气氛和华侨的爱国思潮。针对这一情况，庄希泉马上和王雨亭等人商量对策。

一番计议后，他们决定将王雨亭此前创办的一份名为《洪涛》的小报改办成以反蒋抗日为宗旨的报纸，定名为《前驱日报》，意在要做反抗日本帝国主义的前驱。庄希泉拿出一笔钱作为启动经费，王雨亭任社长兼主笔，庄希泉任经理负责内外社务工作，堂弟庄惠泉协理其工作。《前驱日报》创办后，以其旗帜鲜明、言辞犀利，很快便在马尼拉声名鹊起，受到当地华侨的欢迎。

因为蒋介石的不抵抗主义，日本侵略者得寸进尺，凶焰愈炽。1932年1月28日晚，日军突然进攻上海，守卫上海的第十九路军英勇抵抗，史称一·二八淞沪抗战。

战斗打响后，庄春成商号和泉漳会馆、泉漳中学成了支持抗战的福建人的据点。随着一·二八淞沪战事紧张，上海愈发动荡，庄炎林乃随许琼华、周芜君转到杭州的天长小学就读。

一·二八淞沪抗战的消息传到马尼拉，庄希泉马上和李清泉等爱国侨领一起，发动旅菲华侨踊跃捐款捐物。

在上海和全国人民以及海外侨胞的热烈支援下，第十九路军坚持抗战一个多月，连连击退日军。但蒋介石非但不支持第十九路军，反而把海内外同胞的所捐物资扣留，致使第十九路军弹尽援绝，只好撤退。蒋介石旋即指示何应钦与日本侵略者签订《上海停战协定》。协定规定日军有权在上海市区和周围驻扎,中国不能在上海驻军,取缔一切抗日活动。

庄希泉等人闻讯,义愤填膺,在《前驱日报》刊发锋芒毕露的言论,猛批蒋介石。

在马尼拉,蒋介石的爪牙们对此深为忌恨,他们以各种方式恐吓、威胁庄希泉和王雨亭。见这一招无效,这伙人又在当地的反动报刊上歪曲事实,造谣毁谤,试图从言论上封杀《前驱日报》。在王雨亭和庄希泉的组织下,《前驱日报》对这些言论进行了针锋相对的反击。他们还别出心裁地在报上设了个名为《打狗团》的专栏,把国民党特务当成狗,专门登载揭露他们迫害爱国人士的卑劣行径,让反动分子偷鸡不成反蚀一把米。

1932年夏秋之交,庄希泉夫妇回到上海,迎接他们的是日军轰炸后留下的满目疮痍的家园。

1933年初,庄希泉、余佩皋夫妇把儿子送到厦门老家后,庄希泉又只身前往菲律宾,继续从事抗日反蒋宣传活动。

眼见《前驱日报》影响渐大,蒋政权更加恼怒,必欲除之而后快。1933年春,蒋政府行政院致函荷兰菲律宾殖民当局,要求引渡前驱日报社长王雨亭回国受审。殖民当局与蒋政权沆瀣一气,一度传唤王雨亭,准备将其引渡中国大陆。

庄希泉意识到了问题的严重性,若王雨亭被引渡回国,不仅意味着杀头,而且也是抗日力量的损失。有着在新加坡告败殖民总督经历的他,立即有条不紊地组织当地华侨奋起抗议,根据当地法律向地方法院申诉。在强大的舆论压力下,荷兰菲律宾殖民当局被迫取消了引渡案。

这场影响力越过国界的斗争虽然取得了胜利,但《前驱日报》的生存环境却更加恶劣了。除了国民党反动派,日本帝国主义也伺机迫害王雨亭和庄希泉。

1933年秋,江董琴把菲律宾宿务市的前进书局盘出去,准备把眷属迁回国内。

在与庄希泉的交谈中,江董琴透露:在一·二八抗战中英勇抗日的第十九路军,被蒋介石调往福建"剿共"后,广大将士深为不满。他与第十九路军老领导陈铭枢等人熟识,因此想回闽促成第十九路军高层与红军共同抗日反蒋。

庄希泉大加赞同,说:"此举若成,功莫大焉,但你是上了国民党黑名单的人物,一定要注意个人安全。"

江董琴坦然道:"自邓演达先生遇难后,我早已将个人生死置之度外,只求有功于革命。"

邓演达是国民党著名的左派领袖之一,曾任国民党中央执行委员、中央军事委员会总政治部主任、湖北政务委员会主席等要职,1927年四一二反革命政变后流亡欧洲。1930年5月从苏联回上海后,江董琴即和他一同从事抗日反蒋活动,协助组织中国国民党临时行动委员会(即中国农工民主党前身)。1931年11月,邓演达在南京被国民党反动派杀害。

庄希泉对江董琴的革命精神深为敬佩,提醒他:"我听说现在负责闽南事务的是张贞,他是你的旧部,万一出什么事,可以找他。"

江董琴慨然道:"我这次回闽,就是想把张贞与十九路军的关系协调好,拉出一支自己的力量。要继续革命,没有实力到底是不行的!"

送别江董琴不出数月,即传出消息,称陈铭枢和蒋光鼐、蔡廷锴等领导第十九路军在福州发动福建事变,成立了反蒋抗日的中华共和国人民革命政府。庄希泉和在菲律宾的众多华侨深为振奋,并密切关注。但两三个月后,又传出新政府在蒋介石讨逆军和日军舰艇联合进攻下失败的消息。

庄希泉嗟叹之余,很为江董琴的安危担心。后来才得知,江董琴回厦门后,经常来往于福州、广东等地,积极策应福建事变,不幸惨遭反动派杀害。

"故地重游"被拘押

1934年夏,庄希泉决定回国一趟,一为了解国内形势,二为打理生意及处理上海、厦门两所学校的有关事务,也可看看父亲和妻儿。他已有一年多未回来过,对家中亲人甚是挂念。

庄希泉回到厦门才知,余佩皋因事去了上海。

在厦门,庄希泉见到了自己的父亲及儿子庄炎林。十二岁的庄炎林在厦门双十中学读书,随着对外界世事了解的增多,已经懂得"天下兴亡,匹夫有责"的道理。

一天下午,庄希泉赶到厦南女中了解学校办学情况。他正和教师说话间,几个满脸横肉的家伙不顾师生阻拦闯入校内,声称有急事找庄希泉。庄希泉闻声而出,不待他反应过来,这伙人便一拥而上,如狼似虎地将他扭住,并给他戴上手铐。

"我和你们素不相识,为何无故抓人?"庄希泉边反抗边喝问。

为首的家伙语气蛮横:"我们奉了上峰命令,有话到局里再说。"

到了目的地,庄希泉才知,是国民党马尼拉支部来了电函,谓前驱日报负责人庄希泉是"反动分子",在国外从事颠覆政府的叛逆活动多年,现回厦门,请急速捉拿云云。厦门国民党蓝衣社(军统组织)乃布下罗网,暗中监视,伺机缉拿,拟将庄希泉解押到福州处决。

庄希泉被关押在警察局的暗室里。失去自由的庄希泉,被一个叫连谋的侦缉处处长告知,日本人要引渡他,他们打算将他转移至日本领事馆。

原来,庄希泉自1925年被日本当局监禁释放后,于1927年逃过监视,返回大陆,这让日方大为恼怒,一直想抓捕他。这次听说被厦门蓝衣社拿了,便来要人,说庄希泉是台湾的属民,依照日本治外法权,要引渡其到日本。这一丧权辱国的行径,厦门国民党当局居然不敢违逆。

庄希泉本以为侦缉处是来拷问他在菲律宾的情况的,没想到会问这个,而且还把他当日本人,不禁愤怒地说:"我不是台湾籍民,与日方毫无瓜葛。我已于1927年在中国内政部办理了恢复中国国籍的手续,并在上海《新闻报》登报声明。日本人无权引渡我。"

连谋表示:"我会把庄先生的情况向日方说明,但你还是要做好被引渡的准备。"

此后,日本领事馆天天与国民党厦门警察局交涉,要求引渡庄希泉,但庄希泉拒不承认自己是台湾籍民,并以业已恢复国籍的手续力争,国民党当局一时不知如何是好。

在这期间,庄希泉的父亲几次来探监,他告诉庄希泉,如果不承认台湾籍,就会有杀头的危险,若被日本人引渡,还可保全一命。但庄希泉仍然不改初衷,坚决拒绝引渡,说与其受日本人保护而活命,不如死在蒋匪手里干净些。

约一个月后,国民党厦门当局屈从于日本领事馆,未经庄希泉同意,即决定强行引渡他至日本。

是日,庄希泉被几个人从囚禁的暗室带到一间厅堂,连谋和几个日本人早已坐在那里。

连谋一见庄希泉就说:"今天日本领事馆又来要人,我们别无他法,只能由他们引渡。"

听到这里,庄希泉怒火中烧,面对连谋大声质问:"照你们这么说,中国内政部为我办理的恢复中国国籍手续,就不算数了?我留在这里要杀要剐随你们的便,你们却怕了几个日本人!"

过了片刻,一个日本人起立,叽里呱啦讲了几句,翻译对连谋耳语一阵后,那日本人一挥手,几个随从上前将庄希泉扭住就往外面推。

被拘押到驻厦门鼓浪屿的日本领事馆后,庄希泉又被关进了那间曾经拘禁他的地下室。九年前,他因组织反对日本帝国主义制造的五卅惨案,而被拘押于此,没想到今天又来了,真是"故地重游"。

中国的出路在哪里?他曾经把希望寄托在国民党身上,但蒋介石一叛变,全国一片白色恐怖。1934年蒋政府表面上好像一个主权独立国家,却连本国的公民也保护不了。对外丧权辱国、卖国求荣,对内打击异己、恐怖专制,这是怎样的一个政府和国家?

庄希泉苦苦思索,一宿未眠。次日,几个日本人前来提审,要给庄希泉治罪。但他们绞尽脑汁,终究找不出拘捕庄希泉的理由来。庄有理等人设法在外积极营救,厦门各界的呼吁日甚一日。为免滋生事端,十七天后,日本领事馆只好释放庄希泉,但威胁他要他尽早离开厦门。

爱妻英年早逝

庄希泉在厦门休养数日,狱中所受创伤渐有好转,可就在这时,苏州发来急电,言余佩皋突患急病,望庄希泉急速赶往苏州博习医院。

庄希泉这次自马尼拉回厦门,已与余佩皋取得联系。余佩皋因公务一两个月回不了厦门,夫妇俩商定由庄希泉7月底赶往上海见面。不料庄希泉被厦门警察局拘禁月余,旋即被日本领事馆关了十七天,不要说动身来沪,就连身家性命也不保。余佩皋又气又急，于8月中旬赶往苏州，打算提前打理完事务返厦。时值酷暑，一路颠簸，喜欢游泳的她，被冷水一浸，上岸后发现一只脚竟动弹不得。起初以为只是中暑，并无大碍。不几日，两脚却全然失去知觉。方知大病缠身，遂由弟弟余寿浩、妹妹余畹兰等亲友送至苏州博习医院救治，并急电庄希泉北上。

庄希泉接到电报后，立即起程赶往苏州，到达苏州，已是8月下旬。

医生告诉庄希泉，余佩皋得了一种罕见的怪病，尚未诊断出病源，目前还有加重的迹象，如有可能宜转往上海看看。庄希泉救妻心切，马上将余佩皋送至上海红十字医院，行至半路，余佩皋已处于昏迷状态了。

上海红十字医院是当时国内最好的医院之一。该院主任医师吴旭丹博士和奥地利神经疾病专家共同为余佩皋做了脑手术，断定余佩皋为急性上升性脊髓炎，但仍不能探明病因。

与此同时，余佩皋的病情日渐加重。继两只脚失去知觉后，渐次蔓延至腹部、胸部，完全麻痹。至9月10日，余佩皋的病情已无可逆转。

患难与共的爱妻竟要一朝而去，横遭此难，庄希泉无论如何都无法接受这个事实。9月12日下午1点，余佩皋溘然长逝，享年四十六岁。

母亲余佩皋逝世时，庄炎林清晰地记得当时的情景。那天，他从厦门双十中学放学回来，远远看见厦南女中校舍的旗帜降了半截，知道定有变故。待回家问周芜君，确知母亲病逝，当即失声痛哭起来。尚需一提的是，庄炎林在母亲不在身边时，都由周芜君照料，对周芜君他以阿姨相称，1929年后改称"寄爹"。余佩皋逝世后，周芜君转到上海一边继续办学，一边继续抚养庄炎林，为他取

1934年，余佩皋半身像

名庄燮和。周芜君视庄炎林为己出，终身未嫁。

追悼会结束后，庄希泉、余寿浩等遵照余佩皋生前遗嘱，将其遗体捐献给上海红十字医院用于医学研究。在那个思想相当保守的旧时代，实为惊人之举。

中年丧妻的庄希泉，为排遣痛失爱妻的悲痛，决定接受王雨亭的电邀，赴菲律宾继续办《前驱日报》，兼营进步电影，高举宣传民主抗战、反对卖国投降、促进

团结进步的旗帜。

1935年的菲律宾虽然成立了共和政府，但事实上并未完全独立，仍处于美国统治之下，是个有名无实的"独立"国家。

此时，占领中国东三省的日本，正以狼子野心不断扩大对华侵略，而蒋介石坚持不抵抗政策，继续进行"剿共"内战。

令庄希泉感动的是，经过连续几年的动员工作，菲律宾侨胞对祖国的命运前所未有地关心起来了。庄希泉暗下决心：作为其中的一分子，愿以牺牲融入祖国。

1934年，庄希泉单人照

第六章 抗战烽火中的父子

危难之际的抉择

1937年7月7日,七七事变爆发。消息传到菲律宾,庄希泉忧心如焚,他再也坐不住了,他要回国抗日。这一年,他已是知天命之人。7月下旬,庄希泉自菲律宾乘船返回上海。为了活动方便,庄希泉在上海的身份仍是影片营销商。

也就在这个时候,庄希泉读了《西行漫记》和有关红军的书籍,对红军及中国共产党的抗日主张有了一定的了解。

8月,蒋介石还没有完全放弃对日媾和的幻想,仍想把七七事变限制在"地方事件"范围。日本侵略军利用蒋介石的这种心理,明里麻痹,暗地里却调兵遣将,为进一步侵华做准备。作为中国商业中心的上海,正是日军眼中的一块肥肉。

8月13日,完成部署的日军突然向上海发动大规模进攻,直接威胁到国民党统治集团的心脏地区和英美的在华利益。蒋介石意识到,日本的侵略不会停止,一味地优柔寡断只会自取灭亡,面对全国要求抗战的洪流,他决心抗战,命令上海守军奋起抵抗,由此拉开了英勇的淞沪会战序幕。

从8月到11月,整个会战期间,涌现出了许多可歌可泣的感人事迹,有力地打击了日军的威风,大长了全国军民的士气。上海各界同心同德,踊跃捐钱输物。尽管庄春成商号已于1934年关门歇业,但庄希泉利用早年在上海的商业关系,组织募捐了大批的食品、衣物和医药,及时送到抗日将士手中。

11月12日,二十万日军经过三个月鏖战,终于以伤亡六万余众的惨重代价占领上海。上海沦陷后,庄希泉前往香港,住在九龙红磡,主要工作是组织华侨回国参战。

香港和澳门向来是闽南人比较集中的地区。19世纪香港开埠以后,移居香港的福建人更是逐年增多。1930年前后,来此定居的晋江人就已达数万。太平洋战争前尚处于后方的香港成了大陆沦陷区难民的汇集地。庄希泉和庄成宗、黄长水(新中国成立后曾任广州市副市长)等主持闽台抗日救亡同志会和香港福建同乡会工作,一方面筹集经费救济难民,一方面从事抗日文化宣传工作。

香港福建同乡会自成立以来,做了大量宣传抗日和安置难民的工作,并与陈嘉庚有密切联系,积极响应他反对国民党福建省政府主席陈仪祸闽的号召。陈嘉庚多方支持香港的进步报刊和抗战人士。宣传抗战的中文晚报《华商报》在香港创刊后,经营中出现亏空,陈嘉庚一笔就汇出数万元港币投资购买机器和厂地,此外还每月汇四五千元港币支援香港的抗战文化宣传工作。这些款项,均汇交福建同乡会主席庄成宗的店铺,然后由庄成宗和庄希泉两人将款转交华商报负责人邓文钊和负责文化宣传和救济工作的著名记者范长江。

随着宋庆龄、何香凝、柳亚子、茅盾、邹韬奋、司徒美堂、胡愈之等众多社会名流的陆续到达,香港一时成为广大华侨和国内各民主力量抗战的重要基地,成为中国抗战事业与海外联系的主要通道。庄希泉也是这些抗日力量中的一分子。为了做好党的抗日统一战线工作,中共中央南方局(简称南方局)派廖承志、潘汉年等人在香港设立八路军办事处,门口挂出粤华公司的招牌。庄希泉交游甚广,他与各界人士多有联系,并以党外人士身份帮助共产党从事统战工作。

1938年,庄希泉来往于香港与菲律宾宣传、组织抗日活动时的护照照片

1938年5月中旬，得知厦门沦陷，庄希泉十分牵挂亲人的安危，但又不能回去，因为日伪在厦门早已布下口袋，要拿他的人头，而香港这边的工作也使他无法脱身。他只好通过可靠人员，设法与亲人取得联系。

日军侵占厦门后，试图拉拢庄有理及其家族人员为他们做事。庄有理本是一介商人，素来不涉政治，但深知民族大义的他，断然拒绝了日伪的要求。

为了防止日伪再来骚扰，七十五岁高龄的庄有理举家离开厦门。与庄希泉联系上后，这年夏天，他和弟弟庄有才携家小二十余人辗转来到香港。

庄希泉离开马尼拉后，王雨亭亦准备回国参加抗日。《前驱日报》由于缺少办刊人手，加上经济困难，只好关闭。得知庄希泉在香港，王雨亭携家小立即前来投奔。此时已是1938年10月。

一天，王雨亭带着一位陌生人来见庄希泉。

陌生人姓连名贯，广东大埔人，曾在越南从事进步工作，抗战爆发后回国投身抗日。他年龄虽比庄希泉小，但已是中共党员，因工作需要，党组织安排他在香港从事华侨统战工作。作为进步华侨，庄希泉自然是统战的对象。

一番推心置腹的交谈后，连贯惊讶于庄希泉作为一位党外人士对华侨工作、抗日局势和国内政治的独到认识，遂与他商量在香港组织华侨抗战的具体事务。尽管庄希泉对中共的抗日主张早已了解，但这是他第一次与党组织接触，表示愿意在中共的指导下开展工作。

1938年8月中旬，庄希泉正在家与人商量工作，忽然从屋外急急走进一个壮实的小伙子。庄希泉定睛一看，不禁又惊又喜，原来是儿子庄炎林。

庄炎林因何也来到了香港？原来，1934年余佩皋逝世后，厦南女中改由他人经办。庄希泉把儿子接到上海读了一段时间的中学后，因忙于抗日救亡运动，无暇照看他。考虑到次女庄令昭和华侨子弟林梦民（又名林汉秋）结婚后前往新加坡，而余佩皋的弟弟余寿浩也在马来亚任中华学校校长，便让庄炎林去新加坡继续读中学。

十三岁的庄炎林跟随大姐庄复生到新加坡后，本打算进当地华侨中学就读。但自当年庄希泉、余佩皋等人反对殖民政府教育苛例的运动失败后，英国殖民当局便变本加厉，规定凡是中国大陆来的学生都须接受为期九个月的审查。当他们在审查中发现庄炎林系庄希泉之子时，马上把尚未成年的庄炎林视为危险分子，不让他入学。庄炎林不得已,只好到马来亚高打巴路(吉兰丹洲)的中华学校就读。中华学校只有小学部,已读过一年初中的庄炎林只好在其他学校学英语。庄炎林见自己已被英国殖民当局确定为危险分子,不能进新加坡华侨中学读书,乃于1935年冬只身回上海,住在母亲生前挚友许琼华、周芜君办的强华小学,进民立中学男中就读。

1937年,参加上海童子军抗日战时服务团期间的庄炎林(后排右二)

南京大屠杀的消息传出后,庄炎林义愤填膺,他知道父亲正在香港开展抗日救亡活动,决计假道香港,北上延安,奔向抗日第一线。

"爹爹,我不想读书了。我要北上抗日去!"庄炎林郑重其事地说,那略带稚气的脸上写满了刚毅。

年仅十六岁的庄炎林,还处在长身体的阶段。望着唯一的爱子,庄希泉久久不语。他就这么一个儿子,万一有个三长两短,怎么对得起孩子早逝的母亲?

见父亲沉默不语,庄炎林再度开口:"我在南洋生活了一段时间,总的印象是,只有祖国强大了,华侨的地位才能提高。国家兴亡,匹夫有责,我要为国家出些力。"

那时,去延安须经过驻港的中共党组织调查,而连贯就是经办人之一。庄希泉马上带儿子来找连贯。

听罢情况,连贯大手一挥:"好啊,相信今后我们的革命队伍里会多出一员虎将!"

庄炎林如愿以偿,随即准备出发。

在中共指导下工作了一段时间后,庄希泉感觉自己目标明确,浑身有使不完的劲。他觉得自己自从宣布脱离国民党后,虽然时刻不忘革命,但没有组织、没有领导,单枪匹马东碰西撞地干,并没多大效果。如果加入中国共产党,名正言顺地跟他们一起干,岂不更好?

听了庄希泉的想法后,连贯说:"我们党早就开始注意你了!你这些年革命很坚决,所做的工作也很有成效,完全够入党的条件。但你现在是社会知名人士,又擅长经商,留在党外对我们更有好处:一来你可继续扩大社会影响,在外围帮助建立全民抗日统一战线;二来还可在经济上帮助革命。"

庄希泉听完连贯的分析后,表示服从中共的安排。

庄希泉在港期间,除了主持闽台抗日同志会、福建同乡会,组织华侨回国抗日等活动外,还应台胞宋斐如邀请,参与台湾革命同盟创办的《战时日本》杂志社的有关工作。

宋斐如祖籍闽南同安(今属厦门),因不甘在台湾当日本统治下的二等公民,只身回到祖国大陆。九一八事变后,他毅然辞去北京大学的教职,到主张抗日救国的冯玉祥将军处任职,深得信任。冯玉祥被迫下野后,宋斐如东渡日本,在东京帝国大学研究院深造,研究日本国情,以图报国之用。

抗战爆发后,宋斐如立即回国,在汉口创办《战时日本》半月刊,介绍日本各方面的情况,以备政府和抗日军民所需。武汉沦陷后,宋斐如南下香港,继续出版《战时日本》半月刊。因办刊资金困难,他慕名找到了庄希泉。

庄希泉感动于宋斐如的爱国热忱,自己慷慨解囊不够,还亲自发动进步人士为杂志捐款。在庄希泉和众多热心人士的帮助下,《战时日本》在香港得以坚持办下来,为宣传抗日作出了贡献。

1939年1月南方局成立后,在香港设有支部,庄希泉直接受南方局香港支部指导,开展华侨抗战活动。

1940年,来到香港的台胞谢南光(新中国成立后曾任全国人大常委会委员、中央华侨事务委员会委员)找到了庄希泉,邀其加入台湾革命同盟会。

谢南光祖籍福建,出生于台湾彰化,曾与蒋渭水等组织过台湾文化协会、台湾民众党。回大陆参加抗日活动后,他的足迹遍及福建、东北等地。谢南光响应中国共产党建立抗日民族统一战线的号召,积极投身抗日事业,到港不久就组织成立了台湾革命同盟会,以期团结台胞抗日,光复台湾。庄希泉考虑到台湾革命同盟会的参加者都是台湾人,自己已因台湾籍事件而两度抗争,再行加入不免授人以柄。他在婉拒之后,慨然表示如有需要他帮助之处,他定当效劳。

投身广西学生军

1938年夏,庄炎林在父亲庄希泉和中共驻港机构的安排下,准备奔赴革命圣地延安。不巧的是,日军此时正调兵遣将,准备大举进攻武汉,交通受阻,一时无法成行。

庄希泉了解到桂林局势相对安稳,即叫庄炎林先去桂林,待时机成熟再通过八路军驻桂林办事处转赴延安。当时,桂林八路军办事处负责联络湘赣粤桂及香港,对内是南方局的一个派出机构。这样,庄炎林在1938年9月间到了桂林。

桂林此时是一个政治、军事重镇,系国民党广西省政府的省会,而国民党中有名的桂系即是以桂林为中心的广西军政力量。桂系有新老之别,老桂系是指大革命前主政广西的陆荣廷军阀势力;1928年陆荣廷死后形成的广西新生代军政力量,称之为新桂系,又称国民党广西派。桂系将领李宗仁、白崇禧都是桂林临桂人,省主席黄旭初是广西容县人。由于蒋介石惯于在国民党内耍手段,党同伐异,导致李宗仁、白崇禧、黄旭初与其隔阂颇深,一度开战。为了与国民党中央和蒋介石嫡系抗衡,李宗仁、白崇禧、黄旭初打着"建设广西,复兴中国"、"焦土抗战"等口号,在广西苦心经营多年,拥有自己的财政和军权。他们发行自己的货币(称之为桂币),势力非一般省份能及。在对待中共的态度上,亦与蒋介石保持距离。因此,广西成了一个特殊的省份,在抗日战争期间一度被誉为"模范省",而桂林就是这一"模范省"的中心。

七七事变后,广西当局于7月21日发表声明,拥护蒋介石关于抗战的讲话,并派白崇禧飞赴南京与蒋介石商讨广西出兵抗日事宜。蒋介石接受广西的意见,任命白崇禧为国民政府军事委员会副总参谋长,李宗仁为第五战区司令长官。很快,李宗仁、白崇禧调遣已有广西军队上前线,并积极在全省进行动员,征兵入伍。其中,自1937年8月至1938年11月,前后三次组织广西学生军参加抗日活动,引人注目。

李宗仁和白崇禧调兵北上,是深谋远虑之举。一方面,面对外敌入侵,他们基于民族大义,奋起抵抗;另一方面则是基于对政治现实的考虑。长年来,桂系被蒋介石挤压于广西一隅,战略空间局促。为了让桂系势力打破蒋介石的地区封锁,走出广西,扩大影响,出兵抗战是重要的一步棋。组织广西学生军,其原因和目的大同小异。

庄炎林到桂林后,先在桂林中学高八班就读。当年余佩皋在北京读完大学后,毅然前往桂林,受聘担任省立女子师范学校校长,开发民智,希望实现教育救国的理想。但她办新学、重改革的主张与当时令人窒息的社会环境格格不入,于是只好远渡重洋,另辟天地。来到母亲当年生活和工作过的地方,庄炎林自是有一番感慨,决心努力向上,不负母亲的教诲。

随着全国形势吃紧,平津、上海、广州、武汉等大城市相继沦陷,大批避难的进步人士聚集于桂林。桂林中学也来了一批教学水平高、思想进步的教师,抗日救亡气氛因之更为浓烈。而整个桂林,由于广西当局的北上抗战、中共地下党的积极活动以及进步人士的努力,各阶层逐渐被动员起来,人们谈论抗日、参加抗战的热情高涨。庄炎林耳濡目染,深受熏陶。

1938年11月,广西当局决定第三次组织学生军。消息公布后,庄炎林马上报名。几天下来,约有一万八千余人报名。经筛选,约有四千五百余人成为第三届广西学生军,庄炎林即为其中的一员。

广西当局决定对学生军进行军事化管理,组织严密。司令部下设三个团,每个团下设三个男生大队和一个女生中队。每个大队下设三至四个中队,中队下再设三个分队,每个分队辖三个班,每班有学生十至十五人不等。第一团成立于桂林,第二、三团先在荔浦和荔浦马岭圩组建,不久亦到桂林集中。庄炎林被分配在第一团第二大队第七中队。

广西学生军的产生不是偶然的,是历史重大转折形势下的产物。广西学生军的成立,首先,是日本侵略军的疯狂进攻压出来的。全面抗战爆发后,国土相继沦陷,民族矛盾高于一切。面对日益逼近的日军铁蹄,桂系当局为了保住他们多年经营的地盘,不得不依靠青年学生,抵御敌人入侵广西。

其次,是人民群众抗日救亡的迫切要求逼出来的。当时,广西到了日军入侵的危险关头,人民群众特别是广大青年学生,积极要求实行全民抗战,广泛开展抗日救亡运动。面对这一不可抗拒的历史潮流,桂系下决心组织担负全省救亡工作的学生军。

再次,是中国共产党抗日民族统一战线政策推动出来的。早在抗战全面爆发之前,中共中央为了推动国民党地方实力派抗战,曾多次派干部来广西,对桂系进行联合抗日的统战工作。1937年7月,抗战全面爆发后,中共中央又派张云逸来广西,向李宗仁转达中共关于联合各党派建立最广泛的抗日民族统一战线的主张。1938年10月,周恩来在从武汉撤往长沙的路上,向白崇禧详细说明了抗日民族统一战线的重要性,鼓励白崇禧放开胸怀,坚持抗战,争取做民族英雄。正是共产党的这种政策威力,推动桂系实力派采取了一些坚持团结抗战的进步措施。比如,同意成立八路军桂林办事处、设立《新华日报》桂林分销处、允许一部分进步文化人士来桂林活动等。而组建大规模的广西学生军,也正是这些进步措施当中的重要一项。

广西学生军的成立,也从一个侧面反映了蒋桂矛盾以及桂系内部矛盾的消长。蒋介石处心积虑要把桂系吃掉,桂系则拒绝蒋介石插手广西,并且力图扩充自己的实力,打出广西。广西学生军就是桂系企图借用来标榜抗日之名借以拒蒋的一种力量。广西学生军成立时,宋美龄匆匆赶到桂林七星岩,对学生军训话慰问,企图对学生军施加影响,以求拉拢。桂系内部也心怀异志,各有打算。李宗仁、白崇禧、黄旭初想通过学生军来扩大政治资本,把广西搞成坚固的后方。第十六集团军总司令兼广西学生军总司令夏威,却想直接掌握学生军,他标榜开明,骗取民心,企图取代黄旭初的省主席职位。

对广西当局组织学生军,中共广西省工委(简称广西省工委)一开始就认为应予以支持和引导。因为学生军的主体是青年学生,他们有着崇高的爱国激情和纯洁的参军报国动机,让他们加入革命队伍有利于发展抗日民族统一战线和争取抗战胜利。自第一次组织学生军起,广西省工委便积极动员共产党员和爱国学生参加,争取让他们在学生军中发挥模范作用。这次是广西当局第三次组建学生军,广西省工委又先后指派八十余名学生党员加入,在各个团都建立了中共党组织,共产党员大都是各个中队的班长,掌握着最基层的领导权。

广西学生军组建后,第一团被安排在七星岩下的栖霞寺集训。像大多数青年学生一样，庄炎林起初以为加入学生军就意味着时刻准备去打仗，这可是他满腔报国热情得以实现的好机会。但几天下来，学生军并未出去打仗，而是开展半军事化活动。每天清早军号一响，即起床列队、跑步、做操。上午军事课，下午政治课，晚上集中活动，或唱救亡歌曲，或搞演讲活动等。这种生活着实让庄炎林失望，他觉得当了兵竟不打仗，没有意思。其实，广西当局组织学生军主要是用作军队后备力量，除了学习军事外，主要是让他们开展文化宣传、发动群众抗日、协助军队后勤等工作。

了解情况后，庄炎林很快就调整了心态，积极投入到紧张的训练当中。

在训练过程中，国民党试图通过组建三青团（即三民主义青年团）达到拉拢和控制学生的目的。为此前后抽调近六百名学生，办了五期干部培训班，向他们讲授"总理遗教"、"广西建设纲领"以及"抗战期间各党派理论之检讨"，灌输旧三民主义思想。

对青年学生的思想阵地的争夺是个重大问题，广西省工委早有准备。学生军初建，广西省工委即从国民党的党政机关和文教单位秘密派遣了十来名共产党员进驻学生军，让他们担任中下层军官，还设法让学生党员加入学生军。这些学生党员和地下党干部分布在学生军三个团的各个中队，建立了秘密支部，引导学生军正确认识抗战形势和共产党政策。国民党搞三青团期间，中共秘密支部采取了对应措施，给参加了三青团培训的学生及时"消毒"，甚至组织他们参加马列主义学习小组，以提高他们的思想认识和团结抗战的自觉性。

此外，广西省工委还利用合法手段请了一些中共高级干部和进步人士前来演讲。周恩来、邓颖超、叶剑英都曾来过。郭沫若、范长江、夏衍以及日本反战作家鹿地亘等人，也曾受邀来给学生军做抗战演讲。庄炎林觉得有一种豁然开朗的感觉，表现得很积极。

在学生军组织的活动之余，庄炎林最大的爱好就是进行体育运动。庄炎林幼时身体不好，很注重锻炼身体，在学生军期间尤其如此。结果，他的体育综合素质在学生军中有口皆碑，大凡体育比赛，他都能获得名次。庄炎林的想法是：只有身体好，上战场才能打败日本侵略者。

在桂林集训了两个多月后，1939年2月，广西学生军奉命开拔各地，从事动员民众的组织宣传工作。

临行前，广西学生军总部组织了一场国民公约的宣誓典礼。宣誓完毕，庄炎林所在第一团开往平乐,第二团开往桂平,第三团开往宾阳。各团继续训练到1939年4月,然后分头开往平(乐)柳(州)、梧(州)贵(港)、宾(阳)邕(宁)三条公路线之间,根据指示,分布在"沿公路两旁各三十里之城镇乡村工作,再逐渐普遍于较远之乡村"。

学生军无论走到哪里,工作都搞得有声有色,受到当地军民的热烈欢迎。这样亦学亦军、形式活泼的生活,深为庄炎林所喜爱。

广西当局之所以如此布置,是基于抗战形势考虑的。

1938年10月,日军占领武汉和广州后,非但没有达到迫使中国政府投降的目的,反而遭遇到更顽强的抵抗。日军军部南进派认定:必须切断中国对外最后的交通线,以期实现一举解决"中国事变"的计划。1939年4月,日军海军部《情况判断》认为,仅靠陆军已很难进行内陆方面的大规模积极作战,"在此情况下,由陆、海军协同尽快占领华南沿海的最大贸易港口汕头。成功之后,即以一个兵团向广西方向挺进攻占南宁,以切断敌经法属印度支那方面的海外最大补给交通线"。此后,日军参谋本部也强调:"一旦进入南宁,以该地为基地,则交通四通八达,远可通往广东、湖南、贵州、云南。所以南宁至谅山的道路,形成了蒋政权联络西南的大动脉。为了直接切断它,首先必须夺取南宁。南宁一旦占领,无须置重兵于东京湾附近即可以完成作战目的。"基于此种判断,日军决心发动桂南战役,以期切断中国抗日的最主要补给线。

对于日军的动向,桂系提高了警惕,故将学生军分布于上述地段,以发动群众,为即将到来的战争做准备。尽管如此,国民党的准备犹不够充分。1939年11月24日,南宁失守,日本侵略军又策划由南宁北进,深入广西腹地。事态到了关乎桂系存亡和蒋介石政府西南安全的时刻,蒋介石和桂系高层不敢怠慢,遂下力气组织抵抗。

南宁北部的昆仑关是从桂南深入桂中的要塞,地势险要,历来为兵家必争之地。一场大战势在必发。

昆仑关大战分两个阶段进行:第一阶段从1939年12月18日开始,至31日结束。由于准备充分,谋划正确,国民党军队取得歼灭日军第五师一个旅团并击毙旅团长中村正雄的战绩。第二阶段自1940年1月5日始,至2月4日结束。日军疯狂反扑,加之蒋介石临阵换将,结果昆仑关失守,日军占领来宾城。

昆仑关会战期间,广西学生军参加了战斗,主要工作是组织发动群众抗日、

侦察敌情、救护伤兵、运送粮食和弹药。庄炎林被安排在武鸣县高峰坳的北边

做抗日工作。学生军工作时，敌机经常来骚扰袭击。一次，庄炎林和一批同学在乡下组织群众转移，突然，山上打来炮弹，幸好他们立即卧倒在地，才得以保住性命。

昆仑关会战结束后，整个桂南战役仍在继续进行，直到1940年10月。约有三千余名广西学生军，分布在邕钦路、邕宾路、邕龙路和邕武路两侧，配合正规军作战。

是年夏初，随着形势的发展，考虑到第一团学生多为桂北人，对地形和语言都不熟悉，广西当局决定调其回桂林。庄炎林随队返回，结束了为期一年半的学生军生涯。

1939年，广西抗日学生军在桂南抗日前线，左一为庄炎林

父子桂林重逢

1940年6月，庄炎林离开广西学生军去华东新四军。中共地下党根据工作需要，动员他回桂林复学，安排他就读于桂林中学高十二班。

桂林中学高中部有四个中共地下党支部。第二支部书记卢蒙坚、副书记陈奕江，都是庄炎林在学生军第一团的队友，该支部党员还有韦宗遗、邱燮能、李曦等人。卢蒙坚虽然年轻，但已有两年党龄，当时在桂林中学高十四班读书。

副书记陈奕江兼任支部的组织委员，此前在学生军第一团中曾受到庄炎林的保护。学生军期间，

1940年，庄炎林在广西桂林中学

庄炎林思想进步,陈奕江看在眼里,记在心上。

回到桂林中学后,尽管环境发生了变化,但庄炎林仍一如既往地关心国家前途和命运。陈奕江也经常借进步书籍给他阅读,与他谈国内形势,谈国民党和共产党的政策。逐渐地,庄炎林的思想有了很大的飞跃。

一天,庄炎林向陈奕江还书时,向他讲述了自己想加入中国共产党的想法。

"我听说加入共产党很苦,弄不好要掉脑袋。"陈奕江有意考验庄炎林。

庄炎林不假思索地说:"那倒不怕,只要能赶走日本侵略者,管他流血掉脑袋。"

陈奕江见时机成熟,遂表明自己的真实身份,并告诉庄炎林地下党支部正打算吸收他入党。

没过几天,陈奕江将庄炎林要求入党的事与卢蒙坚商量后,将庄炎林的情况上报中共桂林市委(简称桂林市委)。桂林市委组织部部长黄嘉认为庄炎林条件不错,很快批复同意他入党。

庄炎林入党不久,即担任支部组织干事。当时地下党的政策是积极引导学生运动,大力发展条件成熟的学生入党。

随着党员人数的增多,学生党支部的力量进一步壮大。1941年1月,皖南事变的消息传到桂林,广西当局极力掩盖真相,颠倒是非。广西省工委组织地下党员采取针锋相对的措施,桂林中学党支部亦积极参与。庄炎林和支部党员一道,刻印材料,散发传单。

1941年初,卢蒙坚离校,陈奕江接任书记,庄炎林任组织委员。这时,国民党掀起了第二次反共高潮。1941年3月,蒋介石发出密令:"发现共产党之市委、省委或团体中之共产党党团组织,务必一律破坏并逮捕之。"此时开展党的活动,危险性之大不言而喻,但庄炎林等学生党员不畏凶险,坚定不移地在夹缝中开展党的工作。他们经常在国民党广西省政府大院里的独秀峰下碰头,召开党组织会议。

与学校当局争夺对三青团的领导,也是党支部的一项重要工作。桂林中学训导主任曾恒俊是学校三青团的头目,经常散布"马克思主义不适合中国国情"的谬论,唆使学生走反共反人民的道路。为了对付三青团,与学校当局斗争,党支部按照桂林市委的指示,一方面把少数党员派入三青团,秘密掌握领导权,限制其搞反动宣传,限制其发展;另一方面,适当发展一些受共产党影响的中间分子加入三青团,在三青团中扩大中间力量和进步力量。由于党支部采取了正确的斗争策略,三青团在桂林中学的活动受到一定的限制,基本上未能插手破坏学校的进步学生运动,有的三青团团员甚至还参加了共产党领导的进步活动。

桂林中学党支部的上级组织领导人是黄嘉。1941年夏初,黄嘉调离桂林,工作由市委书记罗文坤直接负责。

1941年夏,庄炎林高中毕业。成绩优秀、思想进步的他已被推荐免试直升广西大学,但组织上打算安排他去桂林市委从事专职学生运动工作。庄炎林义无反顾服从组织安排,为即将到来的工作积极准备。

事情后来又发生了变化。考虑到广西大学是块重要阵地,有些同志毕业离开后需要充实加强,桂林市委决定派一批思想进步、组织能力强的学生党员入学,以便加强党对学生运动的领导权。这样庄炎林最终被安排去了广西大学。

1941年七八月间,广西省工委举办了干部培训班,庄炎林参加了培训。为了保证培训质量,学员们选梁耀宝为党支部书记、庄炎林为副书记,相互进行监督。

广西大学开学后,庄炎林就读于法商学院。广西大学有两个地下党支部,即老生支部和新生支部。开学后,庄炎林任新生支部副书记。新生支部共有学生党员九人(广西五人、广东四人)。两个支部有一个总负责人,叫王祥彻。广西大学党的组织关系不归桂林市委分管,而由广西省工委副书记苏曼直接主管。

相对于桂林中学而言,广西大学情况更复杂,要做的工作更多。除了培养积极分子、发展党员、领导学生运动外,还要对一些外地来的学生党员进行再注册。此项工作难度很大,一方面是这些地下党员组织关系发生了变更,调查取证较难;另一方面要时刻警惕坏分子的冒充干扰,弄不好就暴露了身份。接受组织委派的这项任务后,庄炎林给广东来的学生党员进行了重新登记注册。

党员登记尘埃落定,庄炎林和支部成员一道,在广西大学以合法身份为掩护,组织进步学生抵制国民党的反共活动。

在庄炎林等人的努力下,广西大学党的工作开展得卓有成效。

1941年新年刚过,日军大本营定下计划,要在这年"获得解决事变(指侵华战争)的头绪",尽快结束这场已经进入第四个年头、让他们深陷困境的马拉松战争。

中国人民的抗战,此时进入了最艰难的岁月。身在香港的庄希泉,为抗日救亡奔走不息。

　　1941年夏,许琼华胞妹林浩(又名许立人)和几位受国民党顽固派迫害的进步青年,从桂林来到香港,准备乘船去上海,转往苏北抗日根据地。庄希泉安排他们住在自己家里,帮忙办理相关手续。

　　来香港找庄希泉的人不少。赴香港寻找党组织关系的缅甸归侨郭荫棠就慕名找到了他,请他和张圣才一起合作创办宣传抗日统一战线的《为公周刊》。

　　出生于闽南诏安的郭荫棠,二十岁只身闯南洋,到缅甸仰光,先后任过小学教师、《仰光日报》副刊编辑,在从事反帝革命活动中加入了共产党。1930年底,他与汤道耕(艾芜)等被英国殖民当局逮捕。被驱逐回国后,郭荫棠曾在厦门、泉州等地从事统战工作。庄希泉与他颇有共同语言,欣然答应了他的邀请。

　　张圣才也是厦门人,曾是厦门双十中学副校长,1934年被国民党蓝衣社逮捕,关了两年后变节。抗战前夕,来香港做军统情报工作。庄希泉、王雨亭和连贯曾劝张圣才脱离军统,为抗战出力,几次交谈后,张圣才的思想大有转变,表示只做对抗日有利的事,不做有害于国共团结、抗战的事。他曾在太平洋战争前夕截获了日本要突袭珍珠港的情报并及时告知国共双方,后来走上起义反蒋、弃暗投明的道路。

　　在庄希泉等人的携手下,《为公周刊》连续发表了范长江、柳亚子等著名爱国人士的文章,在社会上产生了极大的影响。同时,庄希泉继续资助宋斐如主编的《战时日报》。

　　1941年12月8日午间,宋斐如急匆匆地来找庄希泉,告诉他太平洋战争爆发的消息:"日本陆、海军于今天凌晨在西太平洋偷袭美国珍珠港海军基地,美英宣布对日本作战。"

　　"什么?日本人偷袭美国珍珠港了?"庄希泉惊异地看着宋斐如,"你是研究日本问题的专家,你说这会有什么结果?"

　　宋斐如一副深思熟虑的样子:"这是件好事,美英两国参战,小日本的死期就快到了!"

　　隔日见报载:12月9日,担任国民政府主席的林森,代表中国政府正式对日宣战,其《中国对日宣战布告》明确昭告中外:

中国为酷爱和平之民族,过去四年余之神圣抗战,原期侵略者之日本于遭受实际之惩创后,终能反省。在此时期,各友邦亦极端忍耐,冀其悔祸,俾全太平洋之和平,得以维持。不料强暴成性之日本,执迷不悟,且更悍然向我英、美诸友邦开衅,扩大其战争侵略行动,甘为破坏全人类和平与正义之戎首,逞其侵略无厌之野心。举凡尊重信义之国家,咸属忍无可忍。兹特正式对日宣战,昭告中外,所有一切条约、协定、合同,有涉及中、日间之关系者,一律废止,特此布告。

在共产党和进步人士看来,这一公告虽然姗姗来迟,但毕竟还是出来了。其中特别提出要废除与日本之间的一切条约、协定等,颇为振奋人心。

中共中央也于12月9日发表《中国共产党为太平洋战争宣言》,号召"建立太平洋一切抗日民族的统一战线","巩固国民党共产党及其他党派的合作,解决国共两党之间的争论","实行民主政治","加强南洋及各地华侨同胞的内部团结"等。总之,"中国政府与中国人民应该继续过去五年的光荣战争,坚决站在反法西斯国家方面,动员自己一切力量,为最后打倒日本法西斯而斗争"。

让人始料不及的是,太平洋战争爆发后,日军暂时取得太平洋区域的军事优势,趁机大举南进,侵略东南亚诸国,中国香港也成了日军的目标。12月18日,日军登陆香港,肆意烧杀抢掠。由于驻港英军的败退,12月25日,香港沦陷。

香港沦陷后,日军封锁了海陆交通,大肆搜捕"敌性人物",在港爱国民主人士和文化人士的安全受到极大的威胁。在这种情况下,由南方局书记周恩来亲自部署、活跃在南粤一带的东江纵队具体实施的一场大营救秘密展开。营救行动历时近二百天,共营救出爱国民主人士、文化人士及其家属八百余人。这一行动,挽救了抗日民主力量,赢得了中间人士的衷心支持,被茅盾赞为"抗战以来最伟大的抢救工作"。

庄希泉也是党指定营救的民主人士之一,但他忙于工作,没有立即撤离香港。直到12月下旬的一天,他的寓所来了一伙不速之客。

那天,庄希泉正欲出门办事,突然发现一干人急急地向他家赶来。为首的穿日本和服,约有八九人。

庄希泉感到事情不妙,立即闪入里屋,叫弟弟庄朝俊上前周旋。

这些不速之客是日本情报机关人员及台湾、高丽浪人,他们正是冲着庄希泉来的。

原来,他们是受日军指派,来请庄希泉主持维持会的。知道他还在香港,便美其名曰登门拜访,实为让庄希泉为日军做事。庄朝俊小心应付,说庄希泉已经离开香港,但这些人并不买账,在庄家逗留了好久,说是要等庄希泉回来,眼睛却像做贼似的四下瞅。幸好庄希泉及时隐蔽,一直未现身。约莫黄昏时分,还未见庄希泉"回来",那些人才悻悻离去。

日本人走后,庄朝俊立即将情况告知庄希泉。庄希泉决定马上离开香港,以免被日本人利用。当晚深夜,他即与厦门儿童救亡剧团留港人员梁开明、林莹聪(中共地下党员)等分散撤离到香港市区暂避。

几天后的一个晚上,庄希泉带上庄朝俊等人,化装成难民,乘坐一艘中共地下党控制的小船,冒险趁夜撤退。

撤离香港前,庄希泉说服七十九岁的父亲庄有理找机会跟随同乡难民疏散到漳州。

此时,日军已经封锁了通往大陆的航道。庄希泉一行设法抢渡到九龙市区,随后不顾疲劳,简装潜行,混入难民中。

经三天跋涉,庄希泉一行到达文锦渡。庄希泉差一点被日军认出,好在他妥为应付,才得以蒙混过关。抵达海陆丰后,他们改乘小船经韶关辗转往桂林。

到桂林时已是1942年初,时天色已近黄昏,天寒地冻。众人饥寒交迫,好在同行的梁开明与已在桂林的张兆汉取得联系,他径直引众人到张兆汉主持工作的黄花岗纪念学校。

张兆汉和庄希泉一行相见,十分兴奋。将他们安顿好后,他赶往广西大学,通知庄炎林与父亲相见。

庄炎林知悉父亲来桂林的消息,既高兴又意外,他跟随张兆汉来到黄花岗纪念学校。

在这战乱频仍的年代,父子俩四年未曾见面,如今相见,竟一时相对无语。

庄希泉一行用过晚餐后,由张兆汉安排,住进附近的旅馆。庄炎林这夜和父亲同住一间,父子俩说话说到很晚。庄炎林把几年来学习和革命的情况向父亲作了详细汇报。在他的心目中,父亲既值得信赖,又很有见地。

不久,经庄炎林联系,庄希泉一家和原厦门海军航空处处长陈文麟夫妇在榕湖路合租了一套房子住下来。后来,又搬到桂北路,与从昆明来的王雨亭合住。

庄希泉在桂林期间,闲暇时,庄炎林也赶回父亲住处。庄希泉的住处,自然也成了中共地下党的一个联络点。

中国国民政府于1941年12月9日发布的《中国对日宣战布告》,意味着不再承认当年丧权辱国的《马关条约》,公开声明要收复台湾。这是一件振奋人心的大事。适逢其时,国民党第四战区中将参谋长吴石(福建人),以福建旅桂同乡的名义,召集座谈会,研究成立闽台协会,组织筹备收复台湾事宜。经王雨亭和曾参加第十九路军福建事变的陈碧笙向吴石推荐,庄希泉以闽台协会发起人之一的身份参加了座谈会。

成立闽台协会,还有一个目的,就是反对陈仪主闽。

抗战初期,素有亲日派之称的陈仪任福建省主席,实行战时统制经济,百姓怨声载道。1935年,陈仪以福建省主席身份率福建代表团访问台湾,参观台湾殖民当局为占据台湾四十周年而举办的博览会。他的此番赴台之行,深为海内外同胞所不齿。陈嘉庚1940年回闽后,对陈仪抨击尤烈。陈仪被调职至重庆后,又传蒋介石准备派他担任将来接收台湾的要职,这让许多闽台人士愤慨不已,担心陈仪以祸闽的手段,再去危害台湾,于是组织闽台协会予以反对。

积极奔走营救同志

1942年春,广西大学党组织总负责人王祥彻身份暴露,由组织安排撤退。广西省工委书记钱兴安排卢蒙坚为广西大学党的总负责人,庄炎林为新支部书记。

一大批进步的民主、文化界人士云集桂林,广西的抗日救亡运动活跃起来。1942年,中共地下党员李伯球在重庆得到周恩来指示,在两广建立民盟组织,开展民主运动。他回桂林后立即与梁漱溟等协商,组成了以梁漱溟为首的中国民主政团同盟(后改为中国民主同盟,简称民盟)桂林核心小组。他们团结一批民主、文化界人士和国民党左派代表人物,从事抗日宣传活动。这个时候的广西地下党组织,工作开展得有条不紊,加上民主人士的活动、地方实力派与蒋介石的隔阂,使得党组织和进步力量大有发展。尤其是桂林,人们一度称之为"小延安"。

但平静是暂时的,一心要防共反共的国民党顽固派是不会轻易放弃其固有的反动政策的。正如毛泽东在《学习和时局》一文中所指出的那样:"国民党在1937年和1938年内,抗战是比较努力的,同我党的关系也比较好,对于人民抗日运动虽有许多限制,但也允许有较多的自由。自从武汉失守以后,由于战争失败和仇视共产党这种情绪的发展,国民党就逐渐反动,反共活动逐渐积极,对日抗战逐渐消极。"

"地震"很快就突临广西了!

1942年7月8日,广西国民党特务机关逮捕了中共地下党员梁耀宝。梁耀宝当时是广西省工委对外交通员兼桂林市委特派员,曾任广西大学党支部书记,掌握着党内的大量情报。

梁耀宝是当时国民党广西特务头子梁学基的侄子,又是国民党玉林专区专员梁朝玑的亲戚,在敌人的威逼利诱下他很快变节,把知道的广西地下党组织情况全部供出。

7月9日上午,梁耀宝带着特务直奔桂林逸仙中学。以教师身份作隐蔽的广西省工委副书记苏曼、妇女部部长兼桂林市委书记罗文坤和南方工委交通员张海萍都在这里。事发突然,三人同时被捕。同日下午,梁耀宝又指使特务逮捕了广西省工委交通员张丽贞和其未婚夫王祥彻。这天,广西省工委共有五名重要干部被捕,之后又有一系列党组织被破坏。这一事件,被称之为七九事变。

七九事变缘何发生?因何人而起?事情得从这年5月的南委事件说起。

所谓南委,就是中共南方工作委员会,是南方局的派出机关,领导江西、粤北、粤南三个省委和潮梅、闽西、闽南、桂林、湘南五个特别委员会。南方局书记是周恩来,南委书记是方方。广西地下党组织受南方局领导。1941年夏,国民党中统特务破坏了江西省委。1942年5月26日,南委组织部部长郭潜向江西省委和粤北省委传达工作情况时被捕,后叛变投敌。结果,粤北省委书记李大林、南委委员廖承志、南委副书记张文彬、南委宣传部部长涂振农等相继被捕,南委遭到严重破坏。事变发生后,为避免遭受更大的损失,南方局和周恩来立即采取补救措施,作出了"一切以安全第一,防止事件的继续扩大,南委领导取消"的决定。

由于广西省工委与南委之间没有隶属关系,因此没有引起足够重视。不幸的是,郭潜与梁耀宝有过一次交往。结果,郭潜带着特务逮捕了梁耀宝,由此引发了广西的七九事变。

张丽贞和王祥彻被捕后,张丽贞的一位表姐马上告诉住在盛家园的广西省工委书记钱兴。钱兴闻讯,立即清理文件,于当晚搬到来桂林养病的广西省委组织部部长彭维之的住处。两人连夜赶往逸仙中学,了解了当日发生的一切后,钱兴意识到情况严重,遂于当晚召开紧急会议应对。

7月的桂林,天气闷热。10日一早,钱兴派黄嘉到桂林中学、广西大学,派彭维之到桂林师范、桂林被服厂、妇女会,派陈奕江到柳州等地,通知中共党员迅速转移。钱兴自己则亲自到广西省三青团、省训团安排中共党员转移。

黄嘉是受玉林区委领导人黄彰委托,来桂林向广西省工委汇报工作兼治肺病的。接到钱兴通知后,黄嘉先后找到在桂林师范的学生党员肖雷、从学生军回来的覃舜恩等人。广西大学的卢蒙坚、庄炎林等亦被告知。梁耀宝和庄炎林曾一起在广西省委干训班学习过,当时梁耀宝是支部书记,庄炎林是支部副书记。广西大学也是梁耀宝十分熟悉的地方,因此目标很大。卢蒙坚和庄炎林马上组织这里的学生党员撤退。不幸的是,桂林中学高中部的党组织撤退不及,有六人被捕。

鉴于钱兴是重要的追捕对象,党内同志劝他立即转移,钱兴没答应。钱兴于10日晚赶到盛家园寓所,想通过房东了解情况,并看望尚在盛家园的妻子邹冰和小孩。这时外面狗吠声四起,房东急切地告诉钱兴,特务跟踪而至,应快速撤离。由于盛家园后面是一口很大的池塘,敌人不好包围。钱兴与妻子邹冰及刚出生不久的小孩最终才得以从后门逃离。

当晚,一家人又赶到彭维之的住处。经黄嘉与肖雷联系,决定第二天清早送钱兴一家乘头班火车往灵川,到肖雷家隐蔽。为保险起见,一路上几人装作互不认识。到家后,肖雷谎称钱兴是他的老师陈某,是来乡下度假的。钱兴得以暂时在灵川隐蔽下来。

敌人继续疯狂搜捕。是日下午,彭维之被捕,为此后玉林发生的一·一三事件和南宁发生的一·一五事件埋下了祸根。

且说苏曼、罗文坤和张海萍被捕后,任凭敌人严刑拷打,始终坚贞不屈。在无法脱险的情况下,为了保住党的组织和机密,他们于7月13日集体自缢。国民党广西当局为了掩盖谋杀真相,在《扫荡报》上编造桃色新闻,谎称三人因陷于三角恋而上吊自杀。报纸刚发出少量,当局怕走漏消息,又急急收回,真是此地无银三百两。

三位重要干部牺牲的消息传出,大家悲痛万分,钱兴亲自起草了《告全省父老书》,交肖雷刻印。卢蒙坚刚好到灵川汇报工作,遂由他带回桂林,与庄炎林等人及时散发张贴。《告全省父老书》公布了苏曼等三人牺牲的真相,控诉了国民党特务的罪恶行径,揭露了国民党反动派的阴谋。

当时庄希泉居住在凤北路78号卢蒙坚的家里。他的工作,表面上是以爱国华侨身份组织华侨抗日,同时做一点医药买卖,实际上是为中共地下党牵线搭桥,为党组织做外围服务性工作。庄希泉看到《告全省父老书》后,对国民党反动派的伎俩十分气愤,但为了更好地隐蔽自己开展工作,他并未站出来声讨。

白色恐怖笼罩下的桂林,形势日益严峻。一天傍晚,庄炎林执行完任务后往回赶,迎面看见梁耀宝带人急速走来。情况紧急,他当下迅速闪入一条小巷子。这时梁耀宝亦看到了他,立即呼喊起来,尾随跟进。幸好庄炎林熟悉街道,七弯八拐之后,甩掉了叛徒。

因为梁耀宝带着特务到处抓人,庄炎林和卢蒙坚等人完成广西省工委交办的任务后,决定暂时隐蔽。两人去了卢蒙坚的外婆家——阳朔兴坪渔村。后来,庄希泉也去了渔村。

在渔村隐蔽了一段时间后,庄炎林又回到桂林,在卢蒙坚家里遇见陈奕江。得知张丽贞和王祥彻已经变节,庄炎林不禁深感痛惜,接着关切地问起陈寅星、陈大良兄弟的情况,他俩入党可是他做的介绍人。

陈奕江告诉庄炎林:"我正为此事而来。党组织正着手营救,但敌人很狡猾,怕不会轻易放过。组织上要你负责与他们两兄弟取得联系,并设法告知他们要坚持斗争。"

陈奕江此次桂林之行主要有两件事:一是由于广西省工委与中央失去了联系,钱兴很着急,陈奕江通过庄希泉找到来桂林的厦门儿童救亡剧团指导员洪凌等多人相帮,惜无结果;二是组织上要陈奕江到各地通知中共地下党撤退,但路途关卡很多,苦于弄不到通行证。

"你说的通行证，说不定我父亲有办法。"庄炎林记得父亲来桂林路上曾提到华侨通行证问题。

其时，庄希泉和庄炎林都住在卢蒙坚的家里。但由于组织原则，庄炎林他们谈话，庄希泉是不能旁听的。

庄炎林当下找到父亲，看有没有办法弄到通行证。庄希泉知道儿子讲的朋友就是共产党员，亦不多过问，答应可以试试看。

当时，国民党在桂林设有侨务处，办理太平洋战争后从港澳及其他地方回祖国内地的华侨和侨生登记。庄希泉在桂林侨务处有熟人，几天后，一张华侨通行证便交到了陈奕江手里。

至于与党中央联系的事，庄炎林也放在了心上。后来正是由于他和庄希泉牵线，才恢复了广西省工委与中央的联系。

对陈奕江交代要自己与陈寅星、陈大良联系的事，庄炎林时刻记在心上。不久即通过他们的家人取得了联系。

陈寅星和陈大良被关押在桂林丽泽门外甲山的一个地母庵里，外面驻有一个国民党警卫班。陈氏兄弟是7月15日一早因撤退不及被特务扣押的。此后，中统特务梁学基曾亲自审问，但一无所获。两人遂被转移至地母庵继续关押审讯。

按照庄炎林的主意，7月底，陈俶辛到地母庵探望兄长，趁敌人不备，将夹有字条的糕点交给两兄弟。

两人偷偷打开字条，只见上面写着：

> 梁某叛变，组织未被破坏，狱外正在进行营救，望你们在狱中坚持气节和斗争。

两兄弟认出那是庄炎林的笔迹，很是高兴，知道党组织还在运转，从而更坚定了狱中斗争的信念。

敌人施展各种手段逼迫陈氏兄弟投降的企图落空后，又要梁耀宝当面对质，因为梁耀宝说他认识陈寅星。

在对质时，特务错把陈大良当作陈寅星，将其提到公堂。梁耀宝未见过陈大良，一通胡乱指责都被陈大良顶回去，搞得特务很狼狈。

敌人抓不到陈氏兄弟的把柄,迫不得已,他们只好把陈氏兄弟押往湖南衡阳集中营战时青年训导团分团去接受"感化"和"反省自新"。

毁家纾难助抗战

在确定梁耀宝叛变后,为了尽量减少损失,8月中旬,钱兴与陈奕江奔走于平乐、钟山、梧州等地,指示各地党组织相机撤留,注意在安全的原则下开展工作。在这期间,陈奕江向钱兴谈起了庄炎林及其庄希泉的情况。钱兴认为庄炎林条件合适,要他试着跑柳州一带的交通联络工作。

庄炎林的公开身份是小学教员,改叫张明江。不久,庄炎林赶到柳州,通知柳州中共地下党负责人吴赞之撤退。吴赞之的公开身份是国民党柳州市三青团干事长,虽然隐蔽得较好,但也不敢大意。几天后,他自己找了个理由请了假,带庄炎林一起去了他的家乡容县,其在柳州的工作则由熊元清接替。

庄炎林在容县吴赞之家待了一段时间。约1942年秋,两人赶到地下党员梁林(第一期广西学生军)的家乡,并与地下党员杨烈取得联系。四人商量后认为,蹲在容县不是个办法,必须外出活动。最后商定,吴赞之去桂南(在那马中学教书),杨烈去桂西北,庄炎林则去荔浦。梁林因患肺病,暂时留家治疗。

庄炎林去荔浦,主要是找黄嘉。当时黄嘉因患肺结核,受钱兴指示回老家荔浦养病,兼管荔浦、修仁、蒙山等地的组织工作。

从容县到荔浦,路途遥远,一个在桂东南,一个在桂东北,而且没有交通工具。庄炎林一路翻山越岭,终于在这年秋末赶到黄嘉的家。

庄炎林向黄嘉讲述了柳州地下党的撤退情况,提议要加强交通联络工作,尽快与上级党组织取得联系。在荔浦期间,庄炎林还随黄嘉参加了当地的地下党工作。

在黄嘉的家里,庄炎林经黄嘉介绍,第一次见到了广西省工委书记钱兴。钱兴到荔浦是来布置工作的。见到庄炎林后,钱兴当即要他一起参与工作部署。

在荔浦活动了一段时间后,1942年冬,庄炎林随钱兴一起前往钟山县英家乡广西省工委机关。按照广西省工委的安排,庄炎林正式担任广西省工委交通联络员,负责桂林、柳州一带的交通联络工作,协助广西省工委组织人员转移撤退、隐蔽安置。

广西省工委临时机关原先设在灵川,为何又到了英家乡呢?

七九事变后第三日,广西省工委宣传部部长兼桂西南地下党负责人彭维之被捕。起初,彭维之还坚持斗争,组织上也设法营救。但一段时间后,彭维之叛变,供出了玉林和南宁地区中共地下党组织的大量名单。1943年1月13日和15日,经过敌人精心策划,玉林和南宁相继发生了反共破坏事件,党组织损失惨重,两地党的活动一度陷于停顿,是为一·一三事变和一·一五事变。

不仅如此,两起事变也对广西省工委构成了巨大威胁。彭维之被捕前,虽不知道钱兴的具体去向,但知道在桂北。敌人因此加强了在桂北一带的搜查封锁。因此省工委不仅存在安全问题,其工作也更加难以开展了。

危机重重,暂设于桂北灵川的广西省工委机关不得已考虑转移。这年8月,钱兴为机关转移一事,秘密来桂东考察。他在英家乡听取了地下党员张赞周等的介绍后,认为英家乡党组织建立较早,有一批可靠的党员骨干,群众基础好;国民党英家乡乡长邱汉民是地下党员,油榨、大同两个村长也是地下党员,这样对掩护党的活动比较有利;英家乡远离桂林和梧州,地处偏僻,党的活动还没有引起敌人的注意,叛徒梁耀宝和彭维之都不了解桂东党组织的情况,而且英家乡还是个古老的商业集镇,来往客商多,生面孔不易引起国民党的猜疑。经周密考察,这年10月,广西省工委机关转移到英家乡白沙井,在英家乡党组织的安排下,在白沙井马山头旁的桐油林里搭起了草棚。

庄炎林随钱兴到英家乡后,才知除了本地区的一批党员外,桂林、玉林、南宁,甚至广东等地不断有外地党员撤退来此。这么多人马,安排吃住成了大问题,尤其是职业,更成了隐蔽埋伏的关键。

为此,省工委一方面派人寻找党中央,一方面号召广大党员参加劳动生产,自力更生,克服困难。庄炎林因工作性质,没有常驻英家乡,但同志们恶劣的生存条件,他是一清二楚的。于是,他借回桂林之机,找到父亲,提出想弄一笔钱。

知子莫如父,庄希泉知道儿子拿钱一定是另有他用。此时的庄希泉手头上并没有多少钱,但从香港撤离时,曾将一些家产寄存在一个朋友家。他告诉庄炎林,可叫几个人一起去香港取回。

庄炎林马不停蹄地跑回英家乡,向钱兴汇报了此事。钱兴听后万分高兴,说:"很好,现在组织上经费正困难,这事宜从速办理。"

经综合考虑，钱兴决定派庄炎林陪同庄希泉去香港一趟，并帮他挑选了几位随员作掩护。除顺道去香港治肺病的梁林外，还有梁林的哥哥梁智，因为他是铁路工程师，好掩护。

庄希泉也在考虑随行人员，除了与他一起从香港来桂林的林莹聪、张应麟外，还有一个曾在香港工作过的工人。

1943年初，庄希泉、庄炎林父子等一行七人从桂林出发，前往香港。

由于日军飞机轰炸，加上国民党顽固派的封锁，路途煞是艰辛。从桂林到柳州还能坐火车，从柳州开始，交通阻塞，众人只好下车往南步行。他们徒步十多天后，才到达广州湾（今湛江），随后乘船赶往澳门。

到澳门后，由于庄希泉曾在香港从事过抗日活动，目标太大，只得就地等待。梁智则陪梁林在澳门治病，庄炎林、张应麟和另外两人潜入香港。

庄炎林等人找到了庄希泉的朋友庄成宗。庄成宗是香港福建同乡会主席，庄希泉撤离香港时曾将其家族的二十四大箱资产，全部寄存在他家。

庄炎林等人几经周折，终将这些家产用船运到澳门。庄希泉一行在澳门变卖部分家产后，即往回赶，沿途又在广州湾、柳州、桂林变卖了部分家产，筹集到了一笔数额不小的经费。

解了燃眉之急

1943年初，庄炎林将变卖家产所得悉数交给广西省工委，解了广西省工委的燃眉之急。

庄炎林向钱兴汇报工作时，讲起了一个在广西日报驻桂林记者站工作、叫张兆汉的主任，庄炎林说，他与父亲庄希泉交往比较密切，感觉他关系很多。

说到张兆汉，钱兴有些兴奋。他告诉庄炎林，自己曾在厦门领导过张兆汉，张兆汉的党内代号是王贝，自己的代号是发瑞。七七事变后，钱兴一度担任中共厦门市工委书记，那时张兆汉在厦门从事地下工作，受钱兴领导，担任战时生活总编辑。后带了厦门一个儿童团到香港、南洋宣传抗日，从此二人失去联系。

庄炎林到桂林后，马上与张兆汉取得联系，并约他到父亲住处详谈。几次试探下来,张兆汉基本上确定庄炎林是自己人,便将自己这些年的经历如实相告。庄炎林则告知张兆汉,钱兴现在广西做地下党的工作。

张兆汉告诉庄炎林:"我的组织关系原由八路军驻桂林办事处(简称桂林八办)直接联系,1941年1月桂林八办撤销后,我仍留了下来,现在还有党的联系。"

庄炎林马上将此情况转告钱兴。钱兴思考一番后,指示:"你再去桂林,把七九事变以来我们的情况告诉张兆汉,请他设法转报给中央,并将中央的最新指示精神传达给我们,弄清楚今后怎样与中央联系。"

庄炎林接令后,二话不说,马上又奔赴桂林找张兆汉。

这次见面后,庄炎林直奔主题:"钱兴同志现在是广西省工委书记,七九事变后,省工委与中央失去了联系,这次特地要我来与你接上关系,看有没有办法与中央联系上。"

如此往返几次,终于与张兆汉彻底对接上,并由张兆汉向上级汇报,再通过重庆八路军办事处(简称重庆八办)的组织关系向中央报告。

不久,张兆汉通过庄炎林向广西省工委传达了中共中央的三点指示:(一)重庆八办同意把广西省工委的情况转报给中央。(二)全国的抗战形势和对广西形势的分析。(三)今后重庆八办和广西省工委一般不发生横向联系。但如有特殊重要问题也要传达,要向中央报告。过一段时间,安排部署就绪后,广西省工委可以到重庆八办直接找中央联系。

这样,广西省工委自七九事变与上级党组织中断联系半年多后,终于得以恢复。虽然此时还只是间接联系,但中央的精神得以及时传达,广西省工委的情况得以及时上报。

通过庄希泉、庄炎林父子筹款及恢复与上级党组织的联系后,广西地下党的工作大有起色。1943年下半年,庄炎林仍负责柳州、桂林一带的交通联络工作,同时在英家乡外围开辟一些地方,欲作撤退转移的地点。

庄炎林经过周密调查,决定在苍梧县石桥镇开辟新的据点。那里离英家乡不算远,群众基础较好,而且早有地下党员在那里工作,条件比较成熟。不久,庄炎林等人先后去石桥镇活动。他们以石桥镇中心小学教师的合法身份作掩护,开展地下工作。

几个人成立了中共石桥支部,隶属于广西省工委,由庄炎林任支部书记。但这年底,因党员梁勤身份暴露引起了敌人的注意,1944年春节过后,庄炎林等人被迫陆续撤离石桥镇中心小学，支部暂时撤销。

除在石桥镇活动外，1943年冬至1944年春，庄炎林还负责柳州地区的地下党工作，并继续担任广西省工委交通员。

1944年春，形势发生了急剧变化。太平洋战争后，由于日军战线太长，其兵源不足、消耗过大的弊端已现端倪。而经过七年艰苦抗战，毛泽东在《论持久战》中所说的"积小胜换大胜，以空间换时间"的战争规律开始显现，日军渐现疲态。但侵略者不甘心失败，为挽救侵入南洋的孤军，他们集中数十万兵力，急欲打通平汉、粤汉、湘桂铁路，开拓一条由武汉经湘桂与越南相连接的大陆交通线，作疯狂一搏。中共中央指示豫湘桂沿线的地下党组织，要积极宣传、组织、发动群众开展抗日武装斗争，做好打击日军的准备。

广西省工委此时与中央仍无直接联系，中央精神还是通过桂林八办，具体说是通过张兆汉传达的。1944年7月，时任广西日报驻柳州办事处主任的张兆汉，突然急匆匆找到在柳州的庄炎林，说有要事通知。

张兆汉告诉庄炎林："抗战形势最近有较大变化。日军为了打通大陆交通线，完成向南进攻的战略部署，从湖南直下广西、贵州、广东，然后往越南，通南洋。国民党反动派消极抗日，广西有可能沦为敌后。中央指示，豫湘桂沿线党组织要放手发动群众，加强抗日宣传，组织抗日游击武装，逐步建立抗日游击根据地，做好武装斗争准备。你必须马上把中央的指示精神传达给广西省工委。"

谈话一结束，庄炎林一刻也不敢怠慢，马上奔赴英家乡，向广西省工委和钱兴汇报。钱兴立即召开会议，研究中央精神，作出了放手发动群众、组织抗日游击队、建立敌后根据地的决定。

会后，广西省工委派人分头向全省各地党组织传达布置。庄炎林奉命先到柳州，向当地党组织负责人熊元清、胡习恒做了传达；之后去了来宾大湾，向时任广西省工委副书记的黄彰传达，再到柳北罗城找路璠、桂林阳朔找陈克理等人传达布置。

根据庄炎林传达的上级指示精神，各地马上开展工作。

豫湘桂战役是日军侵华以来发动的规模最大的一场战役，国民党政府虽出动了百余万兵力，但除一两处保卫战打得较为英勇外，多数部队一触即溃。1944年秋，豫中、长衡会战后，日军从湖南攻入广西，桂柳会战在即。此时，广西省工委仍设在英家乡，急需经费。根据广西省工委的安排，庄炎林找到王雨亭，请他帮助筹款。可王雨亭也没多少现款,要庄炎林与他一道前往广东沙坪贩卖货物筹款。庄炎林还与陈庚辛一道进入敌占区广州,抢购到了一些急需的物资。

完成任务从广东回到柳州时,日军已逼近桂柳,形势万分紧张。庄炎林马上召集地下党负责人熊元清、胡习恒开会,布置党在敌后发动群众武装抗日的工作。

桂林沦陷后,中国民主同盟的会员和大批文化、华侨界的进步人士被迫转移,有的前往重庆,有的前往昆明,有的则自桂林沿漓江而下,转移到漓江和思勤江交汇的昭平县,如何香凝、千家驹、欧阳予倩、张锡昌(新中国成立后曾任内务部办公厅主任)、高士其等人相继来昭平活动,抗日气氛甚为浓烈。

《广西日报》(昭平版)的创刊发行,也是当时的一件大事。广西日报社在桂林遭日军袭击时,一部分人去了桂西,另一部分人来了昭平。来昭平的是地下党员张锡昌以及一批受共产党影响的进步人士,他们带有电台、收发报机等设备。张锡昌在桂林疏散时与组织失去了联系。他和原在桂林广西日报工作的莫乃群以及千家驹、徐寅初等一致同意到昭平后筹办《广西日报》(昭平版)。到昭平后,他们进一步研究办报事宜,最大的问题就是人手不够。

张锡昌与欧阳予倩交情颇深。欧阳予倩与庄希泉、庄炎林父子素有交往,张锡昌遂通过他认识了庄炎林。不久,张锡昌即托欧阳予倩向庄炎林传递信息,希望广西地下党组织协助重新把《广西日报》办起来。其时,欧阳予倩还不是中共党员(新中国成立后入党),但他早就倾向于共产党,也想在昭平做些工作,希望能取得中共地下党的帮助,遂很快来到阳朔兴坪。庄炎林父子住在那里。

欧阳予倩与庄炎林见过面后,向他表示,在昭平开展抗日工作,首要问题是人手紧缺,并讲了民主人士在昭平的活动情况和《广西日报》的现状。

庄炎林听完欧阳予倩的想法后,遂立即向钱兴报告。

钱兴说:"这些爱国进步人士能与我党合作,很好。他们利用报纸的合法地位,宣传我党的政治主张,对敌后的抗日救亡、民主运动极为有利。我们应派干部前去支持,条件合适时,还可将省工委搬到昭平。"

在共产党的协助下,《广西日报》(昭平版)筹办顺利,于1944年11月1日创刊。陈劭先任《广西日报》(昭平版)社务委员会主任委员,欧阳予倩、张锡昌、徐寅初、千家驹、莫乃群为委员。莫乃群兼发行人,胡仲持任总编辑。

张锡昌一门心思办报,亲自撰写社论。昭平还成立了抗日自卫委员会,张锡昌任顾问。昭平地方当局对他们比较客气,因为他们都是知名人士,而《广西日报》又是政府办的报纸,有合法地位,得罪不得。

由于昭平的目标比较大,后来文化供应社等部门又转移到黄姚镇。在黄姚镇的民盟会员与当地进步绅士还共同筹办黄姚中学,千家驹亲任校长,地下党组织在学校安排了不少人。根据庄炎林等人的报告,钱兴决定把广西省工委搬到黄姚镇。

1945年春,日军逼近昭平,报社被迫转移到黄姚镇,因陈劭先去贺县八步镇工作,欧阳予倩改任主任委员,胡仲持因病由莫乃群兼总编辑。《广西日报》(昭平版)以中共"坚持抗战、反对投降,坚持团结、反对分裂,坚持进步、反对倒退"的方针作为指导思想,宣传抗战,并将新华社电讯改为外电,报道敌后抗日根据地的一些情况。

因为报纸的关系,黄姚镇有电台、电报机、收音机等,国内外的很多新闻都可以收听到,这大大方便了广西省工委的工作。另外,中共地下党通过民主人士的人际网络,也可以知道一些内部情况。如此这般,广西省工委与中央虽尚无直接联系,但也能根据情况,研究对敌斗争的方针。

不速之客

当初从香港撤往桂林,庄希泉还担心"西出阳关无故人",没想到旧雨新知相继从四面八方涌来。

这当中,有从新加坡回国的林庆年。林庆年于1932年接任南洋女校董事长一职,勤勉工作六年,人品和业绩为全校师生所钦佩。他还是闽台协会的常委,与庄希泉接触颇多。他告诉庄希泉:南洋女校已更名为南洋女中,闽籍华侨胡文虎捐建了大礼堂,幼稚园和图书馆相继建起来,自己将把在武吉知马区肯士路一片约六英亩的土地和一座洋楼转让给学校作新校舍。得知自己和余佩皋等携手创办的南洋女校有此勃勃生机,庄希泉备感欣慰。

1943年12月底,庄希泉家来了一位身着国民党军装的不速之客。庄希泉定睛一看,竟是堂弟庄惠泉。在众多堂兄弟中,庄惠泉与庄希泉感情最好。他早年被庄希泉带到新加坡打杂锻炼,后来又去马尼拉帮庄希泉办报。七七事变后,庄希泉从菲律宾回国组织华侨抗日,庄惠泉则在新加坡、马来亚一带从事抗日活动,在新加坡华侨抗敌动员总会中任民众武装部副主任（民众武装部主任林江石是共产党员）。

对庄惠泉的行踪，庄希泉此前已从林庆年嘴里略知一二，当初他正是和林庆年等一道撤离新马的。至于分手后的情况，就不得而知了。

1941年12月，日军南侵，担任新加坡安溪会馆总务的庄惠泉和林谋盛等在新马组织华侨抗日义勇军。1942年2月11日，庄惠泉和林庆年、林谋盛、王吉士、胡少炎在新马当局正式通知其撤退后，经九死一生，最终平安脱险，辗转到了印度。得知国共已二度合作，庄惠泉与林谋盛决心共赴国难，遂于4月12日由印度飞抵陪都重庆，在获得国民党政府的肯定和支持后，组织新马华侨青年回国参加抗战。

林谋盛生于闽南南安，是新加坡著名建筑大师林路之子，是新马地区杰出的青年领袖。1929年继承家业后，他先后当选为新加坡建筑业公会会长、新加坡中华总商会董事、新加坡福建会馆执委兼教育主任。抗战爆发后，林谋盛积极支援抗日。当时日本人在马来亚的丁加奴州开办了规模宏大的龙运铁矿厂，雇用华工近三千人，生产的铁矿石被运往日本制造军火。林谋盛经和庄惠泉密谋，于1938年3月发动华侨工人罢工，迫使铁矿厂停产。

庄惠泉喝了一口茶后，继续谈论在重庆的见闻："在重庆，我们曾经晋谒国府主席林森，在谈话中，他老人家始终大骂英国。"

担任国民政府主席的林森曾任民国开国参议长，孙中山生前对他颇为信任，现如今在蒋介石政权里虽成了摆设人物，但抗日之志犹存。因此，庄希泉对这位大佬级人物的言谈甚为注意，问："哦，他怎么说？"

"林主席说，英国人统治殖民地，最善耍政治手腕，完全不讲信义，只知剥削人民，全马来亚驻有重兵，日军南侵他们却不力战坚守，两个月内新马即告沦陷，这场战争应给英国人一个教训。林主席的话，虽然针对我们由马来亚逃难出来而发，但相信他平日对英国人很不满。"

庄希泉听罢，未作评论，接着问："你们在重庆还见了谁？"

"我们随后又晋谒了蒋委员长，委员长语气很和蔼，态度也好，关切之情溢于言表。"

庄希泉见庄惠泉一口一个林主席、蒋委员长，叫得亲切，乃一语双关地说："真有这么关心就好了。"

庄惠泉不明所以，继续说："二哥，在重庆，对我们最为照顾和爱护的还是铁老。"

得知庄惠泉所说的铁老乃国民政府海外部部长吴铁城时，庄希泉不禁哦了一声，微微皱了皱眉，问："他都说了些什么？"

"铁老在为我们举办的洗尘宴中，曾经提起陈嘉庚先生对他的攻击。二哥你可能不知，铁老1940年9月以中央政府特使的身份来新马宣慰侨胞时，陈嘉庚先生曾说铁老在侨胞间挑拨是非，造成侨团间的分裂。"

"是有这回事嘛，我也听说了。"

"二哥你知道的，陈嘉庚先生当时倾向中共，他以筹赈会的名义不断发出对中央不利的言论，蒋委员长原拟下令撤销南侨筹赈总会，但被铁老极力劝阻。从这件事可以看出，铁老一心防止海外侨团间造成裂痕，何来挑拨是非？"

庄希泉不想与他争论此事，只是关切地问："陈嘉庚先生现在情况如何？"

"新马沦陷后，陈嘉庚先生避难荷印。我和林谋盛等人奉命撤离，到达苏岛巴东前一天，他已乘船前往爪哇，所以未得相见。只是到印度后，听日本人广播说已抓到陈嘉庚。"

庄希泉急切地问："消息可靠吗？"

庄惠泉道："我们也认为这很可能是日本人的一种宣传，意在摧毁我海外侨胞的抗战意志，因此不足以信。"

庄希泉点点头，沉默俄顷后说："陈嘉庚先生抗日爱国，早被日本人盯上了，他身陷敌区，真希望他吉人天相。"

庄惠泉轻叹了一口气，道："虽然陈嘉庚先生亲共，在海外散发了不少不利于中央的言论，但据铁老说，中央对陈嘉庚先生的安全仍深表关切。"

庄希泉很牵挂新马亲人的近况，问："六弟可知家里现在情况如何？"

"在重庆，我们曾由一位叫连谋的闽南籍军统高级人员陪同，参加了军统局戴笠局长的宴会。戴局长特地帮我们打听到了各人的家庭情况，目前均告平安。"

庄希泉心头始放下了一块石头，见堂弟开口闭口都谈及国民党要员，心里很不是滋味，尤其是那个连谋，正是当初在厦门抓自己的蓝衣社特务。于是，庄希泉便转移了一个话题，问庄惠泉回国参战的情况和打算。

庄惠泉娓娓道来。他和林谋盛在渝一个半月，国民党海外部考虑到有二千多华人海员流落印度，计划与英国人组织一个中国留印海员战时工作队。林谋盛和庄惠泉受派参加组训工作，分别担任总务正副组长，于6月13日再飞印度加尔各答。1943年元旦，中国留印海员战时工作队举行隆重的阅兵仪式，身在印度的国民党军政要人杜聿明、郑介民，以及国民政府驻印总领事保君健一同参加。中国留印海员战时工作队成立后，英国负责联络的机构称之为中国事务局。

在加尔各答，林谋盛邂逅了由新加坡撤往印度的英国军官古泛罗少校（后升上校），受邀参加收复新马的敌后工作。林谋盛认为作为新加坡人，自己本该挺身而出，但他又不愿做英国殖民者的工具，乃建议此事最好由中英两国政府合作。急需人才的英方，立即表示接纳这一提议。林谋盛以书面的形式汇报给国民党要人吴铁城后，又亲自由印飞渝洽商计划。中英两国政府很快就签订协定：由中方供给人员，英方负责训练及计划、经济、运输、指导工作等。中国政府先后选派优秀华侨青年百人，成立中英联合军团东南亚华人地下抗日军一三六部队，分别在孟买、本那、加尔各答及锡兰（今斯里兰卡）实登高海军基地等处，进行严格训练。林谋盛起初只是担任驻印联络官，但当首批一三六部队人员由英军戴维斯上校率领，于1943年5月底抵印后，他感到需要有人实地指导，筹措经费等方面亦需新马人士，于是自告奋勇，参加实际工作，同时邀请仍在中国留印海员战时工作队服务的庄惠泉参加。两人同时被委任为中、英、美同盟国组织的收复马来亚区的正副区长，授盟军上校军衔（后来林谋盛不幸牺牲，被追授为少将）。

1943年，任中、英、美联合组织的反法西斯同盟军上校时的庄惠泉（右一）

受命后，他们加紧了军事训练，为了今后工作方便，双双改从母姓，庄惠泉叫杨达仁,林谋盛叫陈春林,两人击掌为誓:生死与共,祸福同当。随后,林谋盛飞赴重庆报告有关情况,具体军训由庄惠泉负责。

一个月后,林谋盛由重庆回到锡兰,准备乘潜艇出发到马来亚。

10月18日,得知出发在即,早已把"不成功便成仁"作为最高目标的庄惠泉和林谋盛,分别立下遗嘱。庄惠泉与妻子结婚三年零八个月,想到妻子年仅二十二岁,随身还有两雏儿,万一自己回不来,今后她和家人如何生活?他乃于遗嘱中交代她"勿为我守",并说"以后如有要事,可随时请示希泉二哥,并与吾家姑叔保持联络,希望彼等能就近照料你等,我已另函重托二哥"。他和林谋盛交换了遗嘱,言若谁有不测,生还者须照顾殉难者妻儿。

三天后, 他们和一三六部队部分成员乘坐盟国荷兰的潜艇出发,11月2日抵达目的地。因工作关系,林谋盛登陆指挥工作,庄惠泉仍返印主持训练,部署济援。庄惠泉只好与林谋盛拥别,启碇回航。

庄惠泉返抵锡兰后不久,于12月13日由印度飞赴重庆述职,随后飞赴桂林。已经加入国民党的庄惠泉,一袭戎装,与亲人相见后自是喜悦,但因有任务在身,行色匆匆。

"二哥,这次来桂林,要托你办点事。"庄惠泉询问了家里的情况后,对庄希泉说。

"你说,看我能不能帮得上。"

原来,收复马来亚区想招收几百名会讲闽粤语、马来语和日语的新马归侨大专学生,前去锡兰接受训练,之后到马来亚做地下抗日工作。重庆方面指派庄惠泉到曲江中山大学完成这一任务。

庄希泉明白,这是国民党组织的国际抗日工作。虽然自蒋介石叛变革命后,他对国民党素没好感,但一方面念及和庄惠泉的手足情,另一方面觉得这样做有利抗战,遂一番沉吟后说道:"我可以从旁帮你个人的忙,但不愿与你们的组织扯上任何关系。"

此后,庄希泉帮助庄惠泉到曲江招收了好几批学生,并将他们送至昆明转往锡兰。

一次,庄惠泉让庄希泉帮忙物色一个合适人选到曲江带队,送学生到昆明。

庄希泉正想了解一下庄惠泉的工作到底如何,便推荐了张兆汉。他向张兆汉建议:借此机会去看看国民党与英美在搞什么,如有机会,亦可到锡兰一行,做更深入的了解。

张兆汉获组织同意后,乃陪庄惠泉去曲江带学生去昆明。但后来庄惠泉从张兆汉的言行上判断其是左派人物,遂与之有意拉开了距离。1944年5月底,庄惠泉由重庆飞回印度。

生死临阳联队

豫湘桂战役的第二次大会战——长(沙)衡(阳)会战打得正火热的当儿,1944年5月,庄炎林去了一趟桂林。广西省工委在桂林的联络点是卢蒙坚家。令他惊喜的是,一进门就遇见了刚从衡阳集中营被保释出来的陈大良。两人是同志加好友,见面分外高兴,不禁拥抱在一起。

"你哥哥寅星呢?"庄炎林突然意识到陈寅星不在场,着急地问道。

"他还在衡阳集中营,估计不久也能放出来。"陈大良安慰道。

得知庄炎林在广西省工委当交通员,陈大良遂问省工委最近有什么指示精神。

庄炎林告诉他,日军发动豫湘桂战役后,桂林等地估计会沦陷,广西省工委要求在周边地区放手发动群众,建立抗日武装。此行桂林他就是来传达指示,组织地下党员疏散的。

陈大良急着想参加抗日工作,庄炎林乃提议,等他在桂林的工作结束,便和陈大良等一起去阳朔县兴坪乡看看。庄炎林和卢蒙坚曾在那里住过一段时间,认为环境不错,可以试着发动群众开展抗日工作。

几天后,庄炎林带陈大良前往阳朔兴坪的鱼塘洲(即渔村),进一步了解这一带的地形和群众基础等情况。

兴坪是一个位于临桂县和阳朔县之间的小镇。这里地势复杂,易守难攻。大革命时期这里就有党的活动,当地群众受革命思想熏陶,有抗日的热情。经调查,庄炎林和陈大良认为以此地为根据地,在临桂、阳朔一带开展抗日武装活动,条件十分有利。两人商定后,庄炎林即向广西省工委汇报,陈大良则回桂林召集孙忆冬等人到兴坪。后来,陈寅星也到了兴坪渔村。他是在日军侵袭衡阳期间,趁集中营人员转移途中日机轰炸时逃出的。

　　钱兴对临桂、阳朔一带的情况比较熟悉，1943年春，他安排党员王家纪在阳朔兴坪小学设立秘密交通站，负责接转从桂林陆续撤出的党员，因此对庄炎林所提出的以兴坪中心，在阳朔、临桂一带开展抗日活动的建议，深表赞同。是年7月，受钱兴委派，广西省工委交通员肖雷到桂东北找到地下党组织，随后又到阳朔找到中共全(州)灌(阳)党组织负责人曾金全，分别向他们传达了广西省工委开展抗日活动的指示精神。

　　曾金全是阳朔人，对阳朔的情况很熟悉。其时他在桂北的全州、灌阳一带从事地下活动，公开身份是教师。曾金全接受任务后，便把阳朔国民中学进步教师赵志光叫到自己家里，与肖雷一起，商量怎样发动和组织群众进行抗日宣传活动和组织敌后抗日武装力量等问题。

　　这时，日军已经攻入湖南中部，军事重镇衡阳危在旦夕。唇亡齿寒，广西形势日趋紧张，学校开始疏散。赵志光赶回家乡兴坪渔村，曾金全也同时到达。他们在庄炎林、卢蒙坚活动的基础上，利用个别串联、谈心等方式，积极发动和组织地方上的进步学生、青年等，进行抗日宣传活动。同时也向地方上的开明士绅、社会贤达、国民党中间派人士倡导保家卫国的思想。兴坪的抗日气氛逐渐浓厚。

　　陈大良等人出狱后，组织关系是个问题。经庄炎林向钱兴汇报，广西省工委恢复了陈大良的组织关系，但因孙忆冬原先的组织关系不在广西，需要重新入党。于是，陈大良、庄炎林分别做了孙忆冬重新入党的介绍人和监誓人。陈寅星回来后，也是通过庄炎林审查后向广西省工委报告并恢复其组织关系的。

　　8月，长衡会战进入尾声，广西形势愈加紧张。受广西省工委委派，庄炎林再次来到兴坪，一同抵达的还有陈大良和孙忆冬。

　　在赵志光家的小楼上，庄炎林向曾金全、陈大良、孙忆冬等地下党员和进步青年传达了广西省工委的八月决定：当前的一切工作都是为了建立抗日武装、一切为了开展游击战争；各地党组织要迅速并且大力发动和组织群众，宣传抗日思想，建立抗日游击武装，保卫家乡。

　　听完传达，在座人员七嘴八舌地议论开了，有人提出要想成立抗日游击队，首先得想办法弄些枪械来。

　　"现在兴坪的抗日气氛是上来了，但我们不必急于成立游击队，可先成立一个类似抗日宣传队的组织,这样更有利于团结中间人员。"说话的是赵志光,他虽然还不是共产党员,但思想进步,谈锋雄健,善于交际,在当地颇有影响。

赵志光的想法得到了庄炎林的支持。

不久,一个以地下党员为核心、以当地进步青年学生为主体的抗日组织——兴坪青年抗日宣传队,在阳朔兴坪成立。

8月8日,衡阳沦陷。日军纠集了三个师团十万兵力,由冈村宁次指挥,沿湘桂铁路长驱南下,向广西急进,开展了豫湘桂战役的最后阶段作战。蒋介石急令在柳州的第四战区司令长官张发奎确保桂(林)柳(州)。但张发奎部多在外地,待调兵遣将,已成疲惫之师。加之白崇禧临阵换将,又将其亲戚、亲信调离险地,致使人心惶惶。这样,国民党部队虽然以九个军先后参加桂柳会战,但初战即已呈败军之相。

形势紧迫。广西省工委发出号召,各地党组织要视情况迅速建立敌后抗日游击武装。

庄炎林受命又一次来到阳朔兴坪,在天水寨向赵志光、曾金全、陈寅星等做了传达。他们根据广西省工委的指示,采取了一些办法,筹集到少量武器。

9月21日,兴坪青年战时服务队在兴坪街关帝庙成立。赵志光当选为服务队队长,孙忆冬任指导员。兴坪青年战时服务队是地下党组织借鸡生蛋的结果。日军重兵入侵,国民党广西当局号召各地搞一些民间抗日组织。在不知道共产党掌控的情况下,部分国民政府官员对民间抗日组织也给予了一定的支持。因此,兴坪青年战时服务队得以合法存在。

日军占领全州后,广西的北大门洞开,桂林瞬间失去了屏障,顿时处于危险状态。10月底,日军以一个师的兵力,从湖南龙虎关进入恭城,穿过阳朔的龙尾瑶、福利等地,向阳朔县大举进犯。守卫县城的国民党第二十六军和国民党阳朔县政府,如惊弓之鸟,在日军进犯前已逃之夭夭。日军不费吹灰之力,便于11月1日占领了阳朔。

11月4日,日军对桂林发起全线进攻,国民党守军节节败退。11日,桂林、柳州相继沦陷;24日,南宁沦陷。日军所到之处,致使十室九空,其罪行罄竹难书。

日军的凶残暴虐和国民党军队的贪生怕死,使广西省工委愈发感到尽快建立和加强抗日武装的紧迫性和重要性。12月下旬,广西省工委派肖雷到兴坪,以兴坪青年战时服务队为基础,成立第四中队。随着形势的发展,肖雷认为游击队很有发展前途,但人数不多,尤其是党员骨干太少,领导力量薄弱,遂于1945年1月下旬向钱兴汇报。

1945年2月,广西省工委决定加强对桂东北民众抗日游击战争的领导,分别任命黄嘉、肖雷为中共桂东北正副特派员,到兴坪的第四中队加强工作。

2月20日,黄嘉等人以第四中队为基础,吸收一部分农民参加,成立了一个由共产党领导的武装联队。黄嘉任联队政委、肖雷任副政委兼政治部主任,联队长黎禹章,副联队长赵志光,参谋长谢刃天,政治部副主任韦立仁。因为联队活动地点主要在临桂、阳朔一带,故称临阳联队。

广西省工委对临阳联队十分重视,一再增派干部和党员来加强力量。3月中旬,庄炎林受钱兴委派,专程前来临阳联队了解情况,传达广西省工委的最新指示。在广西省工委的指示下,临阳联队进一步明确了斗争的大方向。从1945年2月到7月初,临阳联队先后经历了蓬山之战、浦山伏击战、瀑布塘之战、冠岩之战、河口之战、马岭之战、古座塘之战、江村之战、龙尾瑶突围战等大小战斗,有力地打击了日军和国民党顽固派势力。

进入7月,伴随国际反法西斯战争的胜利和中国抗日军民的大反攻,日本法西斯陷入绝境,侵华日军开始战略性撤退。抗日战争胜利在望,可就在这时,广西国民党军队调集了两个师的兵力,从贵州过柳州,向桂东北方向压来。

"项庄舞剑,意在沛公。"国民党军队目标直指临阳联队,其险恶用心昭然若揭。形势危急,钱兴召开紧急会议研究情况。会议认为,在此情势下,国民党顽固派不会改变其一贯的反共政策,为了保存革命力量,在敌强我弱的形势下,要继续贯彻党中央"隐蔽精干,长期埋伏,积蓄力量,以待时机"的白区工作方针,与敌人作长期斗争。会后,钱兴派庄炎林再次前往桂东,向临阳联队传达会议精神。

此时的临阳联队正身处险境。5月底,临阳联队打出党的旗帜,并以中国共产党桂东北区特委的名义发表了《为公开揭举我党旗帜对时局宣言》。这一举动令国民党顽固派和地方反动武装十分恐慌和仇恨,他们与日军沆瀣一气,加强了对临阳联队的"围剿"。临阳联队为避敌锋芒,离开临阳地区,南下荔浦、平乐一带,争取与那里共产党领导的抗日组织联合。南下途中,以唐致祥为首的第五中队脱离了临阳联队,致使队伍剩下二三百人。沿途又有荔浦、平乐、恭城等县数倍之敌尾追在后，形成了西北有日军南下、东南有国民党军队北移的口袋包围之势。

在此情况下，如不将广西省工委的决定及时告知，临阳联队有全军覆没的危险。

十万火急！庄炎林受命后立即动身。由于临阳联队的活动地点已变，庄炎林不知道具体路线，钱兴便派了一个名叫朱维新的人随同前往。朱维新刚从临阳联队那边过来，熟悉路线。临行前，庄炎林通过张锡昌的关系，从广西日报那里弄来两个报纸推销员证件，同时背了两捆最新出版的《广西日报》，以便相机掩护。

从英家乡到目的地并不太远，正常情况下一两天即可到达，但国民党沿途设置了重重关卡，却使他们欲速不能。

7月12日上午，庄炎林和朱维新到了平乐、荔浦、阳朔三县交界处，突然从道路两旁钻出四五个国民党的巡逻兵，不由分说，把他们押到军部。

负责审问庄炎林和朱维新的国民党军官，不相信他们是广西日报的推销员，乃打电话到报社询问。幸出发前，已与报社打过招呼并做了安排，才不至于露出马脚。

《广西日报》是政府办的报纸，报社是合法机构，敌人只得放行两人，而此时已是下午5点多了。

眼看太阳西斜，硬冲过去是不可能了，况且还有国民党兵跟踪监视。为安全考虑计，庄炎林决定往回走，先到附近找家客栈住下再想办法。

第二天天不亮，两人背着报纸先往钟山方向走了一段路后，又折了回来，开始走小路，绕过封锁线，接着爬山。

但巡逻兵还是发现了他们，一干人等立即高喊着追来，庄炎林当机立断，扯着朱维新，说："不要理他们，跑步往前冲！"

敌人追到警戒区时，噼里啪啦地放起枪来。枪声惊动了临阳联队的流动哨兵，他们赶过来见是自己人，遂奋力协助，向追来之敌射击。敌人见势不妙，缩了回去。

这样，庄炎林找到了临阳联队，见到了黄嘉、肖雷、黎禹章和赵志光等负责人。

庄炎林对他们讲了此行的目的和广西省工委的指示精神。黄嘉表示：等指战员们用过早饭，就传达部署。

这时，天刚蒙蒙亮。由于几天的日夜行军，指战员们都感到疲劳，除哨兵和部分早起的指战员外，大多还在睡梦中。

突然,附近的山头上响起了密集的枪声,同时传来喊话声:

"共军弟兄们,你们被包围了,赶快投降吧。"

"快缴械吧,缴械的重重有赏。"

战斗猝然打响,指战员们紧急集合,投入战斗。黄嘉、肖雷、黎禹章、赵志光和庄炎林等,立即分析战斗形势,认为:敌人实行三面围攻,只留下一条漓江作为联队退路,其用心十分险恶,妄图迫使联队过江,然后在过江途中一举聚歼。

这是决定临阳联队生死的背水一战。国民党顽固派、阳朔县东区自卫队队长廖述之对临阳联队早心怀忌恨,其人马又多出临阳联队近三倍,而且武器精良。面对严峻的形势,黄嘉果断决定:"决不能中了敌人的诡计,如果他们冲下来,就誓死顶住!"

庄炎林提议先派一个中队把守临阳联队驻地背后的那座敌人还未占领的山头。

一切部署停当,敌人却并未发动进攻。廖述之自以为人多势众,占据有利地形,而临阳联队人少枪少,地形不利,必不敢恋战,到时只有过河一条路,自可轻易拿下。因此,廖述之迟迟未有动作。中午时分,更是让其部属埋锅造饭。机不可失,时不再来。临阳联队副政委肖雷、第二大队教导员何荣生、第四中队指导员孙忆冬、分队长许英淮和战士莫老贱、邓七三、陈福弟等七人组成了一个敢死队,由肖雷带领,悄悄从右侧摸上敌人占据的燕子岭。

这时,临阳联队以重机枪开火为号,全面出击。庄炎林跟随黄嘉、黎禹章和赵志光率领的第四中队,也从右侧一举冲到燕子岭脚下,拿下了敌军第五自卫队的队部。临阳联队参谋长谢刃天、第四中队队长姚逸昌、二中队指导员陈寅星率领的突击队、第二大队队长邓慰洪、第一中队队长陆庄垒带领的第一、第二中队,也各自向敌人占领的山头发起勇猛攻击。廖述之的乌合之众在临阳联队的猛攻之下,纷纷溃逃。

战斗结束后,临阳联队返回驻地古座塘,准备渡江撤离。而正在此时,五艘日本运输船从漓江上游开来,其中一艘是兵船,其余四艘船上也有日本兵,但估计是运输船。河对岸还有约二十名日本兵紧随前进。

待敌人进入射击圈后,临阳联队各种武器同时开火。船上日军没有防备,仓促应战。约半小时后,日军不敢恋战,扔下九具尸体和一艘船,仓皇撤离。

战斗结束后,肖雷游到江中把船拖过来。后来稍经修补,正好做了指战员们的渡江工具。

顺利渡江后,临阳联队转移到蕉芭林、赖吉一带休整。

7月14日和15日两天,临阳联队在蕉芭林村召开中队长以上会议,研究贯彻广西省工委的紧急指示。庄炎林向与会人员做了详细传达,要求将部队化整为零,具体办法是:外来的干部、党员分批撤出临阳地区;本地的干部、战士能回家的回家,不能回家的,利用亲戚朋友等社会关系,就地隐蔽,等待时机;不愿回家或就地隐蔽的,集中起来,向桂北、桂东一带分散转移。

不久,部队开始分散转移。庄炎林和陈寅星、孙忆冬、黎禹章、谢天刃、肖含芳等十二人(其中两人是带路的)一路。他们多是外地干部,故带枪秘密撤退。黄嘉和李丹、肖含燕等八人是另一路,不带枪,走大路。两路的目的地都是平乐青草塘肖含芳家,那里是党的联络点。

当庄炎林一行走到一个村子时,发现空无一人,锅里的稀饭却还是热的。庄炎林等情知不妙,立即往外跑。刚离开村子,四周立刻鸣锣敲鼓,枪也响起来了。原来是国民党的民团自卫队发现了他们的行踪。

追兵很快将至,情况危急。众人一路狂奔,幸遇一挑担的当地瑶山人指路,大家从陡峭的山崖边顺着树藤而下,始摆脱追兵。

到平乐必须过恭城河,但河道渡口和桥梁都有国民党地方部队把守,要过去只能设法从没人的地方偷渡。庄炎林水性好,由他先游过去侦察。一番周折后,庄炎林找到一个半沉的竹排,大伙权且凑合着用。

竹排一次只能渡一个人,没办法,只好由庄炎林在水中推拉,来回九趟,辛苦自不待言。加上连日的奔波战斗,到莲花乡时,庄炎林疲惫至极,连吐几口鲜血,众人见状皆慌了神,好在不久就顺利到达肖含芳家。

把陈寅星等人安置好后,已是8月中旬,庄炎林马不停蹄赶往广西省工委驻地汇报。得知黄嘉那一路被捕的消息,庄炎林甚为担心。好在黄嘉等人没有暴露身份,一年后出狱。

陪都重庆行

1944年5月，庄希泉与庄炎林一起去了阳朔兴坪。庄希泉在那里协助地下党做抗日统战工作，庄炎林则继续做广西省工委的交通联络工作。他们的住处成了地下党的一个联络点。

不久，形势进一步紧张起来。日军飞机时常袭扰广西各城市，国民党广西当局开始疏散桂林等地的居民。许多民主人士陆续转移到昆明、重庆等地。庄希泉却另有打算，他想留在广西参加共产党领导的游击斗争。后因其目标太大，最终也被转移。此时的广西当局已是乱象纷纷，国民党军队借口焦土抗战，日军还在桂柳之间，就放火烧掉了桂北重镇金城江。从独山撤出时，公路上还有成千上万的难民，国民党军队全然不顾，竟用地雷把桥炸掉，死伤者不计其数。一些军阀官僚还竞相争夺交通工具，抢劫物资，致使道路阻塞。庄希泉几经艰难，由桂林至柳州，计划由此去昆明，同行者还有其妹妹庄逸梅及王雨亭等人。

但柳州景况之糟不亚于桂林。虽然铁路尚能通行，但基本上无车可乘，因为屈指可数的几辆早已被国民党军阀官僚及其家属霸占。庄希泉一行一筹莫展，幸好找到了尚在柳州的张兆汉。张兆汉告诉他，国民党第四战区参谋长吴石（吴石后来到台湾后，被蒋介石以"通匪"为由杀害）拨了一节火车车厢，专用来疏散归国华侨，可以设法联系。不久，庄希泉一行改变了去昆明的原计划，自柳州乘火车向贵阳方向去。

火车一路抛锚，老牛拉破车般走了一个多月，才到达贵州都匀。

恰在此时，美国盟军的飞机误炸贵州都匀，使得一场灾难不期而至，百姓尸骸枕藉，填街塞巷。火车被迫在都匀停留了好几天，庄希泉一行便暂住在当地的小旅馆。意外的是，他竟然碰到了张兆汉。

原来，柳州告急时，张兆汉的上线联系人左洪涛（国民党第四战区司令长官张发奎的秘书，中共党员），把他的组织关系转到了八路军驻渝办事处。事妥后，张兆汉和大公报记者曾敏之一起乘车赴渝，路过都匀。乱世重逢，两人又惊又喜。

几天后，张兆汉和庄希泉等一起赶往贵阳。其时，张兆汉原先领导的厦门儿童救亡剧团团员许岱君、王憨生、叶耀来、周定南、林毓瑞等人也由桂林逃难到贵阳。庄希泉和王雨亭商量一番后，决定给张兆汉一笔钱，让他安排厦门儿童救亡剧团的团员在贵阳办美术社，以此谋生并宣传抗战。

约两个星期后，日军进攻桂黔路，独山、都匀告急。厦门儿童救亡剧团的几位团员以及朱经彰等去了昆明，庄希泉和张兆汉、刘成鹏等则去了陪都重庆。

由于沦陷区的难民潮水般西迁，重庆的人口比战前猛增了两倍，战前花三四元就能租到的房子，现在涨到了二三十元，而且供不应求。初到重庆，张兆汉的妻子陈冰和庄逸梅等住旅馆，庄希泉、张兆汉等则在旅馆过道架起行军床过夜。

后来，张兆汉持左洪涛的介绍信到夏衍家，通过他找到了红岩的荣高棠接洽。在那里，王若飞与之谈话，要他写书面汇报。因张兆汉走时未与妻子陈冰打招呼，又是一整天未归，大家急得要命，生怕他出什么意外。庄希泉后来打听到他去了夏衍家，遂匆匆赶去询问，得知他在红岩，这才放心。

重庆的国民党特务多如牛毛，不仅张兆汉的地下工作难以开展，就连庄希泉的正常活动也受到爪牙们的干扰。为此，庄希泉找到相识于南洋的缅甸华侨许文顶，租了他的半爿店铺开设建光行，经营电石生意。张兆汉和刘成鹏、梁开明分别以建光行副经理和店员的身份作掩护开展革命工作，店铺也成为地下党组织的联络站。

此外，庄希泉还与朋友经营织布厂。他后来回忆说："做这样的买卖除了解决生计，更重要的是为了避免国民党特务和警察调查的麻烦。"

在重庆，庄希泉感触最深的是三种不同的生活方式：一是国民党反动派贪污腐化，夜夜笙歌；一是老百姓颠沛流离，食不果腹；再有就是中共地下党卧薪尝胆，坚持抗日。三者对比，让他更加自觉地与共产党合作，参加党的外围各项工作。

庄希泉还积极参加闽台协会和闽台建设协进会的工作。原厦门儿童救亡剧团的沈永时由芷江来重庆时，张兆汉还从庄希泉那里拿了十万元给他们夫妇作盘缠。

庄希泉的活动以及他在华侨界的声望，引起了国民党的注意。加上庄惠泉在重庆会晤吴铁城、戴笠等国民党要员时，曾谈及庄希泉的情况，国民党方面自是想笼络庄希泉。一天,戴笠派人找到庄希泉,请他到官邸一叙,被他一口回绝。

经过八年艰苦抗战,中国人民终于迎来了胜利。

1945年8月15日上午10点,蒋介石在重庆发表《抗战胜利对全国军民及全世界人士广播演说》。日军投降连同蒋介石宣告抗战胜利的喜讯,风一般传遍了重庆的街头巷尾,庄希泉自是喜不自胜。

赶走了日本侵略者,庄希泉和广大民众一样,渴望和平早日到来。得知国共和谈的消息,他激动得夜不能寐,对张兆汉及一帮华侨朋友说:"这下可好了,中国有希望了,华侨有希望了!"

只可惜,日本侵略者尚未完全放下武器,蒋介石便迫不及待地打内战了。在邀请毛泽东来重庆谈判的同时,他却指示国民党军事机关印发"剿匪"手册,加紧在军队中实行反共、内战的动员。

恰在这时,许涤新找到庄希泉,说正在重庆谈判的中共代表周恩来应西南实业协会之邀,将出席他们星期五的聚餐会。庄希泉闻讯,立即和张兆汉、刘成鹏、梁开明等人欣然前往。

周恩来的演讲题目是《当前经济形势》。他的演讲鞭辟入里,对蒋管区的经济分析得入木三分,让人茅塞顿开。庄希泉进一步认识到国民党与共产党的本质区别,认识到当前政治形势的严峻,坚定了跟共产党走的决心。

伴随着抗日战争的胜利,新加坡也很快光复。10月6日,陈嘉庚由印度尼西亚飞抵新加坡。消息传到国内,重庆十团体发起陈嘉庚先生安全庆祝大会。大会由邵力子主持,郭沫若、黄炎培、柳亚子、陶行知、沈钧儒等五百多位人士到会祝贺,作为华侨界知名人士,庄希泉也应邀与会。

会上,毛泽东送来手书条幅,上书"华侨旗帜,民族光辉",恰如其分地对陈嘉庚作了概括性评价。周恩来、王若飞联名发来祝词:"为民族解放尽最大努力,为团结抗战受无限辛苦,诽言不能伤,威武不能屈,庆安全健在,再为民请命。"冯玉祥送来贺诗:"陈先生,即嘉庚,对人好,谋国忠,一言一动皆大公,闻已返旧居,远道得讯喜难名。"

此时,国民政府正着手还都南京,中共有关组织和其他机关社团及大批民主人士因之陆续迁往南京、上海等地。庄希泉也开始考虑自己的去向。一天,他正在住所看报,忽然房门有节奏地响了五下。庄希泉知道是自己人,立即起身开门,原来是张兆汉。

庄希泉与张兆汉已有一段日子没有见面了。张汉兆此行是应荣高棠要求，找庄希泉商议复办厦南女中之事。此时的庄希泉由于战乱及毁家纾难，经济上并不宽裕，而重建校舍却需要一大笔资金。他告诉张兆汉，自己可能还是去办些实业，或者搞些文化传播工作。张兆汉表示理解，并告诉庄希泉，自己受国民日报社之邀，不日赴长沙任经理。

1945年秋，庄希泉向张兆汉、刘成鹏等道别，前往上海。随后，刘成鹏返回马来亚，张兆汉则赴长沙。

日军投降改变了国内的局势，广西地下党面临着新的任务。为了能直接与党中央取得联系，9月3日，庄炎林随钱兴从桂东昭平出发，前往重庆向南方局汇报广西工作，顺路调查了解所经过的桂东南、桂中、柳州、柳北等地下党组织情况，检查布置工作。

到宣武那天，正好是9月9日，恰逢日军正式向中国代表递交投降书，两人闻讯大为高兴。到来宾大湾时，却得知广西省工委副书记黄彰在领导桂东南抗日武装起义中和许多党员干部一起英勇牺牲，两人为失去了好战友而悲痛。

为了节省有限的经费，两人一路向西北步行。到贵州时，恰巧碰见庄希泉的一位朋友。庄炎林以到重庆看望父亲为名，向他借了一些钱，才得以坐上了汽车。

到重庆后，国共谈判已落下帷幕，《双十协定》公开发表。斗争形势明松暗紧，令庄炎林颇为紧张的是：父亲庄希泉去了上海。

来之前庄炎林虽知张兆汉已到重庆，但不知道其详细地址。直接到重庆八办，也觉不妥。一来重庆八办周围有很多国民党特务，贸然前往很不安全；二是重庆八办里头没有熟人，两人身份不明，难以联系上。好在庄炎林的七姑庄逸梅此时在重庆，而且打听到住在李子坝。庄炎林遂按图索骥找到七姑，得知张兆汉也住在李子坝。通过七姑，庄炎林终于与张兆汉联系上了。

正待前往长沙的张兆汉，将钱兴和庄炎林的情况汇报给重庆八办后，为避免被国民党特务发现，重庆八办约定了时间、地点，然后派车将他们接到一处僻静的秘密寓所。他们由荣高棠安排住下后，开始写材料，准备汇报。

几天后，改由钱瑛接待。材料写成后，庄炎林向钱瑛汇报，钱兴向王若飞汇报。庄炎林汇报的内容是七九事变的经过，钱兴汇报的则是广西省工委的工作情况和广西各地党组织的情况。

汇报期间,王若飞传达了周恩来对广西地下党工作的看法和指示,对广西地下党同志在最困难的日子里坚持斗争,给予了肯定评价,同时告诉他们:国民党有可能不执行《双十协定》,要准备用革命的两手对付反革命的两手。

钱瑛接着说,国民党政府很快就要迁到南京,党的办事机构也将随迁。以后联系,要去上海和南京,两人中派一个就行。

两人在重庆八办前后住了十多天,汇报完毕即起程回广西。回来时比较顺利,先到柳州,后到桂林,顺路向当地党组织传达了中央最新指示精神。

到桂林后,已是1945年冬。根据形势需要,广西省工委决定成立桂林市工作委员会,由庄炎林任书记,阳雄飞任组织委员,吴腾芳任宣传委员。

不久,陈俶辛等人也陆续来到桂林。在多年的并肩战斗中,庄炎林对陈俶辛的了解日益深入,介绍她入了党,后结为相濡以沫的伴侣。

第七章　聚散两依依

大上海的红色记者

1946年上半年，整个中国弥漫着内战的火药味，广西地下党也面临着新的考验。为了及时得到中央的最新指示，庄炎林受钱兴委派，从桂林、广州、香港辗转舟车，前往上海、南京，再次联系上级党组织，其桂林市工委书记一职暂由阳雄飞代理。

庄希泉此时正在上海经营建华影片公司，其所放影片多是苏联影片。有些民主党派想拉庄希泉入会，福建籍知名人士何公敢还专门介绍庄希泉与民盟主席张澜认识。虽然在广西就接触了不少民盟人士，他们中一些人的爱国精神、进步思想值得称道，但庄希泉还想对民主党派再细加观察。他知道，在全面内战爆发之初，中国一些民主人士一度对共产党持怀疑态度，甚至反对共产党的某些政策，而对美国和国民党仍抱幻想，试图在反革命和革命两个敌对营垒间寻找一条中间道路，即第三条道路。庄希泉对此不敢苟同，因此对加入民主党派并不热衷。

受命北上的庄炎林为安全起见，先到上海与父亲见面。经庄希泉联系，庄炎林找到了在新华社工作的朋友、地下党员徐迈进，由他先去通知南京方面的党组织。联系上后，南京党组织要庄炎林设法弄一个合法的身份证明再去，因为当时南京党组织所在地梅园新邨受到国民党特务的监视。

庄希泉在设法为儿子办华侨通讯社记者证时，向徐迈进提出要加入共产党，并说："现在蒋介石蠢蠢欲动要打内战，党需要我们支持！"

徐迈进大为感动，主动表示愿做他的入党介绍人，并叮嘱他写好履历和入党申请书，以供组织上审查。庄炎林通过父亲拿到华侨通讯社记者证后，动身去了南京。不久，内战爆发，徐迈进奉命撤回延安，庄希泉则去了香港，继而到新加坡，入党一事遂搁浅。

南京梅园新邨是中共代表团的生活和办公驻地。周恩来率中共代表团由重庆抵达南京后,继续同国民党政府进行和平谈判。他们住在国民党政府指定的梅园新邨17号、30号,后因太拥挤,又买下了梅园新邨35号的一幢楼。其中30号楼是周恩来和夫人邓颖超居住和工作的地方,17号楼是代表团办事机构驻地,35号楼是董必武、廖承志、李维汉、钱瑛的办公室兼卧室。

庄炎林到南京后,马不停蹄赶往梅园新邨。待到梅园附近一看,果然发现有可疑人物。

庄炎林当下心中留意。刚走几步,他就被一路警模样的人连喊带叫拦住:"站住,你去哪里?"

"我去梅园,我是华侨通讯社的记者。"庄炎林不慌不忙地拿出记者证。

"梅园是共产党的驻地,不能随便进去。"

"这个我知道,可今天是共产党举行记者招待会,我去采访。"庄炎林镇定自若。

那路警找不出合适的理由,只好让他进去。

庄炎林进得梅园,亮明真实身份,很快就见到了钱瑛。短暂寒暄后,钱瑛要他先写材料,向她汇报。

谈话结束后,钱瑛微笑着说:"庄炎林同志,你在广西比较红,特务和叛徒容易发现你,就不要再回广西了。"

庄炎林一听,便问:"那是不是要我到解放区去工作?"

"那倒不是,眼下我们这里正缺搞交通联络工作的干部,你有华侨记者的公开身份,又有交通工作经验,就留在上海、南京工作吧。"钱瑛认真地说。

这突如其来的委派让庄炎林忐忑不安,他牵挂着广西,问那边怎么办。钱瑛表示另有安排,要他安心留下来。于是,庄炎林接受了组织安排,党内代号为鸿曼。"文化大革命"期间,广西地下党连同学生军,都受到否定,翻来覆去受到审查。十一届三中全会后,熟悉广西情况的庄炎林和桂林市委党史办主任尹伊等人整理了大量党史材料,报广西区党委,还学生军以本来面目,并为因所谓"桃色事件"蒙冤多年的苏曼、罗文坤、张海萍等革命烈士平反。20世纪80年代,中央正式下发文件,承认广西地下党是中共的组成部分,在桂林和南宁分别为革命烈士和广西学生军牺牲的同志建了纪念碑。

　　庄炎林在上海活动了一段时间后,钱瑛又向他转达组织决定:到上海搞联络工作。

　　国民党还都南京后,为了谈判的需要,中共代表团在南京和上海都设有办事处。南京办事处在梅园,上海办事处在思南路107号,外界呼之为周恩来公馆。在蒋介石集团肆意发动内战、国共谈判濒临破裂时,为了上好"教育人民的一课",周恩来经常来到上海周公馆,举行新闻发布会,和民主人士沟通、晤谈,阐释共产党的政策,揭露国民党假和谈真内战的真相。

　　庄炎林重新折回上海后发现,周公馆周围同样有许多特务。庄炎林有合法身份,与党组织联系上后,能够较方便地出入周公馆。

　　周恩来的中外记者招待会给庄炎林留下了深刻的印象。会上,他那抑扬顿挫的淮安口音、机智幽默的论辩、慷慨激昂的陈述,往往给人极大的精神鼓励。有时讲到紧要处,他就离开翻译陈家康、章文晋,一面指着作战形势图,一面直接用英语讲起来。翌晨,翻阅英文报纸时往往可以发现,外国记者在报道时,喜欢特别说明哪些段落是"周将军"亲口用英语讲的。周恩来就这样努力通过中外记者之笔,向全国、全世界阐明事实真相和中国共产党的立场。

　　这样的记者招待会有时也会受到特务的骚扰,但周恩来无所畏惧,往往弄得敌人很狼狈。

　　除了做地下工作外,庄炎林还利用记者的身份,不停地写报道、评论,宣传党的政策和和平主张。

　　庄炎林来上海后,由于党组织一时疏忽,未及时回复广西省工委有关情况,弄得钱兴和广西省工委甚为着急,以为庄炎林出了事,后来得知他被留下工作,还是着急,因为原先约定的联络暗号没用了,得重新派人联系。为尽快与庄炎林取得联系,钱兴派陈寅星带信从黄姚镇去上海找他。1946年10月,庄炎林在上海见到了陈寅星,设法帮陈寅星与上海党组织联系上。

　　不久,董必武将庄炎林的组织关系交给搞外事工作的刘宁一,由他与庄炎林单线联系。刘宁一找庄炎林谈话后,把他的妻子陈俶辛从广西调到上海,送进上海光华大学学英语,说是将来很需要英语人才。

　　1946年11月中旬,蒋介石一意孤行,召开没有共产党和民主人士参加的伪国民大会。国共继续和谈已不可能,在此情况下,南京和上海的党组织安排撤退,周恩来等人去了延安，许多民主人士、侨界代表等去了香港，上海只剩下办事处，由董必武负责。

刘宁一告诉庄炎林，要做好去香港工作的准备，联系人是章汉夫。临行前，庄炎林意外地见到了张锡昌。

庄炎林正待动身时，又接到组织通知：不去香港了，继续留上海工作。后来才知道，是张锡昌找到上海市委负责人，说庄炎林对上海比较熟悉，要把他留下来，并把组织关系转回上海。

在上海，庄炎林和妻子陈俶辛常去探望周芜君，此时的她已病入膏肓。周芜君病逝后，庄炎林很难过，他一直没有忘记当年周芜君对自己情如母爱的照顾。

1947年，庄希泉与儿子庄炎林、儿媳陈俶辛在上海

内战爆发后，华侨通讯社没法办下去了。庄炎林由张锡昌介绍，来到经济周报工作。庄炎林调去前，负责实际工作的是王伟才（后曾任伦敦中国银行行长、国家外汇管理局局长、中国人民银行副行长）和钦本立。后来王伟才身份暴露，便由庄炎林接替他，任该报的责任编辑兼记者，实际上负责整个采编工作。

庄炎林（右一）在上海与经济周报社同人合影

庄炎林每周都要和编委们一道,以聚餐会的形式,以上海经济联谊会的名义举行座谈会,团结经济界和工商界人士,开展统战工作,研讨经济形势以及存在的问题。庄炎林多次用笔名严凌撰写座谈纪要,公之于众。他还结识了不少著名的经济界人士和民主人士,如黄炎培、章乃器、荣毅仁、胡厥文、胡子昂、经叔平等。

1948年8月19日,国民党政府实行币制改革,发行金圆券。庄炎林和经济周报的编委们共同研究了经济形势和发行金圆券的背景后,当即分工撰写评论,揭露国民党政府的欺骗伎俩和利用金圆券搜刮民脂民膏的反动本质。因刊发进步言论,《经济周报》成了国民党上海当局的眼中钉,被迫于1949年初停刊。

之后,庄炎林根据上海地下党组织的指示,参与组织上海工商经济青年联谊会,加强对进步青年的引导和教育。

1949年3月,人民解放军挥师南下,蒋家王朝摇摇欲坠。为了迎接上海解放,上海地下党组织决定加强对上海人民团体联合会的领导,庄炎林遂被调到该联合会秘书处。

上海人民团体联合会是中国民主促进会创始人马叙伦、王绍鳌、周建人等联合上海七十六个人民团体,于1946年5月组成的一个群众性组织。最初是想以国共之外的第三方身份,推动国共两党停战促和。但三年来国民党的所作所为,让大家彻底认清了蒋介石的反动本质,上海人民团体联合会遂逐渐成为共产党秘密领导下的进步团体。

庄炎林在秘书处主要负责工青妇方面的统战工作。考虑到他住在法租界,组织上把很多会议都安排在他家召开。由于上海的国民党特务无孔不入,保密工作十分重要。庄炎林买了两盆鲜花摆在阳台上,约定摆花表示安全,无花表示危险。这样,来开会的人远远一看,就会心中有数。

4月,解放军渡江在即。为迎接即将到来的解放上海,地下党组织决定由庄炎林主持上海人民团体联合会秘书处工作,负责出版机关报。

庄炎林接到任务后,迅速展开工作。报纸筹备出版时,北平已经和平解放,考虑到上海尚处于国民党反动统治下,遂以上海人民团体联合会名义出版,由原拟报名《人民日报》(上海版)更名为《上海人民》,由庄炎林任总编辑。

《上海人民》是一份铅印周报,主要刊载新华通讯社播发的军事战报。工作人员除庄炎林及妻子陈俶辛外,还有黎家健、王树人、郑心永等。为了保证新闻来源的真实性和政治性,庄炎林设法买了当时最好的收音机,交代陈俶辛、王树人等每天收听新闻广播,他和几个编辑负责组稿、写文章,再由黎家健送交地下印刷所印刷出版。陈俶辛等人收听的内容,多是新华社播发的消息,蒋介石政府的电台虽也收听,但主要作批驳用。每天一早,他们便开始忙活,常常干到深夜。

5月12日,人民解放军打响了上海战役。为了避免不必要的牺牲,地下党组织决定《上海人民》第六期出版后暂停。

就在上海即将解放之际,24日傍晚,庄炎林和上海人民报采编人员接到组织命令,赶往汉口路309号报到。这里原是申报所在地,党组织接管后,决定利用该报印刷设备,恢复出版《上海人民》报。

1949年,时任中共地下党报《上海人民》报总编辑的庄炎林

庄炎林欣喜万分,马上投入工作,一宿未眠。25日,《上海人民》之"上海解放"号外版出现在广大市民面前。

5月26日、27日,《上海人民》又出版了两天报纸,总编辑为冯宾符(后为《世界知识》杂志总编),庄炎林任副总编。

5月28日,解放日报社接手申报馆,在上海创刊。《上海人民》报的采编人员转入解放日报社工作。

相比于当年在广西工作,上海这段时间较为安全,但危险也不时如影相随。一天下着雨,庄炎林受命送材料,由于时间匆忙,临行前他将材料夹在中共在香港出版的《群众周刊》杂志中。不料在一路口处,几个国民党特务正在对过往行人"抄靶子"(抄身),往回走已经不可能。庄炎林急中生智,用伞挡住敌人的视线后,迅速将机密材料藏入伞管内才化险为夷。

上海解放前几天的一个傍晚,有几个特务突然闯入法租界庄炎林住处搜查,幸房东巧妙应对,庄炎林才躲过一劫。庄炎林意识到,自己已被敌人盯上了,遂立刻和陈俶辛转移到她的一位曾任国民党中央大学教务长的堂兄家暂住。

上海是中国最重要的工商业中心,但蒋介石留下的,只有破旧的工厂、萧条的市场和瘫痪的金融。面对百废待举的现状,上海市委计划成立一个经济研究所。

考虑到庄炎林曾当过记者、编辑,负责过《经济周报》的相关工作,乃调他去负责组织研究上海经济发展问题。就这样,庄炎林结束了为期三年的记者生涯。

"共产党的尾巴"

1946年12月,庄希泉与众多华侨一道,乘船来到香港。这时的香港,虽然摆脱了日本帝国主义的蹂躏,但仍由英国殖民者统治。但也正是由于这一点,蒋介石政府尚不能指使爪牙完全覆盖,因而其政治经济环境较为宽松。

基于此,庄希泉决定暂留香港,除了与黄长水共同恢复香港沦陷后停办的建光学校(黄长水任董事长)外,继续经营进步电影事业。电影在这个时候还是个新生事物,也是大众娱乐的主要载体,因此,他的捷通电影公司取得了较好的经济收益。

一次,已是中共党员的王雨亭告诉庄希泉,中共驻港负责人连贯要吸收他入党,嘱他准备写历史材料。一直积极争取入党的庄希泉这次却没有马上应允,只说自己年纪已大,并有种种不符合做党员的地方。在水到渠成之时,庄希泉究竟为何突然改变了想法呢? 1952年,他在一次整党学习座谈会上曾谈及其中的隐忧:

现在我要反躬自问,我是不是真正跟共产党走? 怎样走? 走多少路? 那真惭愧得很。如果真正跟共产党走,在这许多年中间,也该加入党,为什么现在还是白纸一张? 说我不信仰共产主义吗? 不是。说我怕死吗? 我不承认。然则为何不争取入党? 原因是:

在党的方面,自大革命以后至抗日战争这一时期,反动势力极端猖狂和残酷,党亦极端秘密。党吸收党员,如不是无产阶级成分或思想纯洁的青年,多不随便吸收。我的社会关系复杂,又比较突出,容易被反动派注意、盯梢和捕捉,党对于我不能不加以考虑。

在我方面,是认识还不够,阶级性限制,自尊心作怪,以为如积极要求入党,倘被误会拒绝,精神上会起波动。不如以无党无派(民盟是1947年才加入)的身份,来对党忠诚,当党外的朋友,亦觉心安理得。

因此，凡我所知道是党的路线与忠实党员叫我工作，我皆无条件地接受。在我所到的地方，皆与党中朋友联系，认清敌我，做我所能做的事。所以自从大革命以后这二十余年来，我能不堕落走向反革命路线，亦靠党中朋友的帮助。

在香港，庄希泉除正常工作外，一如既往地坚定地站在共产党一方，协助做华侨统战工作。

国民党特务对庄希泉在香港的言行十分恼怒，呼他为"共产党的尾巴"，伺机下手。无奈庄希泉平素行事谨慎，不仅叫敌人抓不到把柄，而且个人自我保护工作也做得很好。

敌人一计不成，又生一计。考虑到庄希泉在华侨界的声望，国民党方面又打起了拉拢的主意。

一天，时任国民党海外部部长的吴铁城带着几个人来到庄希泉的住处。庄希泉早先在香港和重庆都与此人见过面。他也知道，吴铁城一心想在新加坡制造事端，意图扳倒陈嘉庚在侨界的领袖地位。"来说是非者，便是是非人"，庄希泉当下提醒自己要小心。

原来，吴铁城是来邀庄希泉到南京做事，想拉他为国民党反动派服务。可庄希泉早就把蒋介石集团看透了，又岂会与他们同流合污。遂以年事已高、近来忙于商务为借口，委婉地回绝了吴铁城。见难以说服庄希泉，吴铁城率众悻悻而去。

庄希泉估计国民党特务还会来骚扰，正不知如何是好。说来也巧，此时在新加坡的妹妹写来一封信，希望庄希泉去新加坡发展，还说庄惠泉因抗日有功，成了新马的抗日英雄，是当地有影响的人物，可能有办法解决入境问题。

自1920年底发动"争人格，反苛例"的学务运动被"永远"驱逐出境后，庄希泉就再未踏入新加坡，既然庄惠泉有办法解决入境问题，何不一去？更何况新加坡还有自己的亲人。

他找到奉命从长沙来香港做统战工作的张兆汉，相告去意。张兆汉认为新加坡是华侨聚集之地，工作很重要，当即表示支持，并说不久自己也可能前往，届时定当奉告。经慎重考虑，庄希泉决定去新加坡看看。

此时办理新加坡入境手续相当严格，必须有商行或其他机构出面担保。庄希泉设法通过旧友李述中找到一个叫中和行的商行，以该商行旧员工的身份，在

抗战胜利后，曾被新加坡殖民当局判处"永远驱逐出境"的庄希泉经庄惠泉交涉后，于1947年重返新加坡

1947年初办妥了入境手续。未料在入境时却被扣留下来，说他曾作为不受欢迎的人物被驱逐出境，不能入境。没想到当局在事隔二十七年后，依然记得他就是当年发动学务运动、告败总督的"不受欢迎的人物"！

庄希泉的妹妹，两个女儿、女婿就在关卡边等候迎接，见他入不了境，便找庄惠泉出面帮忙。

虽然庄惠泉对庄希泉颇为尊重，但开始并不同意他来新加坡，说庄希泉现在是左派人物，有共党嫌疑，来新加坡不好。经亲人们争论，庄惠泉拗不过，才出面疏通，庄希泉始得入境。

"昔我往矣，杨柳依依；今我来思，雨雪霏霏。"二十七年后重新踏上这片土地，庄希泉心潮起伏，久久不能平静。

旧时景物，萦绕庄希泉胸怀的，还有南洋女校。

自庄希泉被驱逐出境、余佩皋回国并于1921年正式辞职后，南洋女校因经济陷入困境，加上找不到校长来主持工作，只得暂时停办。后来幸亏得到张来喜和陈永运两位校董的全力帮助，并于7月间从中国请来继任校长，学校才得以续办。但从是年到1926年止，五年内连换七位校长，经济也时有困难，影响了学校的正常发展。直到1927年，李振殿继任董事会主席，聘请刘韵仙为校长，学校才渐入佳境。

李振殿本是英属沙捞越中国同盟会的领导人，1912年到新加坡，开创长城栈商号，关怀教育，输财济难，一诺千金。庄希泉当年在南洋与他有过交往，感到他没有商人气，为人随和，热心公益。

李振殿对庄希泉的到访十分高兴，向他介绍了学校的发展情况，并郑重地介绍了校长刘韵仙。刘韵仙出身江西富家，年少就有坚强独立的性格，中学毕业执教一段时间后，考上北京燕京大学，而后横渡太平洋，游历诸国，曾在古巴和缅甸当过华文报纸的编辑。1927年从欧洲返国途经新加坡，经人介绍认识李振殿，得知南洋女校现状后，当即决定放弃新闻工作，转而从教，决心在原有基础上把南洋女校办成新加坡最好的学校。

庄希泉听了刘韵仙在整顿校务、改编课程、厉行华语教学等事迹介绍后，赞叹不已，由衷地称其为"女中豪杰"。刘韵仙得知庄希泉的身份，也是十分惊喜。当年余佩皋在上海病逝后，她积极张罗在南洋女中召开追悼会。她真诚地对庄希泉说："庄先生夫妇是南洋女中的重要创始人，余佩皋女士还是本校首任校长。南洋女中走到今天，与庄先生、余校长，还有福建籍的许多侨胞的贡献是分不开的。"

南洋女中的发展，凝聚着闽籍华侨的心血。南洋女中原在三角埔租赁校舍，随着新加坡和东南亚各地学生人数的不断增加，课室和宿舍均不够用，虽经加租他处，仍无法满足需求。1933年5月，南洋女中名誉主席、闽籍侨领胡文虎，在其麾下《星洲日报》刊文建议，力促学校购买土地，兴建校舍，谋求新发展，并首捐五千元以为倡。经广大华侨慷慨捐款，学校终于在该年11月买下武吉知马区肯士路一块约六英亩的地和一座洋楼。

庄希泉对蒸蒸日上的学校管理甚感满意，对学校未来也寄予厚望，他真诚地对李振殿和刘韵仙说："你们无私奉献，功在南洋，必然名垂校史。"

刘韵仙则谦虚地说："好的开始，是成功的一半。我们很感谢庄先生和余校长开了个好头。"

1947年，庄希泉（二排左四）与在新加坡的亲属合影

几天下来，庄希泉通过拜会陈嘉庚等新加坡的一些旧雨新知，知道了不少新

信息。他的当务之急,是在新加坡重新操办实业。得知刘成鹏、傅乃超等也先后来到了新加坡,庄希泉马上找到他们,商量合伙做生意事宜。

一番计议,捷通行很快就在新加坡开张了。庄希泉被推为董事长,刘成鹏、傅乃超分任正副经理,经营进出口贸易,兼营侨汇业务及发行中国、苏联进步影片。

1947年2月,张兆汉从香港寄来一封信,说他想来新加坡谋发展,希望庄希泉能帮忙办理有关入境手续。

庄希泉知道,张兆汉来新加坡肯定是有组织任务在身,而当时,新加坡当局是禁止中共在那里活动的,违反者连同介绍人都将受到处罚。庄希泉顾不上这些,很快以捷通行员工的名义为张兆汉及其妻子陈冰办好了入境手续。

3月,张兆汉和妻子陈冰顺利抵达新加坡。他告诉庄希泉,此番是奉了党组织的指示,协同夏衍来新加坡活动。此前,夏衍根据上级指示,率中国歌舞剧艺社赴南洋各地开展新兴艺术与青年运动,以配合国内的民主运动。他们即将结束在泰国曼谷的演出,正准备前来马来亚、新加坡。

张兆汉夫妇来新加坡之初,庄希泉安排他们住在弟妹家里,不久还分别介绍他们夫妇俩到中正中学和一所华文小学教书。一有空暇,庄希泉、刘成鹏、傅乃超、吴获舟等便到庄希泉弟妹家里,讨论时政,商量工作。有时庄惠泉也会来看望庄希泉,但每每碰到张兆汉则只是敷衍数语,与之保持距离。

3月20日,夏衍抵达新加坡,但他的任务变了,组织上并没有安排他带剧团来新加坡演出,而是让他协助胡愈之办好《南侨日报》,兼做新加坡的文化工作,加强"民主堡垒"。夏衍来新加坡后的第一件要事,就是面见陈嘉庚,转达周恩来对他的问候。

经庄希泉联系,夏衍如愿和陈嘉庚见了面,转达了周恩来和中共中央对他的问候和关怀,通报了国共和谈破裂后中共中央将采取的方针政策。陈嘉庚对夏衍以前主编的《救亡日报》(桂林版)印象很好,马上聘请他为《南侨日报》主笔。

《南侨日报》是新加坡爱国华侨的喉舌。1946年夏,张楚琨和李铁民受民盟南方总支部的委托,拜会陈嘉庚,商谈办一份反独裁反内战、倡导和平民主的报纸。陈嘉庚欣然同意,和李光前、王源兴、张楚琨、高云览等闽籍华侨共同投资,并亲自出任南侨日报社有限公司董事会主席,任命胡愈之为社长,张楚琨为总理,李铁民任督印。《南侨日报》创刊号上,刊发了陈嘉庚的《告读者》一文,说明办报宗旨:"目的在团结华侨促进祖国之和平民主,俾内战早日停止,政治早日修明,国民幸福早日实现,以达到孙国父建国之旨。"

夏衍的到来,加强了南侨日报社的力量。《南侨日报》坚持大量报道国内政局和国际形势,积极引导华侨认清形势,响应中国共产党的号召,推翻国民党反动统治,共同建立新政府。

为了加强党对南洋华侨文化宣传工作的领导,中国共产党在新加坡成立了文化小组,由夏衍任组长。夏衍为报纸撰写社论、专稿,他还为香港《华商报》等进步报刊募捐、筹款。其间,与陈嘉庚、庄希泉等多有交往。夏衍一系列犀利的言论,终于让英国殖民当局坐不住了,于1947年8月将他"礼送出境"。

不久,中共南委统战部负责人饶彰风也从香港到了新加坡,计划筹办新华周报新加坡分社。他其实是以华商报社社长的身份在香港从事统战工作的。当年庄希泉曾联络陈嘉庚支持《华商报》。根据饶彰风的安排,张兆汉任新华周报新加坡分社经理兼督印人,庄希泉以党外人士身份协助工作。

饶彰风还通过庄希泉等人的关系,到南侨总会所在地怡和轩俱乐部和陈嘉庚见了面,向他介绍国内情况,阐述中共的政策。对此,陈嘉庚多有认同和理解。此时的陈嘉庚,已同蒋介石政权公开决裂。

1948年初,蒋介石集团在国内战场已呈败军之相。为今后国际政治计,新加坡当局亦未完全表明反共立场。张兆汉辞去中正中学的教职,正式设立新华周报新加坡分社,出版期刊之余,还开办新华书店,发行进步书籍。在政治上,他的身份已经半公开,但他仍经常出入各种集会、结社和舆论社交场所。庄希泉则尽量利用各种关系为他的活动提供方便。

但没过多久,一场突如其来的风暴就降临了。

事件起因于英国殖民政府。第二次世界大战中期,日军大举进攻南洋,驻守新马的英军不堪一击,使新马沦为日本的殖民地。1945年秋,英军以受降为名在马来亚登陆。马来亚原来坚持抗战的各派武装力量与英方达成协议,自行解散在反法西斯斗争中成立的部队和各级政权。10月,英国殖民当局公布《马来亚政治改革白皮书》,拟将马来亚九个土邦分而治之。1946年12月,殖民当局又颁布《改制建议书》,把新加坡划为直辖殖民地,恢复原来各土邦苏丹的特权。1948年2月1日,马来亚联邦宣告成立。英国殖民当局自认为站稳了脚跟,遂颁布紧急法令,封闭马来亚共产党机关报《民声日报》,大肆"围剿"以共产党为代表的民主力量,严厉镇压反抗殖民统治的活动。

作为马来亚的一个属邦，新加坡也不例外。1948年6月24日，新加坡殖民政府宣布继马来亚联邦之后，实施紧急法令。那些在狮城从事进步工作、有共党嫌疑的人员被当局列入驱逐或打压的黑名单。

6月底的一天，一帮警察突然冲进新华周报社新加坡分社。张兆汉和两位工作人员正在编校稿件，来不及反应，就被押至拘留所，报社和书店旋被查封。饶彰风于几天前刚离开新加坡，侥幸逃过此劫。

得此消息，庄希泉马上实施营救。按照当局的法律，即便张兆汉有共党嫌疑，只要没有破坏当地治安和政治的活动，就无法定罪。殖民当局无计可施，又想出了当年驱逐庄希泉的那一套，要把张兆汉等人赶出新加坡。

驱逐令既下，殖民当局还假惺惺地问张兆汉认识什么人，如能为其担保，尚可求得暂留新加坡。张兆汉说："我只认识庄希泉。"

此话一出，殖民当局又惧又恨。1920年庄希泉在新加坡告败总督一事，至今仍在当地华侨中广为流传，让殖民当局颜面尽失。张兆汉搬出庄希泉，他们哪还敢去找庄希泉担保？于是他们二话不说，马上将三人释放，勒令"自由出境"。

张兆汉刚刚出来走到一个角落，殖民当局派来的几个便衣便一哄而上，对他一顿猛揍，直打得他吐血为止。

当局限定张兆汉二十四小时内出境，迫于形势，亲友均不敢与之接近，只有庄希泉在华侨富商胡文虎的别墅里为他设宴饯行。他见张兆汉身上青一块紫一块，心里很不是滋味，既气愤殖民当局的暴行，又担心张兆汉的伤势，叫人迅速弄了些药品来，以供张兆汉路上用。

随后，庄希泉亲自到码头送张兆汉离境。得知殖民当局使用毒辣手段，要把张兆汉送往厦门，交给国民党反动派，庄希泉吓了一跳：若这样，张兆汉肯定凶多吉少，必须设法制止！他立即给身在香港的饶彰风发电报，请地下党组织设法营救。

押解张兆汉的轮船停靠香港时，乔冠华亲自出面交涉，才把张兆汉营救出来，后留香港工作。

患难见真情。庄希泉的关心和爱护，让张兆汉十分感动。

在新加坡、香港之间往返，庄希泉不辞劳苦地为共产党的事业穿针引线。此时，加入民盟的事又一次摆在他面前。

1947年10月底，国民党政府下令解散民盟，诬蔑民盟为"国家之叛徒"、"人类之蟊贼"。随后，国民党对民主运动的镇压和对民主人士的迫害日益加剧，此举表明,向国民党政府求和平、求合法、求改良的第三条道路是死路一条。激烈而复杂的政治斗争,使民主党派、民主人士最终丢弃幻想,走向成熟和进步。1948年1月,民盟在香港重建。同年5月,民盟发表了响应中国共产党提出的包括召开新政协会议、成立联合政府等内容的《五一宣言》。随后,新加坡成立了民盟南方总支部,胡愈之为负责人,张楚琨为新加坡分部的主任委员。张楚琨与庄希泉十分熟悉,他的哥哥和弟弟曾先后在厦南女中和上海强华学校执教。他知道庄希泉的政治倾向,因此想着介绍他参加民盟。庄希泉这些年虽然接触了包括民盟主席张澜在内的不少民盟人士,对他们的进步思想也有所了解,但他一颗心总系在共产党那头。

中共香港党组织了解到这些情况后,认为新政协召开在即,庄希泉参加民盟于党的工作有利。因此,由冯谷芳介绍,庄希泉在香港正式加入了民盟。

在此前后,在香港的原军统特务张圣才在中共地下党的策反下,准备起义反蒋,弃暗投明。庄希泉虽与张圣才熟悉,并且曾几次对张圣才说明利害,但因在新加坡尚有工作任务,所以不便参与其事。

面邀陈嘉庚北上

1948年底,庄希泉由新加坡到香港,在张兆汉家住了一个多月。张兆汉时任华南分局直属福建特支书记,组织新民主福建建设委员会,庄希泉等人均加入,不久他又担任香港工商委员会委员。在港期间,庄希泉与接替连贯负责联络华侨、开展统战工作的中共香港分局工委书记饶彰风来往密切。

一天,饶彰风约见庄希泉,说是有要事相商。得知解放军马上要打过长江、全国新政权即将成立的消息,庄希泉显得很动容:"这是大喜事啊,千百万华侨早就盼望有一个新的依靠。"

"这次组织上要我来就是与你商量华侨事务的。"

庄希泉急切地说:"需要我做什么,尽管吩咐。"

饶彰风看着庄希泉:"新中国成立在即,中央打算成立一个负责华侨事务的专门机构,领导海内外华侨参与祖国建设和革命斗争,你以为如何?"

"很好,华侨在外无依无靠,非常需要祖国政府作坚强后盾。"庄希泉闻言十分高兴,继而谈及亲身感受,"原先的北洋政府和国民政府只是想着华侨募捐,何时又真正为广大华侨的利益着想过?"

饶彰风感同身受,道:"是啊,华侨无依无靠的一页很快就要翻过去了!对于华侨事务,今后还得多仰仗庄先生。"

庄希泉明白这话里的意思,慨然道:"只要国家用得上,我自当竭驽马之力。"

接下来,饶彰风告诉庄希泉,新政协召开在即,需要侨界代表,华侨的首席代表非陈嘉庚先生莫属。中央知道庄希泉与陈嘉庚交厚,周恩来点名让庄希泉专程去新加坡一趟,面邀陈嘉庚北上参会。庄希泉慨然允诺。

中共中央邀请陈嘉庚北上参政,缘何又要请庄希泉面邀呢?

1949年初,天下大局已定。远在延安的毛泽东开始考虑筹备新政协、成立新中国的工作,其中一项就是新政协的召开不能没有华侨代表,要积极争取海外华侨的支持,新中国的建设今后更不能缺少广大华侨的参与。因此,要确定一位侨界领袖来参加新政协,领导新中国的华侨工作。中央认为,陈嘉庚是著名的南洋华侨领袖,对祖国抗战和人民解放事业屡建殊勋,海内外有口皆碑,而且在海外率先响应中共的《五一宣言》,由他来担此重任最为合适。为促成陈嘉庚北上,党组织决定派一位党内和陈嘉庚均信得过的人作为特使,专程前往新加坡面邀陈嘉庚。香港地下党组织向中央推荐庄希泉,周恩来认为十分合适。因此,张兆汉请庄希泉到港后,由饶彰风向他传达了中央的意见。

庄希泉作为中共中央特使,直飞新加坡,很快就在怡和轩见到了陈嘉庚。

庄希泉对陈嘉庚说:"嘉庚先生,新的全国政治协商会议召开在即,要建立民主联合政府,华侨界需举一领袖以领导华侨工作。我这次就是受中共中央委派,专程前来邀请先生北上的。我先来打前站,中共中央还将正式向先生发邀请电。"

陈嘉庚深知这话的分量,也感受到了中共中央的最大诚意,但他有些踌躇,言辞谦恭道:"老朽何德何能,敢劳被如此看重。鄙人还是做做外围工作好,于政治实为门外汉,何况又不通国语,如此参政,恐误国事啊。"

其时,陈嘉庚已七十六岁,虽然为了国家的前途命运他可以像廉颇那样不惜奋力一搏,但以他一贯的谦逊作风,如此言语也是情理之中。

庄希泉深知陈嘉庚脾性,乃继续说道:"今新政府成立在即,不能不赖嘉庚先生之功劳。中央政府邀请先生北上,实为理所当然。古有'老骥伏枥,志在千里'之说,先生虽七十有六,但一生心系国家,壮心又岂输过古人!"

"我在延安拜访过毛先生,信得过他。如今盛情邀请,却之不恭啊!我北上不打紧,但我担心殖民当局会因此为难、加害我的家人,影响他们在南洋的事业。"陈嘉庚说出了自己的忧虑。

庄希泉沉吟片刻,道:"嘉庚先生可事先发表个声明,表明不是先生要回去的,而是国内邀请的,盛情难却。这样殖民当局要考虑到各方面的影响,顾及与新中国的关系,不致采取不理智的做法。"

听庄希泉这么一说,陈嘉庚回国参加新政协会议的心意遂决。

庄希泉一块石头落了地,马上电告正在香港等候消息的饶彰风。饶彰风迅速向中央作了汇报。

为了表示诚意,不久,中共中央即以毛泽东个人的名义,向陈嘉庚正式发电邀请北上参加新政协会议。

毛泽东的电报是这样写的:

嘉庚先生:

　　中国人民解放斗争,日益接近全国胜利。召开新的政治协商会议,建立民主联合政府,团结全国人民及海外侨胞力量,完成中国人民的独立解放事业,亟待各民主党派及各界领袖共同商讨。先生南侨硕望,众望所归,谨请命驾北来,参加会议。肃电欢迎,并祈赐复。

毛泽东
一月二十日

陈嘉庚与庄希泉商议一番后,致电毛泽东。电文称:

　　革命大功将告完成,曷胜兴奋!严寒后决回国敬贺。蒙电邀参加新政治协商会议,敢不如命。惟庚于政治为门外汉,国语又不通,冒名尸位,殊非素志。千祈原谅。

鉴于陈嘉庚在南洋的巨大影响,殖民当局移民局开了绿灯。陈嘉庚回国前,抓紧办了两件事:一是将自己三年多来发表的文章及演讲词约九万字汇集成《陈嘉庚言论集》,二是将南侨日报董事长之职和侨团工作委托给侨领王源兴,嘱他:"凡事要以国家和人民利益为依归,个人成败应在所不计。本报宁可关门,而不能改变一贯立场。"

5月5日,陈嘉庚与庄明理、张殊明、王雨亭等人离开新加坡回国参加新中国筹建工作。

庄希泉因有香港工委委托的其他工作,还要帮助陈嘉庚打理离新加坡前未处理完的事务,因而暂留新加坡。

与殖民当局政治部交锋

新中国成立的消息,通过电波,穿越重洋,飞向世界各地。1949年10月1日下午,远在新加坡的庄希泉守候在收音机旁,敛声屏息聆听祖国发出的最强音。为了庆祝新中国成立,他还放起了烟花爆竹,并召集亲友共餐,把酒相庆。"何时亲友能相见,共醉花雕酒数壶。"当年受拘台北监狱时所憧憬的时刻,今天终于来到了,岂能不把酒狂欢?

10月19日,中央华侨事务委员会(简称中侨委)成立,周恩来任命何香凝为中侨委主任委员,庄希泉等为副主任委员。南洋华侨听到庄希泉任职的广播后,南侨日报社特地派人来与庄希泉商量,问是否可以把任命消息发表出来。

庄希泉认为,自己在中央政府任职的消息,殖民当局政治部势必会知道,即使《南侨日报》不发表,别家报馆亦会发表,于是《南侨日报》首先在报上刊登了此消息。

根据香港党组织的通知,庄希泉随即着手回国。就在这时,一封请柬悄然而至,庄希泉原以为又是朋友的宴请,待细看落款处,却是用英文写的名字——帕敏。帕敏时任新加坡殖民当局政治部副主任。待庄希泉明白是殖民当局的意思后,当下拒绝邀请。

后来,在殖民政府任职的庄惠泉专门前来说服他,由于庄希泉也想看看对方打着怎样的算盘,顺便也可了解当局对新中国的态度和以后对华侨的政策如何,遂同意赴宴。

原来,庄希泉回国履任要职的消息一传出,新加坡殖民当局就坐不住了。他们一直视庄希泉为烫手山芋，但又不敢把他怎么样，故这次对他的返国履职，态度相当复杂。11月初，庄希泉在庄惠泉陪同下，来到殖民当局政治部。帕敏在会客室用半生不熟的汉语试探地询问庄希泉："庄先生是否要回国任职？"

"当然要回去，因为我是拥护新政府的。我身为中国人，新政府要我回去，我便回去。"庄希泉做了肯定的回答。

对很多问题，庄希泉避而不谈。这让帕敏感到很无趣，遂又问及最近新加坡闹学潮的事情。

"近来鄙区学潮不断，庄先生对此有何高见？"帕敏对庄希泉早年在新加坡搞过学务运动心知肚明，问庄希泉学潮事件并不是真正想听他什么意见，而是想借此警告庄希泉：你被驱逐出境后，还准你回来，已经很客气了。

庄希泉明白就里，故也打着擦边球："对于学潮，我不便讲什么意见。我离开此地二十七年后才回来，一心经商，这些问题何劳我管，讲了也只是外行话。"

帕敏听了，接着又提及开头就想说的话："庄先生以前因反对教育条例而出境，我们亦不反对你回来。尽管按现在紧急条例应该出境者，在新加坡便有二千多人，但政府还是采取宽容政策，不加驱逐。"

"是啊，希望贵政府以后都能如此。"庄希泉顺水推舟地说。

随后，帕敏转换了话题，他对庄希泉、庄惠泉两兄弟迥然不同的政治信仰显得很有兴趣："你们兄弟俩很有趣，一个倾向于共产党，一个倾向于国民党，平时会不会吵嘴啊？"

庄惠泉抢先说："我们兄弟俩在家不谈政治。"

庄希泉笑道："我们兄弟俩虽然思想不同，但我时常告诉惠泉，我在抗战时，走了许多大后方，目睹国民党贪污腐化，是一定要失败的。我们有时也争执，但不会伤和气。我们中国人重家庭、重感情，我们兄弟的感情是不会变的。"

帕敏见缝插针："既然如此，庄先生何不留在新加坡，现在你弟弟在政府担任要职，你的人脉又广，你们在这里经营电影，会发大财的。再说政府也可给你们优惠政策。你们会像邵氏兄弟在马来亚一样发达的。"

帕敏说的邵氏兄弟，即邵仁枚、邵逸夫、邵醉翁三兄弟，他们在马来亚经营电影，后来成为影视大王。庄希泉感到对方所言十分滑稽，乃绵里藏针回应："我弟弟留在新加坡，你们照样可以给他优惠政策，今后还可到中国投资。"

帕敏笑了笑，又问："庄先生对中英亲善，有何看法？"

庄希泉知道,这是今天谈话的重要主题之一,乃不卑不亢道:"只要有真正平等互惠的友谊,自然会亲善。"

两个来小时的谈话结束后,帕敏留庄希泉一起用餐,庄希泉以有约在先为由,婉言谢绝。

庄希泉对此也切身感受到了英国方面对新中国公民的态度所起的变化。后来,他在归国报告中说:"由此可见,英国政府对我们的政府和华侨方面,至少表面上还是非常恭顺的。"

南侨日报社代董事长王源兴有意联合各社团开一个欢送会,一来为庄希泉饯行,二来为引起侨胞注意。但有人认为,此举有违殖民政府颁布的紧急法令,各社团恐遭干涉,不如由报社单独欢送,请各界侨领参加。

南侨日报社遂决定单独出面欢送,并派经理洪丝丝就此事找庄希泉商谈,征求意见。庄希泉说此时此地,不必如此铺张浪费。洪丝丝指出:"这里政治环境恶劣,华侨社会太过沉闷,借此机会打打气,并试探各方反应如何,确有此需要。"庄希泉觉得合情合理,乃不复回绝。

10月28日晚,怡和轩灯火辉煌,人声鼎沸。新加坡中华总商会主席李光前等各帮侨贤二百余人相继赴会,济济一堂,盛况空前。

大家畅所欲言,表达了在国内要向毛泽东主席看齐,在海外要向陈嘉庚先生看齐,共同努力,促进新中国建设的愿望。新加坡当局政治部特派高级侦探刘兆富、何家洵、邱沧海等参加,名为庆祝,实为监视,但他们未敢做什么破坏之事。

翌日,庄希泉即准备乘飞机至香港,动身回国。然就在几天前,香港移民局颁布了一个条例,谓凡来港人员,除中国内地外,一律要经过移民局批准,理由是香港人口太多,入境的游客须有在港亲友证明有地方居住,经移民局确认,方能出入境,故庄希泉一时还回不了国。这显然不仅仅是居住问题,更多的是政治问题,归国华侨中受这种刁难的人不在少数。庄希泉一面交涉,一面继续参与当地华侨的活动。

在几次朋辈间的聚会中,庄希泉碰巧见着了新加坡著名学者田汝康,彼此印象很好。素有政治头脑的田汝康向庄希泉建议,策动国民党驻新加坡总领事任伯胜起义。庄希泉认为,国民党驻新加坡领事如能起义,将对南洋华侨产生很好的政治影响,亦能较好地收集领事馆的重要档案,因此同意田汝康约任伯胜面谈,他和南侨日报经理洪丝丝参加。但是任伯胜态度暧昧,不像是真心拥护新中国,倒像是做买卖讲价钱。一番交涉后，庄希泉鄙其贪婪，考虑到组织上并没有交给自己与他谈条件的任务，遂放弃不谈。

11月21日是《南侨日报》办报三周年纪念日。报社原本打算搞一个小型集会即可，但随着新中国成立，华侨中的进步力量不断加强，《南侨日报》的发行量大幅攀升。加之几天前欢送会的成功、新加坡殖民当局对华侨活动的默认等，报社同人认为有必要举行一个隆重集会，扩大影响，并决定在会上向新中国献旗，由尚在新加坡的庄希泉转交新中国政府。

集会于当日下午在新加坡大世界游艺场举行。会场上人山人海，来宾有三千余人。凡与会来宾，都可得到一份厚礼——一张毛泽东和陈嘉庚的近期合影照。

下午2点，大会在爱华社铜乐队的乐声中正式开始。殖民当局政治部虽然派了许多便衣侦探及警察在场监视，但在群众情绪昂扬之际，亦不敢加以干涉。

演说结束后有一个重要活动，即献旗仪式。南侨日报社全体同人向中央人民政府献旗，由庄希泉代为接受。旗帜左上方绣着"中华人民共和国万岁"几个字，左下方绣着椰树，右上方绣着一颗五角金星，右下方是报社全体同人的签名。

在热烈的掌声中，南侨日报社四位员工抬着那面大旗向主席台走来。庄希泉神情庄重地接过大旗，望

1949年，庄希泉归国前在新加坡代表中央人民政府接受侨胞授旗

着红旗上那颗灿烂的金星，庄希泉心潮似汹涌的大海，眼睛不禁湿润了。

关于当日的情景，庄希泉这样写道：

> 这一天的盛况，可谓自新加坡去年六月二十四日颁布紧急法令以来十七个月中所未有的。在表面上虽然说是《南侨日报》创办三周年纪念大会，事实上等于对中国革命成功开庆祝大会。

11月22日,英文版的The Malaya Tribune(《马来亚论坛报》)介绍了庄希泉的情况,并配发照片,称其并非共产主义者,家庭有两女一子云云。

由于新加坡移民厅的留难,庄希泉一时不能出关。但华民政务司和政治部却连日打来电话询问他何时起程,其意显然希望庄希泉早日离开。经南侨日报社这次三周年纪念大会一闹,又经马来亚《前锋报》所谓"红色中国五千人在大世界开大会,举行献旗礼"等宣扬,新加坡殖民当局受到马来亚方面的责备,谓不应放任这样的集会。所以,新加坡殖民当局很着急,不希望庄希泉久留。

华民政务司一不做二不休,亲自出面交涉不说,还主动替庄希泉到移民厅办好了手续,不等港英当局调查许可,就批准庄希泉回国。

1949年,庄希泉在新加坡与陈嘉庚
会面后,乘船经香港、上海到北京

11月25日晚,庄希泉携南洋华侨赠送的绣有"中华人民共和国万岁"的大旗,乘国泰号飞机回国赴任,于26日上午抵达香港。

庄希泉在香港停留了一段时间后,前往广州,与正在那里考察的已当选为中央人民政府委员、全国政协常委(后为全国政协副主席)、中侨委委员的陈嘉庚见面。

得知陈嘉庚不久将回新加坡,庄希泉依依不舍,情真意切地说:"嘉庚先生,希望您早些回来参加建设。"

陈嘉庚爽朗地说:"叶落归根,三十年前那次回国,我就想不走了,无奈胞弟敬贤重病在身,不得不重回南洋。我处理完那边的事情,很快就会回来。"

两人互道珍重,共勉为新中国的建设多作贡献,为新中国侨务事业同心协力。

庄希泉特地回了一趟阔别多年的老家厦门,一来打理有关事务,二来为母亲和病逝于抗战期间的父亲和三叔扫墓。厦门沦陷后,庄有理及庄有才以逾七望八之龄辗转率眷来港避难,相聚不到三年,香港沦陷,两位老人誓不愿做日本顺民,再次率眷回闽,经二十多天的长途跋涉,终于到达与厦门相邻的漳州,却因长途劳苦、担惊受怕而身染沉疴,相继离世。而今"王师北定中原日",庄希泉以"家祭无忘告乃翁"的形式,告慰老人的在天之灵。

打回老家去

上海是中国共产党的诞生地,也曾是蒋介石的发迹之地,还曾是西方列强欺凌盘剥中国人民最重要的据点。因此,她的解放极大地振奋了全国人民尤其是上海人民的心。连日来,工农兵学商社会各界都在欢呼她的重生。庄炎林内心也十分激动,满腔热情地投入到新的工作中。

1949年6月上旬的一天,组织通知庄炎林到中共华东局(简称华东局)机关办公地三井花园。

负责福建、上海、江苏等华东省市干部工作和地方政务的时任华东局常委兼组织部部长的张鼎丞接待了庄炎林。庄炎林猜测,如此重要的领导人找他谈话,肯定有重要任务。

张鼎丞简单地询问了庄炎林的一些工作情况后,向他介绍起当前的战争局势来:"现在形势发展很快,党中央原定明年解放福建的任务,估计今年就能完成。蒋介石去日无多。福建解放后,需要大批党员干部赴闽工作。这次找你来,就是为入闽一事。"

庄炎林有些惊讶:"不知组织上要我做什么工作?我虽是福建人,但不熟悉福建的情况,对广西、上海的工作倒是比较熟悉。"

张鼎丞继续说:"你是福建人,至少语言相通。福建现在正是用人之际,组织上综合衡量了你的工作经历和经验,打算安排你做青年工作。你现在的工作,组织上另有安排。"

庄炎林表示服从组织安排,遂向张鼎丞请示具体任务。

张鼎丞告诉他:"你这几年在上海,对上海的情况比较熟悉。现在给你的第一个任务,就是组织招收一批上海知识青年,组成南下服务团,赴福建工作。"

庄炎林领受任务回来,马上开始筹划。

组织南下干部,在1948年就已经提上日程。三大战役的迅猛推进,极大地缩短了中共中央对解放战争进程的原有估计,同时对党的干部数量和质量提出了迫切的要求。1948年10月28日,中共中央《关于准备夺取全国政权所需要的全部干部的决议》指出,在解放战争的第三、四两年内,需要准备共约五万三千名干部,并分配华东解放区准备一万五千名干部的任务。身为华东局组织部部长,张鼎丞深知此任务的重要性和艰巨性。12月11日,他在华东局组织工作会议上,传达了中央的指示,并直接领导抽调干部的工作。

1949年5月,随着南京、上海相继解放,中央对华东局、第三野战军(简称三野)发出了提早解放福建的命令。福建新生在即,干部配备事关重大,但张鼎丞手头原有的从鲁中、胶东、渤海等地抽调的一万五千名干部基本都分配出去了,必须另行抽调干部。他把庄炎林等人纳入视野,并叮嘱庄炎林在上海党组织和大中学生中选拔党员干部和进步知识青年南下福建工作,是其中的一步棋。

6月15日,中国人民解放军南下服务团在上海成立。已受命担任福建省委书记的张鼎丞亲任南下服务团团长,陈辛仁、伍洪祥为副团长,庄炎林为服务团党委委员兼青年处处长、青年团团委书记。南下服务团以上海市委、青年团工委和学联的名义开始在党团组织中动员,几天下来就招收了几百人,但这一人数远远不够。庄炎林遂与上海团市委书记李昌、上海地下学联主席张渝民等人商量,在报上刊登启事,选拔招收上海大中学生和知识青年。庄炎林任招生办事处主任,办事处地点设在复旦大学。

招收通知在报上发出后,上海广大青年反响热烈。6月21日,上海学联出面主持,在天蟾舞台召开有三百来所大中学校、八千八百余名青年学生参加的动员大会。张鼎丞与华东局常委、三野副司令员粟裕到会讲话,阐明形势和任务,热烈赞扬大家积极报名南下的革命精神和为人民服务的思想。至6月22日,报名者达六千六百余人。经筛选,到6月25日,五千余人被录用。

就在此时遇到一个问题。邓小平准备率部解放四川,派曹荻秋来向张鼎丞要干部和知识青年。张鼎丞高风亮节,一下就分出了近三千人。奉命解放大西南的陈赓,也伸手向张鼎丞要干部。这样,南下福建的干部又严重短缺,庄炎林等奉张鼎丞之命,又紧急招收,最终确定约二千五百人组成赴福建南下服务团。

6月28日至6月30日,被录取者到复旦、沪江大学报到。南下服务团集中后,分别在复旦、沪江两所大学进行为期半个多月的政治军事集训,庄炎林参与了培训工作。其间,张鼎丞亲自作动员报告,粟裕和华东局秘书长魏文伯、宣传部部长舒同、农委书记刘瑞龙、青年团工委书记李昌,拟任福建省人民政府副主席的方毅等,先后在集训中作报告、讲课,对提高南下服务团的政治觉悟起了很大的作用。

7月19日凌晨,南下服务团这支特殊的队伍,告别上海,向福建进发。作为服务团青年处处长,庄炎林负责一路上的思想政治工作。

从上海到福建,行程几千里,历时几个月,沿途可能还有国民党残匪的袭击。虽然大家一开始就做好了心理准备,但没想到灾难来得如此之快。火车刚开至离上海不远的莘庄,即遭到国民党飞机的轰炸扫射。有四位团员当场牺牲,十四人受伤。团部把伤员送往医院救治,并派宣传处处长张传栋负责回上海善后,为牺牲的烈士举行追悼大会。庄炎林借此机会,鼓舞号召团员们有再大的困难也要前进,决不打退堂鼓。

服务团行军到浙江江山县后溪街时,进行第一次休整。已正式组建福建省委领导班子的张鼎丞,在率众准备越过仙霞岭进入福建浦城之前,特地挤出时间,到南下服务团作了一天报告。他以"吃饱饭,打胜仗"的响亮口号作动员,提高了大家的认识。

8月17日福州解放时,服务团已行至南平一带。为安全起见,团部派庄炎林、陈俶辛夫妇和陈向明等人打前站,先行到福州了解情况,选定落脚点。他们考察后,决定把鼓山脚下的后屿村作为服务团驻点。

尽管南下服务团有数千人移师福建,但与福建所需干部数量仍有差距。福建省委决定就地招收本地知识青年,仍由庄炎林负责。就在组织集训新招收来的一千多名福建知识青年时,从新疆来的罗元发将军受王震委派,请福建支援新疆一批干部,要去了几百人。后来,解放军也要去了一批人参加军事干校学习,于是只好再次扩招。

为了培训一支高素质的干部队伍,福建省委开办了福建人民革命大学,张鼎丞亲任校长,伍洪祥任教育长,招收福建知识青年三千余人。经过短期训练,到第二年春,学员就投入到紧张的接管、剿匪、反霸、土改等各项工作中,成为一支重要的干部力量。

张鼎丞受命主政福建后,在上海尚未南下时就曾要庄炎林想办法把庄希泉请来福建工作,后来还亲自向组织上请调庄希泉,得知中央要庄希泉到中侨委当副主任,这才作罢。

第八章　架起侨之桥

新的使命

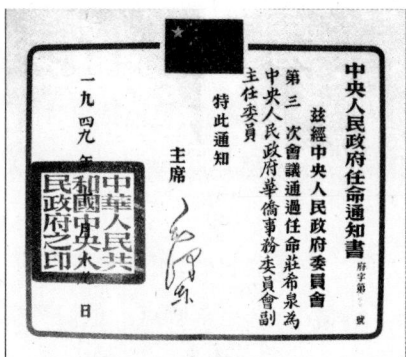

1949年，庄希泉被任命为中侨委副主任委员的通知书

1950年1月15日，庄希泉到达北京。中侨委副主任廖承志代表母亲——中侨委主任何香凝前来迎接。此前庄希泉就听说这位名门之后为革命坐过多次牢，并参加过二万五千里长征，如今见他不过四十出头，衣着简朴，豪爽热情，给庄希泉留下了深刻的印象。

庄希泉过去来过北京，那时是和夫人余佩皋肩负为南洋华侨"争人权，反苛例"的使命而赴京请援的。北京过去是几个封建王朝的都城，如今成了新政权的首都，庄希泉感慨不已。

安顿下来后，庄希泉收到了一份任命通知书，内容如下：

中央人民政府任命通知书　第0317号

兹经中央人民政府委员会第三次会议通过，任命庄希泉为中央人民政府华侨事务委员会副主任委员。

主席　毛泽东

一九四九年十月十九日

这项人事任命，庄希泉上年在新加坡就听到了，但尚未看到正式的文件。现在他不仅看到了,而且上面有中央人民政府主席毛泽东的亲笔签名,庄希泉心头一热,深感新政权对自己的信任,一种责任感油然而生。

当时担任中侨委委员的,还有陈嘉庚、司徒美堂、叶剑英、张云逸、张鼎丞、邓子恢、蔡廷锴、叶飞、连贯、彭泽民、王任叔等,他们都是有关方面的主要负责人和侨界的精英。庄希泉与何香凝、廖承志等一道,掀开了新中国侨务工作的新篇章。

抵达北京后,庄希泉要做的第一件大事就是代表海外的华侨,到中南海向党中央毛泽东主席、朱德总司令献旗。

4月26日这天,北京中南海怀仁堂气氛热烈,一场隆重的献旗仪式正在这里举行。

当庄希泉、胡愈之、李铁民、张殊明、庄明理等人代表海外华侨向毛泽东、朱德献上那面绣着"中华人民共和国万岁"的大旗时,会场掌声雷动。

1950年4月26日,庄希泉(右二)在中南海代表南洋华侨向毛主席、朱总司令献旗

合影时,庄希泉站在毛泽东主席身边。随后,毛泽东等中央领导人宴请了庄希泉等海外有关人士。

5月底,陈嘉庚从南洋再次来到了北京。庄希泉马上前去问候,关切地询问他在新加坡的情况。

　　陈嘉庚回到新加坡后的爱国言行，为殖民当局所不能容。面对殖民地压抑的政治气候，陈嘉庚考虑，如果继续在新加坡居住，行动将受到进一步限制。于是，他迅速处理完在新加坡的一切事务，回国定居。

　　年逾六旬的庄希泉此时已与余佩皋的挚友许琼华重组家庭。余佩皋在临终前，托付庄希泉照顾许琼华，许琼华也记着余佩皋让自己照料庄希泉的临终嘱托。

　　1951年8月，印度尼西亚首批华侨回国观光团到北京，庄希泉作为中侨委领导参加了接见。闽籍华侨郭瑞人看到祖国欣欣向荣的景象，决心参加社会主义建设，成为最早携眷留下来参加祖国建设的华侨之一。庄希泉对他的爱国行为给予高度评价，并建议他回福建工作。郭瑞人欣然接受，率全家定居福州，参与了福建乃至全国的许多重大政治、经济活动。

　　1956年，新加坡首次组织工商经济代表团访华，庄惠泉是代表团成员之一。

　　庄惠泉在北京逗留了不少时日，经庄希泉介绍，周恩来还在百忙之中接见了他。周恩来知道庄惠泉曾是亲国民党的，却毫无芥蒂地说："我给你一把钥匙，随时欢迎你回国。也希望你经常到台湾跑跑，和台湾方面随时沟通，为台湾回归祖国作出努力。"

　　庄惠泉离开北京后，特地回到家乡福建参观。福建省委、省人委（即省政府）举行盛大的欢迎宴会，省委书记兼省长叶飞、副省长梁灵光出席宴会，对庄惠泉回乡表示欢迎。根据福建省委的指示，庄炎林特地在家里为庄惠泉举行家宴，庄惠泉主动谈起1943年、1944年两次到广西桂林、柳州，得到庄希泉和庄炎林帮助的往事。

　　随后，庄炎林还亲自带叔父到处参观。这位离乡多年的海外赤子，看到欣欣向荣的新福建，高兴之情溢于言表。

　　这次大陆行，对庄惠泉的影响很大。回新加坡后，他专门写了篇对中国大陆的印象记，向海外如实介绍自己在新中国的所见所闻，客观地评价共产党领导下的新中国。在此以前，新加坡（还未独立）对红色大陆的宣传大多是歪曲的，素有"庄大炮"之称的庄惠泉的这篇文章，对新马社会的震动不言而喻，台湾媒体还转发了这篇文章。庄惠泉也曾前往台湾，本想做些沟通工作，不料台湾当局对他的言行甚为恼火，一下码头庄惠泉就被台湾当局找碴儿抓去关押，后经新加坡当局交涉，才得以释放。

陈嘉庚回国后,曾和庄希泉说起一位名叫黄丹季的华侨。

原来,1942年新加坡沦陷后,被日本列为"南洋抗日之巨头"的陈嘉庚被迫避难于印度尼西亚爪哇。困难之时,在爪哇的厦门集美学校的校友黄丹季挺身而出,前后三年为他提供衣食住宿。为保护陈嘉庚的安全,黄丹季不顾个人安危,在一千多个日子里,日夜陪伴在陈嘉庚身旁,甚至关闭了自己的企业,冒着生命危险同日军周旋,随时准备为陈嘉庚作出牺牲。抗战胜利后,陈嘉庚安全返回新加坡,对于黄丹季的深情厚谊,他一直念念不忘。

新中国成立后,回国参政的陈嘉庚闻悉黄丹季在国外处境艰难,并曾遭当地政府拘捕后,多次劝他回国。黄丹季认为此时回国投奔陈嘉庚,会给陈嘉庚带来麻烦,而且怕别人说当年为陈嘉庚服务是有目的、有所求的,所以,很长一段时间里,他始终没有接受陈嘉庚的邀请。

庄希泉决定帮陈嘉庚了却这个心愿。

1956年春,庄希泉把此事向何香凝作了汇报,建议以中侨委的名义邀请黄丹季回国观光,何香凝表示同意。

精诚所至,金石为开。1956年7月,黄丹季辗转回到了阔别二十八年的祖国,陈嘉庚亲自到机场迎接。在舷梯旁,两人双手紧握,百感交集,热泪盈眶。同机抵达北京的香港著名记者曹聚仁,看到陈嘉庚等十多人到机场迎接一个普普通通的华侨,感到十分惊讶和不解。他在香港报刊发表的一篇报道中如是写道:"这次在北京机场,看见陈嘉庚先生亲自到西郊机场接客人,真是让人意想不到的奇事。所接的客人,竟是名不见经传的黄丹季。"

黄丹季到北京后,陈嘉庚亲自带他游览了故宫、颐和园等名胜古迹。周恩来获悉黄丹季回国,特地拨冗接见了这位爱国华侨。何香凝对黄丹季的仗义之举和爱国之情十分赞赏,专门设宴招待,并特地画了一幅立轴牡丹相赠,上题"丹季先生爱国纪念"。

8月下旬,黄丹季随陈嘉庚回到福建,参观了集美学校和厦门大学的建设工地,并回安溪老家探亲。9月下旬,他又与陈嘉庚一同返回北京,受邀参加国宴和国庆典礼。

国庆大典后,黄丹季萌发了游览祖国大好河山的强烈愿望,随团到东北参观。按照预定的日程,他从东北返京后,将直接从北京南返印度尼西亚。陈嘉庚考虑到自己此时已不在北京，遂在黄丹季起程去东北前，预先为他饯行。两人依依惜别，此情此景让一旁的庄希泉感慨万分。

黄丹季从东北回来后，又在北京逗留了一些时日。在和庄希泉畅谈此次回国的感受时，他心潮起伏，几次泪水纵横，说他备感祖国大家庭的温暖，并由衷地为年轻的共和国送上他的祝福。

华侨权益的代言人

新中国成立初期是海外华侨归国的高峰期。如何让这些学有专长的侨胞在祖国各尽其能，调动他们的积极性，是一个重要的任务。庄希泉尽心尽责，协助中侨委制定了一系列侨务政策，得到了中央的肯定。他还协助廖承志等组建中国新闻社等传媒机构，积极开展海外华人华侨的宣传工作；组建中国华侨旅行服务社总社（后改名中国旅行社总社）、香港中国旅行社，做好对华人华侨回国探亲旅游的接待服务工作。

接待和安置归国华侨是新中国成立初期中侨委面临的一个重大问题，尤其是难侨的安置。

庄希泉对难侨事件并不陌生。由于东南亚一些国家的华人华侨众多，西方殖民者乃采取分而治之、挑拨离间的卑劣手法，一次次煽动民族情绪，挑起原住民与华人华侨间的摩擦、仇杀事件。新中国成立后，西方帝国主义既气又恨，开动一切宣传机器，诬蔑"华侨是中国的第五纵队"、"华人华侨永远心向其祖国——中国，不可信任"、"华人都是机会主义者，过着排他性生活，难以同化"等，还派出各色人员，唆使东南亚一些国家，对华侨进行迫害，试图掀起一股

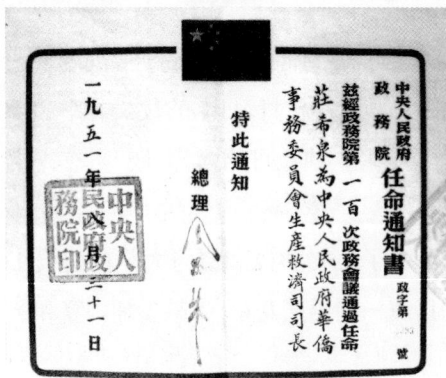

1951年，庄希泉被任命为中侨委生产救济司司长的通知书

世界性的反华逆流。

　　由于侨居国政府推行排华、反华政策，致使成千上万的华人华侨无辜横遭逮捕、拘禁、无理刁难或驱逐，处境困难，被迫返回祖国。为了安置这些难侨，中侨委于1951年8月增设生产救济司，由庄希泉兼任司长，后又命他兼任难侨处理委员会主任。那些日子里，庄希泉常常废寝忘食地工作，搜集华侨在各国遭受迫害的各种资料，了解难侨归国后的情况，强调搞好对难侨的生产救济工作，号召大家要像亲人般关心爱护难侨，作广大难侨坚强的后盾。

　　生产救济司下设相应办事机构，全面负责归侨安置、侨眷生产以及华侨投资辅导等工作。庄希泉大力倡办华侨农场和工厂，鼓励华侨投资，投身生产建设。中侨委在广东、福建、云南、海南、江西、北京等地方政府的协助下，开办了几十个华侨农场，对归国的华侨和难侨分别进行妥善安排。到1956年上半年，安置归侨二十万人以上。

　　1960年2月，国务院成立中华人民共和国接待和安置归国华侨委员会，廖承志任主任委员，陶铸、叶飞、陈嘉庚、王震等六人任副主任委员，庄希泉被任命为十八位委员之一。委员会在广州、汕头、湛江、海口等归国华侨入境的港口设立接待机构，庄希泉参与了其中的许多工作和具体政策的制定。

　　侨汇也是一个重要问题。在旧中国，侨汇是华侨家属重要的生活来源之一。侨胞普遍具有重亲情、讲忠孝的传统，他们将自己在海外辛苦赚下的血汗钱寄回国内，资助亲友，解决了诸多侨眷的生计问题。但这也使不少侨眷养成了依赖、懒惰、挥霍奢靡的习气。对于这个问题，身为华侨的庄希泉素有见闻。担任侨务领导职务后，他更是不遗余力地号召侨眷要勤俭节约，利用多余的侨汇支援国家经济建设。国家为了照顾侨眷利益，在国内货币贬值的时候，允许侨眷用华侨所汇的原币存款。1955年后，国内实行统购统销政策，侨汇难以买到东西，而侨眷的劳动力又不够，为此国家又制定政策，允许侨胞寄食品、衣物等生活用品。后来又实行侨汇券，使侨眷可以买到他们所需要的物品。

　　在华侨国籍问题上，庄希泉也费了不少心思。由于历史的原因，旧中国政府实行的是双重国籍，这样有利于广大华侨归国探亲投资，也利于他们在侨居国发展。新中国初建时继承了这一政策，但问题也相继而来。新中国成立后的头几年，东南亚等一些地区和国家，如印度尼西亚、菲律宾、越南、泰国等地普遍发生排华事件,许多爱国华侨先后遭到殖民当局的逮捕、拘禁、虐待、无理刁难甚至驱逐、屠杀,有的华侨村庄被焚。中国政府在提出严正抗议和交涉的同时,开始反思侨务政策,试图找到有效的方法来维护广大侨胞的权益。1951年10月23日,周恩来在全国政协一届三次会议的政治报告中说:"我国散居海外的华侨约达一千多万。由于某些国家无理地歧视乃至迫害他们,他们正当权益已受到了重大损害,这不能不引起中国人民和政府的深切注意和严重关怀。"在全国人大一届一次会议上,周恩来又指出:"华侨是热爱祖国的。他们一般并不参加侨居国的政治活动。几年来,在对我国不友好的国家中,华侨的处境甚为困难。我们希望这些国家能够对我国侨民不加歧视,并尊重他们的正当的权利和利益。在我们方面,我们愿意勉励华侨尊重一切侨居国政府的法律和社会习惯。"周恩来指示中侨委着手研究华侨的国籍问题。

庄希泉领导中侨委政策研究司(简称中侨委政研司)对这一问题进行讨论和研究。中侨委政研司提出,应该改变以往双重国籍政策,在欢迎广大华侨归国参加建设的同时,也鼓励华侨根据自愿的原则加入侨居国国籍,或保留中国国籍。这样既有利于维护华侨的切身利益,也有助于消弭某些国家对新中国的敌意,争取外交上的主动。

在各方的共同努力下,20世纪50年代中叶,中国政府通过外交途径,先后与印度尼西亚等国签订了《关于双重国籍问题的条约》,妥善解决了历史遗留下来的华侨双重国籍问题。

1954年9月15日,新中国召开第一届全国人民代表大会,庄希泉是出席会议的华侨代表之一,并出任第一届全国人大代表资格审查委员会委员,参加了《中华人民共和国宪法》等重要法典的讨论。

新中国成立初期,百废待兴,侨务工作的主要任务之一,便是动员、引导华侨和归侨、侨眷以各种形式参与祖国建设,引导侨资向有利于国计民生的方向发展。为此,庄希泉参与了一系列政策法规的研究和制定。

1959年底,印度尼西亚当局掀起反华、排华浪潮,庄希泉密切注意这一动向,及时把最新情况及相关分析上报中央,以便中央采取相应措施。1960年2月29日,中国政府派出第一批轮船前往印度尼西亚接运回国华侨,庄希泉和有关人员一起探讨了应对各种危急情况的措施。当海星号等四艘轮船载着二千一百多名归侨抵达广州黄埔港时,庄希泉和廖承志、方方与欢迎群众一起到码头迎接,热烈欢迎他们回国。

东南亚各国的反华事件潮涨潮落,海外华侨受所在国不公正对待的案例时有发生。庄希泉敏锐地意识到,这里面既有当政者的内部需要和狭隘民族主义的情绪,更有美英和苏联幕后支持的因素。令他欣慰的是,中国的外交政策,始终坚持毛泽东制定的独立自主方针,坚持周恩来指出的有理有利有节策略,一扫百年屈辱,维护了中国的尊严。

20世纪50年代初,新马地区一位知名的爱国华侨受到当地政府迫害,被驱逐回祖国。他回北京时举目无亲,找不到住所。庄希泉毫不犹豫地将自家客厅腾出来让他住,直到他搬入新家为止。有一次,一位归侨因生活困难向庄希泉借钱。实行供给制后,庄希泉的生活也十分紧张,但他没有因此婉拒,而是向其他同志转借,帮助这位归侨渡过了难关。

庄希泉作风稳健,为人公道,勇于自我批评。1952年"三反"(反贪污、反浪费、反行贿受贿)期间,他多次进行思想、立场、工作作风的自我解剖,体现了一位党外人士的赤诚。他在1952年12月29日的自我检讨中写道:

(一)过去我所做事的地方,都是在上海或南洋各地,对这些大都市的好处来说,是容易接触进步报纸、杂志和书籍,对于帝国主义的侵略、反动统治者的压迫人民,以及资产阶级对劳苦大众的无情剥削,常因所见所闻,激起革命热情。因此,对于改组后的国民党的三大政策,很自然地拥护,并决心为这三大政策努力。可是另一方面,这些腐化的大都市,也影响了我的生活。

一九二七年,大革命失败以后,我真是读到一些革命理论的书报,认识无产阶级专政的真理,知道要解除人类的痛苦,使人人获得自由、平等和幸福,必定要经过无产阶级专政,消灭私有制,才能达到。同时,对于国民党所说中国只有大贫、小贫,并没有无产阶级的存在,觉得是个欺骗。所以自蒋匪帮"清党"以后,我退出了国民党,便坚决不再参加。记得在大革命失败后,不久,由邓演达先生领导组织的第三党,到菲律宾扩充支部,那时在海外同志中的董冰如(大革命失败后失去了联系,现在为劳动部研究室主任),他坚决表示,如参加党派组织,必要回到"老家"——共产党。我不但同意,而且深深地记住了这句话。因为我的思想中,也认识到只有共产党才能领导中国的革命。虽然我没有什么"老家"(未入党的游离分子),但对于他人的"老家",我是深深地向往,有"高山仰止,景行行止"之心。根据这种信念,所以在二十余年来,反对帝国主义,反对蒋匪,坚持不懈。但遗憾的是,我不能坚决争取入党,过着组织生活和纪律的训练,以致在革命的过程中毫无表现。

参加人民政府以后,我应该无限地(得)愉快,无限地忠诚,为人民服务,乃表现出来的还是自由散漫。不努力学习,对理论政策认识不够,工作也做得不好。

(二)"三反"运动初时,我还看不出重要性,后来雷厉风行,烈火弥天,烧遍全国,我更担忧打击面太大会影响整个政治工作。以后一次次听到报告,注视事实,参加斗争,乃明白资产阶级疯狂进攻:在机关内部有贪污、浪费和官僚主义等三害;在工商业方面有漏税、行贿、偷工减料、盗窃情报和盗窃国家资财等五毒。如不及时经过这次运动加以肃清,端正社会风气,则国家工业建设、文化建设和国防建设,便无希望,而国家政治也将变质,乃深深体会到毛主席英明的预见和正确的领导,因而我获得有重大意义的教育,从而认识到资产阶级思想的危害性。

(三)我生长在一个中等资产阶级的家庭,从小便未感到生活的困难,离开读书时期,便在上海自己商店当小老板,后来自兼经理,经营商业,并在新加坡创办中华国货公司,发展海外贸易。经济环境,一向算是好的。衣食无忧,对于革命的感性认识基本上就很差,以致资产阶级的尾巴长期存在,因此,生活所表现的请客应酬很多,手头阔绰,不能像一般干部节约简朴,作风很坏……

在儿童时代,所读的书与家庭的长辈所耳提面命的都是封建道德一系列的教育。虽然经过"五四"时代打倒孔家店的洗礼,但根深蒂固的家长制作风,或多或少存在于思想里,因此表现脱离群众,不能运用批评与自我批评这一武器来改造自己。

在"三反"中，有一点给我教育很大。我过去只知道对人要同情和忠恕，而不知道无原则的同情和忠恕，也会是无益而有害的。如像张友锋向我借款，我仅仅知道其家庭生活困难，一再借给他七十万元，既不调查其用途，也不向人事科反映，以为他有困难，我能够帮助就帮助。如对人说出（在"三反"中张友锋自己坦白出来），一方面给受者难堪，另一方面亦恐类似标榜，有施恩之嫌。因此，组织上不能对这个干部的腐化生活及时予以教育。这样不良作风，也经过"三反"后认识到的。

以上检讨我的思想、立场、作风。今后我坚决保证要肃清资产阶级思想和封建残余思想，站稳工人阶级立场，努力学习马列主义和毛泽东思想，提高理论水平，结合实际来做好工作，为人民服务。

这份检讨，虽打上了那个特定时代的烙印，却也反映出庄希泉心底无私、勇于解剖自己的胸怀。

每次政治运动，庄希泉最担心的就是伤害一些无辜的人。在运动中，他一贯表现出公道正派的为人、为政品德，经常挺身而出，为一些受到错误批判的干部辩护，使他们免于或减轻处分。1957年反右扩大化，当时有人要把中侨委委员洪丝丝打为右派。洪丝丝是马来亚归侨，长期追随陈嘉庚，支持抗日和解放事业，曾任新中华报、南侨晚报主编，南侨日报经理兼评论员，陈嘉庚回国后还任过南侨日报社务委员会主席，被誉为"爱国学人"、"南洋邹韬奋"。这样有功于国家的人竟要被打为右派，庄希泉很是气愤。在一次侨务会议上，他狠狠地把帽子一摔，大声说："洪丝丝一直是革命的左派，是我们的同志，谁要把他打为右派，干脆先把我打为右派！洪丝丝的爱人陈双妍在北京归侨托儿所从事义务工作，谢绝领工资，表现积极，董事会多次肯定她的成绩，她给我的印象很好。"

在庄希泉的强烈反对下，洪丝丝和妻子得以幸免。

中侨委政研司司长彭光涵和时任侨汇科科长的妻子吴昭，也在反右斗争中受到批斗。吴昭被打成右派，彭光涵被划为资产阶级在党内的代言人，夫妻俩被下放到海南兴隆华侨农场劳动，很多人都不敢接近他们。就在他们动身的前一天，庄希泉找到彭光涵，约他们夫妇一起到家里吃饭。彭光涵生怕连累庄希泉，庄希泉却说："你的问题我知道，你不要太伤心，要挺住，那个问题（指侨汇券问题）

我们早已通过,是周总理批准的,迟早会解决。"庄希泉一定要为他们饯行。患难见真情,彭光涵夫妇对庄希泉关键时刻主持公道很是感激。

协助陈嘉庚筹建全国侨联

开国之初,中侨委在侨务战线上发挥了重大作用,尤其在安置归侨、维护华侨权益、组织华侨参与祖国建设等方面,取得了有目共睹的成绩。但作为政府机构,中侨委也有某些工作不便开展,比如与国外华侨的非政府性质的社团往来,由中侨委出面难免会引起侨居国的疑虑,不利于统战工作。因此,庄希泉和陈嘉庚、何香凝等侨界人士商量,认为有必要组建一个民间性质的全国华侨社团。

其实,在民主革命初期,为广泛团结海内外侨胞,为祖国和家乡多作贡献,广东、福建、上海等地的归国华侨就自发组织了各种社会团体。1937年全面抗日战争爆发后,"忽如一夜春风来,千树万树梨花开",散居在五大洲的华侨成立了近千个抗日救国团体。延安、重庆、上海、昆明等地的归国华侨,也纷纷成立华侨联合会等群众组织,支援祖国抗战。1940年9月5日,由华侨留延(安)办事处发起,在杨家岭大礼堂召开了延安华侨第一次代表大会。来自新加坡、英国、法国、美国、印度尼西亚等国家和地区的一百七十多名华侨以及在延安学习工作的三百多名归侨出席了大会。会议决定成立延安华侨救国联合会(简称延安侨联,后改为中国解放区归国华侨联合会),积极开展抗日救亡活动和华侨统战工作,团结广大爱国华侨参加陕甘宁边区的抗日对敌斗争和经济、文化建设。延安侨联为新中国成立后侨联组织的建立和发展奠定了基础。

1950年7月8日,中华人民共和国归国华侨联谊会筹委会在北京成立,拟在原解放区归国华侨联合会的基础上,改组扩大成立全国归国华侨联谊会。不久,北京成立了北京市归国华侨联谊会。稍后,上海、广州、厦门等归侨集中的地方,也相继建立了归侨联谊组织。

到1956年,全国各地的侨联组织已发展到七八十个。随着回国学习工作的华侨不断增多,建立全国性的统一的侨联组织已成为各地侨联和广大归国华侨的迫切要求。

1956年，庄希泉、何香凝（左）在中侨委第四次侨务扩大会议上

1956年6月，经中共中央、国务院批准，中侨委第四次扩大会议决定：成立全国归国华侨联合会筹备委员会（简称全国侨联筹委会），推举陈嘉庚为筹委会主任委员，庄希泉为副主任委员。经过三个多月的筹备，10月5日至10月12日，第一次全国归国华侨代表大会在北京举行。

来自二十六个国家和地区的归侨以及侨眷代表三百五十六人出席会议，另有八百多名华侨和港澳同胞列席会议。全国政协副主席李济深、中共中央统战部部长李维汉、国务院内务部部长谢觉哉、中侨委主任委员何香凝、全国侨联筹委会主任委员陈嘉庚等先后致辞。国务院副总理邓子恢、民革中央副主席蔡廷锴等以及各人民团体和民主党派代表出席了开幕式。庄希泉受全国侨联筹委会委托，作了题为《中华全国归国华侨联合会当前的基本任务》的报告。

中侨委副主任委员廖承志及方方也作了相关报告和讲话。大会通过了《中华全国归国华侨联合会章程》，宣布正式成立全国侨联，选举产生了领导机构，陈嘉庚当选为第一届全国侨联主席，庄希泉等当选为副主席。

全国侨联的成立标志着全国各级侨联进入了一个新的发展阶段。全国侨联和中侨委一样，是为华侨服务的机构。由于陈嘉庚常住厦门集美，因此全国侨联的工作多由庄希泉主持。

1956年,庄希泉与陈嘉庚(中)、庄明理(右)在中南海漫步畅谈

　　陈嘉庚不会讲普通话,平常出席公务活动离不开翻译,和庄希泉、庄明理这几位都能讲闽南话的福建老乡在一起,他感觉很轻松。他常会袒露对社会主义改造的一些不同看法。他还把在厦门筹建华侨博物院的设想告诉了庄希泉。

　　陈嘉庚有深厚的博物馆情结,认为博物馆是社会教育的重要组成部分和有效形式。陈嘉庚谈及苏联十月革命后,增建了不少博物馆,英、美、法、日等国家,不仅在本国建有很多博物馆,而且在殖民地也建立,而我国在新中国成立前只有区区几座博物馆,与国外相比难免相形见绌。

　　庄希泉表示赞同陈嘉庚的设想。他还陪同陈嘉庚找来对博物馆有专门研究的颜乃卿教授一起研讨。为筹建华侨博物院一事,庄希泉专赴厦门,和陈嘉庚探讨有关事宜。经多方考虑,最后选址于厦门五老峰支脉峰巢山南麓,与厦门大学相距约一千米。征得政府批准后,陈嘉庚说干就干,亲抓此项工作。他带头捐款十万元作为首期开工经费,王源兴紧随其后,慨捐五万元。回国后只靠工资生活的庄希泉,此时并无额外收入,平日开支又大,却还是和夫人许琼华各捐了一千元。

　　最令庄希泉感动的是,家乡厦门的建设,融进了陈嘉庚的诸多心血和智慧。这其中值得称道的,还有厦门海堤的建设。

　　1949年冬,陈嘉庚回到厦门,建议在厦门海峡修一条海堤,把厦门与集美连结起来。毛泽东认为修建厦门海堤是有远见之举,不仅对当前备战有利,对今后经济建设也有不可估量的意义,于是下拨一千三百万元专款用于海堤的建设。

厦门军民克服水深浪大、工具简陋、材料缺乏、蒋机轰战等重重困难,前后花了两年零三个月的时间,在滔滔大海中筑起了一条雄伟壮观的花岗岩长堤,创造了世界海堤建设史上的奇迹。1955年10月1日,厦门海堤完工,堤长二千二百一十二米,堤宽十九米,火车、汽车和行人可并行。年底,全国人大常委会委员长朱德来厦门视察,欣然为海堤工程题写"移山填海"四个大字。

1957年12月底,应陈嘉庚之邀,庄希泉和庄明理南下福建,视察厦门海堤。当列车沿鹰厦铁路线进入厦门时,庄希泉不禁想到了儿子庄炎林为建设这条铁路洒下的汗水。在修建鹰厦铁路时,福建全省动员十多万民工参加,担负着全线70%以上的路基土石方工程。身为共青团福建省委书记的庄炎林,组织并率领一批批热血青年先后开赴工地。1956年,时任福建省委文教部副部长的庄炎林,还组织带领一批大学教授、科学家,沿着施工中的鹰厦铁路考察沿线的原始地形地貌、地质特征。

陈嘉庚亲自陪同庄希泉、庄明理视察厦门海堤,这天刚好是1958年元旦。看到这条海堤,使孤悬在东海之滨的厦门岛变成与内陆连接的半岛,显得蔚为壮观,庄希泉赞叹不已:"海岛成半岛,海峡变通途!我记得新加坡到马来亚的海堤,工程量仅及厦门海堤的四分之一,还是在和平环境中的机械化施工,花了两年多时间。而厦门海堤在施工条件那么简陋、危险的情况下,从正式动工到基本建成只花了两年零三个月时间,了不起啊!"

"相比之下,还是我们厦门的海堤伟大!不过,也有遗憾!"陈嘉庚叹道。

听陈嘉庚这么一说,庄希泉、庄明理不约而同地把目光投向他。

厦门市副市长张楚琨介绍道:"陈先生对海堤的初步设计方案曾提出过两条意见:一是堤宽二十一米,太窄了,建议加宽至二十五米,因为将来铁路要从堤上经过,要留有铁路线,而且应是双轨的,这样可以使铁路、公路都拓宽两米;二是在厦门一侧,铁路与公路要搞立体交叉,以适应厦门形势的发展。可陈先生的这些意见,遭到苏联专家的反对,他们说原设计的二十一米已经太宽了,坚持改为十九米。至于搞双层,苏联专家说每天要通过二千辆车的地方才有必要搞双层,而厦门军民一共拥有车不过几百辆,没有必要搞双层。"

陈嘉庚叹了口气:"厦门是个良港,将来发展肯定很快,苏联专家没有从长远来看问题!"

这次在厦门期间,陈嘉庚还陪同庄希泉、庄明理视察了华侨博物院建设工地。华侨博物院自1956年10月正式动工兴建以来,陈嘉庚事必躬亲,殚精竭虑。1959年5月,占地六万多平方米的华侨博物院落成。中侨委主任委员廖承志欣然题写馆名。创办这座后来被著名英籍女作家韩素英称为"世界上独一无二"的华侨历史博物馆,是陈嘉庚晚年的又一重要贡献。

1959年,陈嘉庚去广西考察侨情,庄希泉专门陪同,兼做翻译。不幸的是,此时陈嘉庚已是癌症侵身。1961年春,陈嘉庚在北京治疗期间,庄希泉经常前去探望。当时陈嘉庚的记忆已严重丧失,甚至有些神志不清,唯独台湾回归一事,一直耿耿于怀,让庄希泉感动万分。

1961年8月12日,陈嘉庚在北京医院逝世,享年八十八岁。庄希泉甚为悲痛,和中侨委及全国侨联领导为陈嘉庚轮流守灵。

8月15日,首都各界在中山堂举行隆重的公祭仪式。国务院总理、全国政协主席周恩来担任主祭,全国人大常委会委员长朱德、国务院副总理陈毅等十三人陪祭。

听着中侨委主任廖承志的悼词,看着陈嘉庚那安放在绿树丛中、覆盖着中华人民共和国国旗的红漆灵柩,想着多年来与逝者的真情交往,庄希泉不禁热泪盈眶。

8月20日下午3点,搭载陈嘉庚灵柩的专列抵达集美车站。庄希泉参加执绋,陈嘉庚灵柩经过集美校园和他的故居,万人夹道。下午6点,鳌园哀乐声声,一代爱国侨领在故土安息。

陈嘉庚病逝后,庄希泉代理全国侨联主席。在先贤精神的烛照和滋润下,庄希泉努力将爱国统一战线扩大到海外有华侨居住的地方。

南来北往的旧雨新知

1960年,一位叫周吟萍的六旬女性走进了北京王大人胡同17号,成为庄希泉的老伴。

1957年11月,许琼华在陪伴庄希泉走过七个年头之后,因癌症晚期病逝。像当年余佩皋临终时一样,许琼华也为庄希泉物色好了接替自己照顾庄希泉的人,她就是许琼华单身的弟媳周吟萍。

1959年,新中国成立初回国定居的新加坡归侨王源兴,从广东来到北京,就职全国侨联副主席、北京市政协副主席兼北京市侨联主席，受到庄希泉的热烈欢迎。

经常到中侨委和全国侨联走动，并为侨联建设建言献策的，还有张楚琨等人。

1912年出生于泉州的张楚琨，曾在上海泉漳中学教书，而当时庄希泉就是学校的董事长。庄希泉虽年长张楚琨、王源兴近两轮，但与他们性情相投，志向相近，又都有在南洋创业的经历，因此话匣子一开，常常关不住。庄希泉在他们眼中，是位可亲可敬的老大哥。

张楚琨回国后，曾任中侨委委员、中国新闻社副社长，不久国家实行供给制，有人问他是否习惯清苦的日子、后不后悔回国，他毫不迟疑地说："我在国民党统治下坐过牢，在日军沦陷区流亡过，虎口余生，什么苦头都吃过，为了革命、为了民族解放，供给制生活又算得了什么！"

在北京工作了三四年后，因工作需要，张楚琨调任厦门市副市长，除了分管厦门侨务、文教、卫生外，主要任务就是做陈嘉庚的助手。陈嘉庚病逝后，张楚琨从厦门调回北京，担任全国侨联副秘书长，成为庄希泉的得力助手。

1960年底的一个周末，一位风韵犹存、气质不凡的中年妇女走进了庄希泉的寓所，亲切地问道："庄先生，还认识我吗？"

来者董竹君，是全国政协委员、上海锦江饭店董事长兼经理。说起耸立在黄浦江畔的锦江饭店，在沪上几乎无人不知，无人不晓。那可是新中国成立后上海第一家可供中央首长、外宾们食宿和召开重要会议的场所。

庄希泉隐约知道，几年前，董竹君毅然将自己艰辛创建的锦江饭店赠给了国家，不知董竹君现在以何为生。董竹君告诉他："1957年我任全国政协委员后，工资由全国政协支付。目前已无任何不动产，且除手表外无任何值钱物件。"

庄希泉对董竹君当年的情况有一些了解。1929年秋，董竹君带着四个孩子，离开当过都督的丈夫，陪同双亲从四川到上海时，可以说是赤手空拳。后来，在几位亲友的鼎力相助下，她在上海闸北创办了群益纱管厂，但1932年1月，即被日本帝国主义侵略上海的炮火炸毁。1934年底，她另起炉灶，借钱租用一底三层楼房，开办了锦江饭店。饭店一开张就来了个开门红，此后经营规模不断扩大。在此期间，她和上海地下革命组织始终保持联系，做了好些革命工作。

回首往事，董竹君特别感谢庄希泉当年的相助，并告诉他，自己现在已由上海迁居北京。

董竹君迁居北京后，不时来看望庄希泉，一天她问："庄先生，你可记得当年上海商务印书馆的黄警顽先生？"

庄希泉问:"就是浙江那个黄警顽?当年人称商务印书馆交际博士的那位?"

董竹君回答:"正是。黄警顽先生是位爱国进步人士,曾在革命中出过力。"

庄希泉听董竹君说完,笑道:"我怎么不知道呢,我们是老朋友了。当年你初来上海,带着一群孩子,生活窘迫,我还托他介绍你去南洋教书呢。"

董竹君见庄希泉记性好,也不由得笑了,道:"是啊,当时只因我创办群益纱管厂而未去成。"

庄希泉摆摆手:"当初你若真去了南洋,兴许就成不了今天这样的女名人了。黄警顽现在怎么样了?我可多年没有见到他了。"

董竹君告诉庄希泉,她迁居北京后,有天早晨在景山公园遥见一位衣衫褴褛的人在做运动,觉得面熟,走近一看,原来是黄警顽,遂和他握手问好。因公共场合不便多谈,次日她根据黄警顽提供的地址前往探望,进屋一看,却不见他,只见约五平方米的一间小屋里,除小床外仅有一张小桌,书架是用砖块砌成的,真是一贫如洗。从邻居口中得知,黄警顽每天清早就去图书馆,晚上回来。冬天因无钱买煤,白天在图书馆取暖,一直如此。

庄希泉听罢,不觉难过。几天后,庄希泉和董竹君一道在王府井大街革华楼请黄警顽吃午饭。经一番交谈,庄希泉才知,新中国成立后黄警顽来到了北京,在中央美术学院工作,反右时因言行不慎,被扣上了帽子,此后一直没有任何收入,生活无着落。

饭后,庄希泉塞给董竹君一些钱,让她为黄警顽买上两套衣裤御寒,剩下的给他作生活费。

事后,董竹君把黄警顽的情况向中央统战部做了反映。有关部门又找了庄希泉,核实了解黄警顽新中国成立前的情况。不久,发给黄警顽适当的生活费,并为他摘掉了右派帽子,让他回上海与家人团聚。

1965年4月底,庄希泉和廖承志、庄明理前往北京机场,迎接一位重要客人,他就是李光前。此时的李光前,早已享誉世界,是世界十大华人富商之一,他创立的橡胶王国,对世界橡胶业有着举足轻重的影响。

1931年,早已自立门户的李光前,瞅准各国经济复苏的大好时机,毅然扩充资金,将公司改为南益橡胶有限公司,在着力发展对外贸易时,开展多种经营。几年后,他已是新加坡、马来亚、印度尼西亚、暹罗等地家喻户晓的橡胶与王梨(即菠萝、凤梨)大王了。

1933年,李光前将他与人合办的华商银行与华侨银行、汇丰银行合并,以华侨银行为名,成为新加坡三大华资银行中最强的一家。李光前出任华侨银行董事会副主席,后又接任主席。在他的主持下,华侨银行先后在新加坡、马来亚、东京、大阪、香港、上海等地设有分行。

日本侵占新加坡期间,新加坡的经济受到严重破坏,华侨的产业损失巨大。二战结束后,李光前从美国回来,竭尽全力协助当地恢复经济,为重建新加坡作出了不朽贡献。

1934年,李光前接任南洋中学董事长职务后,负担该校每年的经费。1941年,他还协助陈嘉庚在新加坡创办南洋师范学校。随后,他又积极赞助建立东南亚第一所华文大学——南洋大学,一再强调办南洋大学的目的是为了继承和发扬优秀的中华文化,给新马青年提供更多的享受高等教育的机会。1952年,李光前又设立李氏基金会,规定其所有收益用于教育、慈善、公益事业。1957年,他再捐巨资建新加坡国家图书馆。

李光前对新马地区经济、教育的发展和社会进步所作的贡献,博得当地政府和人民的高度称扬。1957年,马来西亚柔佛苏丹授予他"拿督"荣衔。翌年,新加坡马来亚大学授予他名誉法学博士学位。1962年1月,新加坡马来亚大学分为新加坡大学和马来亚大学后,新加坡政府聘任李光前出任新加坡大学首任校长。1964年,马来西亚最高元首授予李光前丹斯金勋衔。

李光前虽身在海外,却心系祖国,1936年,即认股五万元协助陈嘉庚购买橡胶园四百英亩作为厦门大学基金。1939年,在家乡梅山独资创办国专中小学。1941年,捐款补充厦门大学和集美学校经费。1943年,在梅山独资创办国光中学,负责该校及国专小学每年的经费。1952年,他又为家乡捐资数百万元,用于扩建梅山学校。除了恢复毁于战火的国专小学外,他还扩建国光幼儿园、国光中学、国专医院和国专影剧院。

庄希泉1949年底从新加坡回国后,与李光前时有往来,对他永葆一颗火热的中国心十分感佩。而早已成为新马工商界巨擘的李光前,一直念念不忘庄希泉当年对他的培养和帮助,每次回国都要来探望叙旧,还多次请人代致问候。

李光前这次回国,主要是为治病。他没料到会受到如此隆重的礼遇,和夫人陈爱礼忙不迭口地表示感谢。

5月1日,国务院总理周恩来在人民大会堂亲切接见李光前夫妇,庄希泉和廖承志、方方等陪同。

交谈中,庄希泉和廖承志简要介绍了李光前的爱国义举,周恩来听了频频点头,高度赞扬了李光前的爱国爱乡之心,语重心长地说:"凡是为祖国作过贡献的华侨,祖国和人民是永远不会忘记的。"还说:"嘉庚先生、光前先生翁婿的爱国壮举,是一段千秋佳话呀!"

1964年,庄希泉(左二)陪同周恩来总理接见李光前一家

随后,宾主一起在松竹梅大幅屏前合影留念,李光前夫妇分列周恩来身旁,庄希泉他们陪同左右,留下了弥足珍贵的影像。

在和李光前握别时,周恩来再三叮嘱:"既来之,则安之。国内有不少优秀专家,相信能尽快地为光前先生治好病。"

李光前夫妇对周恩来的关心表示感谢。归途中,庄希泉告诉李光前:"总理大公无私,每日工作十四五个小时以上,公忠体国,勤政为民,他是国家的柱石,德高望重。"言语中表露出对周恩来的无比崇敬之情。

李光前也深深仰慕周恩来,由衷道:"祖国有总理这样的领袖,复兴有期啊!"

李光前在京治病期间,庄希泉不时前去探望,询问治疗情况。李光前夫人陈爱礼,曾就读庄希泉、余佩皋夫妇所开办的南洋女中,因为这个关系,李光前特地在南洋女中捐建了一座爱礼楼。这次来京,在闲谈中,李光前夫妇不忘把庄希泉当年的厚谊挂在嘴上,但庄希泉总是一笑了之,称这点事情不足挂齿。

李光前这次回国,还专程到福建考察。庄炎林正好在泉州搞社会主义教育运动,参加了省市的有关接待。李光前深情地向他谈起了当年和庄希泉在新加坡的那段佳话,而在此前,庄炎林并未听父亲谈起过此事。

李光前放心不下新加坡的事业,病情稍见稳定,即行返国。庄希泉亲往送别,两人互道珍重,李光前夫妇邀请庄希泉方便时再回新加坡参观访问。但两年后,1967年6月2日,李光前不幸在新加坡病逝。

消息传到国内,庄希泉深感悲痛。他亲拟唁电志哀,称李光前的爱国精神和创业精神依然还在他培植的地方生长,并发扬光大。

1965年4月下旬,庄希泉在北京迎来了一批从巴西回来的记者,其中就有称他为伯伯的王唯真。

庄希泉与王唯真的父亲王雨亭是数十年的挚友。全国侨联成立后,庄希泉任副主席,王雨亭任秘书长。庄炎林与王唯真打小就是好朋友。庄炎林在广西从事抗日工作以及在上海搞地下工作时,都曾得到过他的帮助。

抗日战争期间,在庄希泉的关心和支持下,王唯真得以从香港赴延安参战。他先后在解放日报社、新华社工作,发表了《南洋殖民地人民的胜利》《菲律宾的"独立"》等颇有见地的长篇述评。陈嘉庚抗战期间访问延安时,王唯真还奉命陪同兼做闽南话的翻译,并写了《陈嘉庚在延安》一文。1946年夏,为了揭露蒋介石发动全面内战的阴谋,他写了《告侨胞书》,在延安新华广播电台用粤语、闽南语和普通话播出,这是延安新华广播电台首次对华侨播音。

新中国成立后,王唯真历任新华社国际部东方组组长、香港分社总编辑、新华社驻越南分社社长。他在越南五年,以出色的业绩受到周恩来、胡志明的赞扬。1961年,王唯真作为新华社驻巴西记者来到巴西。此时,美国正暗中唆使巴西右翼势力推翻古拉特政府,中国记者成了他们策反的对象,王唯真他们一到巴西就收到不少美蒋特务寄来的策反信。

1964年2月,王唯真赶回北京向组织汇报巴西的政治形势,预言可能会发生政变,同时他向家人交代说此去可能凶多吉少,但为了祖国的使命无所畏惧!

回到巴西后的3月31日深夜,里约热内卢突然枪声四起,巴西发生了由美国中央情报局一手策划的政变。4月2日23点30分左右,新华社巴西分社驻地被武装警察团团围住。此前一小时,王唯真和鞠庆东用打字机打完发送至北京的关于巴西政变的新闻。

王唯真和中国驻巴西的经贸代表王耀庭等九人被捕后,在牢房里受尽虐待。翌日晚,一位巴西将军带着翻译和打手来到监狱,说:"台湾很器重你们,我们已作出决定,后天早晨送你们到台湾,给你们自由。"

这是要他们背叛祖国。王唯真等人看穿了敌人的阴谋,决心死也不去台湾。

他们众志成城,决定集体绝食,坚决抗争。中国记者绝食的消息被当地友好记者捅出去后,巴西社会一片哗然。两天后,巴西当局不得不暂时取消绑架他们赴台的计划。

"生命可以丢,祖国不能忘!"无论多么艰难,王唯真等人丝毫没有动摇对祖国的赤诚之心。1964年国庆节到了,王唯真蹲在牢房的一角画起了毛主席像,其他人则将首批家属代表前来探望时送的红色点心盒子分成两半,作为两面红旗,并用刮胡刀将金黄色的糖果纸刻成镰刀、锤子和五角星,分别贴在红旗上,制成党旗和国旗。

9月30日23点(北京时间10月1日上午10点),羁押的中国记者对着毛主席像和两面红旗,庄严地唱起了国歌,表达了对祖国的深情和与敌人坚决斗争到底的决心。

巴西当局拿不出中国记者有罪的证据,只好把他们送到巴西军事法庭公开审判。审判一开始,法庭就剥夺了他们的发言权。当地一位叫平托的正直律师自告奋勇担任中国记者的辩护律师。针对巴西当局的诬陷,王唯真他们为平托提供了十多万字的辩护词,每次辩驳都让巴西当局很被动。到12月下旬,军事法庭开庭七次。后来,在国内各方力量的极力营救及世界舆论的强大压力下,巴西军事法庭以颠覆罪将王唯真他们驱逐出境。王唯真抓住这唯一的一次发言机会,慷慨激昂地用英语驳斥巴西当局:"我们是来驳斥你们的,不是来接受审判的……"

1965年4月21日,在周恩来的亲自安排下,王唯真等人几经辗转,终于回到祖国的怀抱。庄希泉跟随周恩来、李先念等党和国家领导人到首都机场,热烈迎接王唯真一行。

令庄希泉高兴的是,王雨亭的境遇随后大有改善。1957年反右,王雨亭差一点被打成右派,虽然廖承志把他保下了,但他还是被撤销了全国政协委员的职务。这次借助儿子王唯真的事情,得以恢复。

王唯真回国不久,即被任命为新华社常务副社长。1967年初,经毛泽东提议,任新华社代社长。看到这一切,庄希泉备感欣慰。

遗憾的是,1967年8月,王雨亭在北京病故。在追悼会上,庄希泉对王雨亭的一生作了高度评价,并特别说明王雨亭当年是跟陈嘉庚先生一起回国的。

庄希泉对王雨亭的逝世,甚为感伤。每次谈及这位志同道合的战友,庄希泉都情不自禁地流泪,足见他们情谊之深厚。

第九章　峥嵘岁月

随贺龙赴苏考察

　　庄炎林从上海南下福建后,做的是青年团工作。1950年3月底,福建各界青年第一次代表会议成立省青联,庄炎林当选为省青联副主席。1952年,庄炎林担任团省委副书记,翌年还主持过一段时间的团省委、省青联工作。1954年6月,他被任命为中共福建省委青委书记、青年团福建省委书记,并当选为福建省青联第二届委员会主席。

　　1953年10月,福建省体育运动委员会成立,省里特地安排庄炎林兼任省体委副主任、省体育分会副主席,协助主任兼省委宣传部部长许彧青工作。10月底至12月底,福建省开办第一期体育干部训练班,作为省体委当时唯一的副主任,而且还是兼职,庄炎林的工作量之大不难想见。

　　新中国开国伊始,各项事业亟待发展,体育事业尤其是国防体育事业也不例外。国防体育事业始于1951年,主要任务是对广大群众进行军事知识教育和军事技术训练,以适应抗美援朝,培养后备兵员,为国防建设和生产建设服务。1951年初,刘少奇指示总政治部副主任萧华、空军司令员刘亚楼考虑在中国建立类似苏联航空化学志愿协会组织(后称苏联支援陆海空军志愿协会,简称支协),训练航空员、坦克手及其他军事技术人员。根据这一指示,中国派出了青年访苏代表团,考察苏联支协的工作。同年7月,总政治部和团中央根据刘少奇的指示,开始筹建中国人民支援国防志愿协会。根据团中央的要求,省市区团委纷设军事体育部,参与、领导广大青年投身国防体育事业。在福建省团委工作的庄炎林,对此自是十分热衷。

　　毛泽东一向提倡强身健体,早年就曾提出要"野蛮其体魄,文明其精神"。

1952年6月，又专门为中华全国体育总会成立大会题词："发展体育运动，增强人民体质。"朱德也题词："普及人民体育运动，为生产和国防服务。"这些题词，为新中国包括国防体育在内的整个体育事业指明了发展方向。

体育运动的发展，离不开与国际社会的学习交流。但是，新中国早期所面临的国际环境相当恶劣，以美国为首的西方国家对新中国实行孤立、封锁的政策。在体育领域，为了打破这一封锁，争取有利的国际环境，新中国采取一边倒的方针，着力开展与以苏联为首的社会主义国家的体育交流。1954年，国务院副总理兼国家体委主任贺龙亲率中国体育代表团赴苏考察，便是这一方针的体现。庄炎林因兼任福建省体委副主任，有幸成为其中的一员。

7月13日，庄炎林和荣高棠、李梦华、陈先等一行十人，组成以贺龙为团长的中国体育代表团赴苏。这是庄炎林第一次去苏联，也是第一次与仰慕已久的党政军领导人贺龙近距离接触，因而心情十分激动。

飞机途经乌兰巴托，在此停留一晚后继续飞行，前往苏联边境贝加尔湖畔的伊尔库兹克。结果，飞机遇到强气流，在空中飞行几小时后又折返乌兰巴托。第二天，待天气好转，才又飞往伊尔库兹克。

代表团自伊尔库兹克起，正式对苏联进行考察访问。先后去了莫斯科、列宁格勒、基辅、白俄罗斯、乌克兰、格鲁吉亚等地，详细观摩了苏联体育领域各项目的运作模式。在莫斯科，代表团观摩了苏联一年一度的体育节，参加了当地组织的中苏青年联欢会，并登上了阿芙乐尔号巡洋舰。

每到一地，在观摩完苏方的体育表演后，贺龙总要叫团里有些体育基础的代表也来切磋一下。庄炎林体育好，自然被叫的次数最多。

在黑海边，贺龙提议大家下海游泳。贺龙虽然会游泳，但负过伤，大伙为安全计，遂推谙熟水性的庄炎林贴身保护。

得知庄炎林是庄希泉的儿子，贺龙笑道："庄希泉同志兼任国家体委委员，我看小庄同志也是搞体育的料，今后就到我们体委工作好了。"

庄炎林一时不知如何作答，便笑着说："听从组织安排。"

贺龙喜欢下象棋，庄炎林一有机会就向他请教。晚上没事，两人便兴致勃勃地对弈几局。贺龙棋艺不错，妙招频出，有时下得性起，直杀个天昏地暗。贺龙平易近人、和下级打成一片的作风让庄炎林十分感慨。

整个考察时间长约一个月。8月17日，代表团飞抵北京。庄炎林很想在北京和父亲多待几天，但心中惦记着福建的工作。于是，父子俩在北京短暂相聚后，庄炎林便匆匆赶回福州。

赴苏考察回来后，庄炎林成为开国后的第四任福建团省委书记。不久，贺龙副总理调庄炎林到北京，负责青年团中央军事体育部的工作。

原来，庄炎林访苏期间的表现引起了贺龙的注意，贺龙当时就表示想把他调到北京体校工作。庄炎林没想到贺龙来真的，虽然高兴，但一时拿不定主意，遂打电话征求父亲的意见。庄希泉表示赞同，毕竟他年事已高，儿子能调到身边，也有个照应。

但福建省委不同意。此时福建的共青团工作和体育工作正处于起步阶段，很需要人才。左右为难的庄炎林最终服从组织决定，留在福建工作。

下放晋江主政

庄希泉在北京工作，庄炎林每次赴京出差，都要到父亲的住处看望。

父子俩虽然远隔千里万里，但彼此却时刻关怀、牵挂着对方。1956年夏，庄希泉在王大人胡同住处前被不期而至的马车撞倒，伤得不轻，组织上安排他到青岛疗养。庄炎林得知后，很是担心，本打算利用到北京开会之机，赴青岛看望父亲。庄希泉知道后，赶紧电告儿子勿来青岛，说自己已疗养得差不多了，正准备回北京。原来，庄希泉知道儿子酷爱游泳，而青岛海域当时常有鲨鱼出没，故他决定提前回京。其爱子之情，于斯可见！

鉴于庄炎林的特长，1956年7月25日，福建省委任命他为省委文教部副部长，主管全省的文体科技工作（后来，文教部和宣传部合并成宣传部），同时兼省人委副秘书长，负责政府的文教体卫工作。

1957年上半年，庄炎林被下放到晋江县挂职锻炼，担任县委第一届委员会第二书记，10月任第一书记，同时仍兼省委文教部副部长。省委第一书记叶飞对晋江很重视，他对庄炎林说："晋江是重要侨区，搞好晋江的工作，将对海外华侨产生很大的影响,这是一大功德。"

历史文化名城泉州再往南便是晋江,大概因为有一条晋江流过其境而得名。不知是因为泉州很早就成为大港,与世界各国联系密切,成为"海上丝绸之路"的起点,还是因为闽南人拼搏不息的精神使然,从古至今,这个地方出国的人特别多,成为著名的侨乡。正因为华侨多,这个地方与外面的联系也就特别多。

6月中旬,福建省委为贯彻"八大"二次会议精神,召开扩大会议。会议着重研究农业、工业大跃进问题,提出粮食、钢铁、机械三个"元帅"。叶飞把粮食看成是重中之重,要求大家力争上游,来个粮食大丰收,措施就是实行"一季稻子、一季地瓜"的耕作制度。

省委重视地瓜生产,会议期间,有关部门专门为代表们准备了一场地瓜晚宴。餐桌上摆放着的色香味俱全的饼点和糕点,都是以地瓜粉为主要原料做成的。叶飞欣然出席这个别出心裁的盛宴,边吃边称赞说地瓜的确值得发展。福州军区政治部主任廖海光少将意味深长地接口说:"地瓜是好东西,几千年来受压迫,现在可真翻身了!"他的话说得大家都笑起来。叶飞对记者说:"福州市委张传栋同志说福州要开一家地瓜饭馆,这可是一条好新闻啊!"接着手指福州军区副司令员张翼翔中将说:"他还说要当第一个顾客哩!"

庄炎林也出席了这个别开生面的地瓜晚宴。晋江是地瓜种植面积大县,作为县委第一书记,他自然受到关注。他在席间欣然表态:"地瓜上筵席,真为我们争光不少,我们晋江今年就要靠它来实现粮食大增产!"

大跃进的一个突出现象,就是全国各地竞放"卫星"。《人民日报》还刊发了小孩子坐在麦穗上的照片,并配发题为《人有多大胆,地有多大产》的社论,说什么"不怕做不到,只怕想不到"。庄炎林对此颇感迷惑,无所适从。正在为难之际,1958年8月,他接到省委通知:调任闽江水电工程局党委第一书记。

水电建设屡创佳绩

为解决电力需求巨大的问题,福建省委决定加强水利电力建设,在加快古田溪水电站二期建设的同时,着力建设建溪水电站。福建省委对闽江水电工程局极为看重,从省里抽调了一批干部到局里加强工作。庄炎林担任此职,是叶飞亲自点的将。

庄炎林对福建的水力资源和古田溪水电站的情况大致了解。福建的水力资源在东南几省中最为丰富,发展水利电力工业具有得天独厚的条件。抗战胜利后,福建省国民党当局就曾打算开发水力资源。他们以建设古田溪水电站为名,向海外华侨募捐,向老百姓摊派,弄来一批工程技术人员,在古田溪边盖起两幢房子,修了一段几公里长的公路,还从美国西屋电气公司买回两台水轮发电机组,结果连主体工程都未来得及动工,国民党反动政权就土崩瓦解了。1949年5月,张鼎丞、叶飞、方毅在组建福建省委准备南下时,就向华东局提出要修建古田溪水电站,并且从上海原国民党资源委员会那里要了一批水电专家,随第十兵团南下。福建省人民政府成立后,虽然财力十分困难,但还是调配了大批人员,挤出经费,着手建设代号为101工地的古田溪水电站。

1951年3月,古田溪一级水电站一期工程动工。当时蒋机经常轰炸不说,最大的困难是施工人员没有建设大型水电站的经验,甚至连一个开过隧洞的风钻工也没有。但就是靠着土法打硬仗,他们最终把古田溪水电站拿下来了。这是福建解放后第一个上规模的基本建设工程,也是新中国成立后最早开工,并且自行设计、施工、安装的水电工程。1956年3月,古田溪水电站一期工程竣工。

福建的重工业基础过于薄弱,尤其是冶金、机械、燃料工业,与华东几省相比,差距太大。为了改变这种落后状态,为将来国民经济的发展打下基础,福建省委决心花大力气抓基础工业,水电建设便是其中之一。此时大跃进运动风起云涌,中共"八大"二次会议提出首先保证"三个元帅、两个先行官(电力、交通)"。当时福建的电力现状,与大跃进的规划相去甚远。在此情势下,必须大力发展水电。这无疑是一项浩大的工程,因此,虽然深得叶飞倚重,庄炎林还是表示自己没有搞过工业和水电,怕做不好。

叶飞则说,要给庄炎林压担子,不仅要继续抓建溪水电站,还要大抓建古田溪一级二期和几个梯级水电站。要庄炎林做好准备,要脱一层皮、掉几斤肉!

叶飞给闽江水电工程局的任务,按照庄炎林的说法是:"头顶建溪,肩挑古田溪,拳打邵武(煤矿),脚踢葫芦山(铁矿)。"

庄炎林不敢怠慢，马不停蹄地赶往驻于南平的工程局办公室。他就职后发现，偌大一个工程局，仅固定的干部职工就近一万五千人，不要说在福建，就是在全国也是数得着的单位。为了便于协调工作，省委后来还决定，让庄炎林兼任福建省在南平的省直属大型工矿企业党委书记和南平地委书记处书记。

搞水电对庄炎林来说是个陌生的领域，履新之初，他席不暇暖，到工地调查研究。

庄炎林到任前，闽江水电工程局的不少干部职工，对他的传奇身世已略知一二，令他们感动和吃惊的是，庄炎林全无半点富家子弟习气，做工作脚踏实地。大家印象最深的是修建游泳池。面对闽江，却要在小沟（地点）里修游泳池。是庄炎林带头挖基坑搬石头，又是他带头穿短裤下水去游泳。正当盛年的庄炎林，却在闽江水电工程局党委书记的任上，白了少年头。

1959年7月，古田溪水电站停电检修，一支洞工程队主动提出要利用停电期间在主洞清理底板，以便通电时加快施工速度。这个工程队干劲很大，有不少创新，曾创下人工施工导洞日进度的全国纪录。经古田溪工程处同意，他们就像当初没有通电时那样，点起数盏马灯大干起来。

灾难就在不经意间发生了！

一支洞和主洞接合处有个检修间，其顶部用杉木支撑着，而检修工桌子上摆着供检修用的各种油盘。工人在给马灯点火时，不小心把火喷到了油盘里，红红的火苗忽地蹿起，烧着了杉木，发生了大塌方。一时间，洞内烟雾弥漫，在下游作业面上的一个风钻组十一人立刻被困。

庄炎林接到报告后，命令要尽最大努力减少人员伤亡，随即马上奔赴事故现场，组织救援。他和古田溪工程处处长李志、一支洞工程队队长卢士杰等人，亲自戴上防毒面具，强行进洞，用接力的办法实施抢救。没走多远，他们就中毒昏倒，幸好被及时抢救出来。庄炎林苏醒后，又准备只身开着机车向里边冲，想拖几个人出来，但此时，塌方的石头已把洞口堵塞了。

庄炎林一刻也没离开事故现场，在他的指挥下，三名工人被救出，其他八人则不幸遇难。

这是古田溪水电站开工以来最大的事故。庄炎林心情十分沉重，一夜之间白了头。接着，他在闽江水电工程局局长张淅等人的协助下，妥善处理善后工作，对死者家属进行抚恤。他特别指出,要举行一个隆重的追悼会,让大家永远记住那些为中国水电事业作出牺牲的人们。

省里和闽江水电工程局组成调查组,查明了事故原因,对有关责任人,上至工程处处长、下至施工队队长,给予了严肃处分。庄炎林虽然不负直接领导责任,但还是主动向上级写了检查报告。

在庄炎林的主持和各方配合下,包括大坝建设在内的古田溪水电站二期工程进展很快,于1959年10月并网发电,为福建工业发展提供了主要能源。随后,古田溪二、三、四级电站相继动工。

古田溪、建溪水电站在建设过程中及建成后,朱德、徐特立、谢觉哉、陈毅、邓子恢、陈丕显等人曾来参观视察。这其中,自然也少不了庄希泉的身影。

在古田溪一级水电站奏响凯歌的同时,庄炎林还花很大精力抓建溪水电站建设。

建溪水电站工程浩大,光筑坝蓄水就要淹掉建瓯、建阳两个县城以及六十万亩田地,迁移三十万人口,整个投资需数亿元。上这个项目有其来由。1958年北戴河会议后,福建和各省一样,都想建立一个独立的工业体系,以尽快改变落后面貌,建设建溪水电站就此摆上了福建省委的议事日程。就水电站本身建设的条件看,搞建溪水电站在全国确是很优越的,但决策者们主要还是想借东风,认为国家"一五"、"二五"计划都没有福建的项目,现在中央看重水电建设,正好借此积极争取,趁着大跃进的热潮拿下这个项目,为福建的工业化打下基础。近五十亿千瓦时,除送一半支援华东等地外,还有二十多亿千瓦时,不仅可以彻底解决福建历史上的缺电问题,满足本省大炼钢铁所需电力,还可借此争取中央多安排项目给福建。决策者们过于乐观,仅仅看到资源条件有利的一面,而忽视了建设中存在的困难。

古田溪一级水电站大坝泄洪现场

1959年，庄炎林(左四)与苏联专家及闽江水电工程局领导在古田溪工地

庄炎林受命主抓建溪水电站工程后，即行组织人员开工建设。其时，农业和工业战线上，一个个"卫星"竞相上天，全国人民甩开膀子搞建设，热火朝天。本身就干劲冲天的庄炎林，不能不受其影响。11月29日，也就是他和局领导以及里尤诺夫等四位苏联专家研究确定建溪水电站的坝型问题后的翌日，建溪水电站导流洞开工。1959年12月下旬，装机容量号称全国最大的建溪水电站正式动工。

建溪水电站开工时，生活基地和施工现场的设施相当简陋，临时抢搭的几间工房成为职能部门的办公室兼宿舍。毛竹片编的墙壁，两面抹上烂泥巴，屋顶铺着油毛毡，上面盖着茅草，一溜拉直，就成了工房了。但就是这么个冬天透风、雨天漏雨、夏季屋里屋外一样酷热的工房，外墙尚未上完泥巴，干部职工们就毫无怨言地抢着搬进去了。

庄炎林告诉大家："要搞建设，就要准备吃苦，就要经得起苦和累的考验和磨炼。这也是没法子的事，我们现在的条件就是这么个样儿，白手起家，一切从简，什么都要靠自己的双手去创造，没有清福可享，一切幸福都要靠自己的劳动创造！"

在他的要求下，闽江水电工程局的领导和普通干部、工人们一起住工房，吃大食堂。为了拿下这个大工程，干部职工们日夜加班赶进度。

1960年夏，建溪水电站工程被划为中央直管项目，闽江水电工程局开始接受国家水利电力部和福建省的双重领导，名称也随之改为水利电力部福建省闽江工程局。虽然工作性质没变，庄炎林却觉得肩上挑的担子加重了——这是国家重点项目呀！他纵有豪情万丈，也终究是巧妇难为无米之炊。土法上马、人海战术，虽然是声势浩大,但工程铺开后,一连串实际困难与问题却也接踵而至。设备不足、物资匮乏、技术力量薄弱……特别是资金不到位、投资严重不足的问题,搅得他夜不能寐,为此他不得不到北京向中央争取资金。

在国民经济三年困难时期,建溪水电站成了决策者手中烫手的山芋,作为主抓这项工作的庄炎林也备受煎熬。

中苏关系破裂,援建建溪水电站的大批苏联专家撤走后,中央考虑到建溪水电站工作量过大,中央财政的投资无法保证,闽北又是福建粮仓,要淹没六十万亩田地的代价实在太大,眼下国家粮食还没过关,承受不了这个损失,曾经建议福建省里停建下马,但福建省委研究时,舍不得下马。

就在建溪水电站勉为其难地施工时,轰轰烈烈的大跃进已然走到了反面。中央专门于1962年1月召开七千人大会总结经验教训,统一认识。会议期间,庄炎林和副省长梁灵光向周恩来总理汇报了建溪水电站的建设情况,在座的还有副总理谭震林、邓子恢、李富春和水电部领导刘澜波、钱正英等人。周恩来仔细听完汇报后,要求建溪水电站停工下马。

然而,福建省里一些人还是坚持不下,因为闽江水电工程局业已完成全国最大的导流隧洞(直径十八米,长五百米)和一条混凝土围堰,而且还修了铁路、公路支线,总计投入了八千万元。这样说下就下,岂不是竹篮子打水一场空?叶飞虽然也痛心这么大的损失,但长痛不如短痛,4月中旬,在为贯彻中央精神召开的全省精简会议上,叶飞拍板说:"根据中央'调整、巩固、充实、提高'八字方针的精神,我们要拿出壮士断腕的精神来,建溪还是下马为好。"

叶飞还明确表示:"过去我们没有经验,搞错了,所以建溪只能呜呼哀哉。建溪下马后,估计三年内没有什么任务,即使将来电不够,也只能搞中小型的工程。水电队伍与其他基建队伍一样,如三年内有需要的任务,有多少留多少,其他的人员听候处理。"

在福建水电建设中,几经摸爬滚打的闽江水电工程局拉出了一支闻名全国的水电队伍,打破了诸多全国纪录和世界纪录,连水电部也高看一筹。有一年,山西大同的浑源水库已建成大坝,而溢洪隧洞却迟迟无法打通,汛期一到势将发生重大灾害。水电部点名要善于打洞的闽江水电工程局派精干队伍紧急赶往支援。待完成任务返闽时,队伍却少了一个工人,在庄炎林追问下,才知当地人赞赏该工人有一身好手艺,招他做了女婿。此事一时传为佳话。

如今,要把这支创造过许多成绩和奇迹的队伍解散,于心何忍!但事关大局,庄炎林表示服从中央,拥护省委的决定,只是不忘自嘲地说:"我的队伍被叶书记像消灭敌人一样干净利索地消灭了,我也成了光杆司令,失业了。"

叶飞说:"当然不是说你们是敌人,我们只是把你这支队伍分散出去,或去别的地方作战,或转业干别的事。你庄炎林也不要怕失业,共产党要干的事情多得是。"

这次会后不久,庄炎林和闽江水电工程局局长张浙被水电部叫到北京,谈建溪水电站下马后队伍的安排问题。他们对水电部"南留北调"的决定表示同意。随后,这支精干的水电队伍一部分继续留在福建(继续兴建古田溪二、三、四级电站),其他则分散到全国各地。

"南留北调"还在进行中,水电部部长刘澜波打算调庄炎林去丹江口水电站工作,后又要调他去国家水电总局。消息传出,庄希泉很高兴,庄炎林也认为是好事,一方面自己已经熟悉水电业务,另一方面也可以在父亲身边照应。

但福建省委不同意,先是调庄炎林负责省人大会议的筹备工作,接着于1963年春任命他为省人委秘书长。这样,庄炎林和父亲相聚的愿望再次落空。

凄风苦雨故人情

1966年前,全国十四个省、自治区和直辖市成立了省一级侨联组织,不少重点侨乡的市、县也先后成立了基层侨联组织。在全国侨联的统一指导下,各地侨联积极发挥作用,赢得了广大归侨、侨眷和海外侨胞的信赖,侨联的地位和威望也得到了进一步的提高。

但就在这时,"文化大革命"像暴风骤雨般袭来。一批出生入死为革命打江山的老革命、老领导受到了批斗,中侨委和全国侨联机关也不是净土,矛头集中对准了廖承志,出现了"火烧廖承志,油炸廖承志"的大字报和标语。庄希泉对身边的工作人员说:"廖公满门忠烈、一身忠骨,怎么可能是叛徒?那些想要害他的奸人,就是真的把廖公油炸了,留下的也是清芳满人间。"在廖承志落难时,庄希泉坚信廖承志的人品。

中侨委和全国侨联虽然相继停止了办公，但庄希泉还是全国人大常委会委员，出来接待外宾、华侨，广播里和报纸上不时都有他的名字。他从王大人胡同搬到和平里后，和被迫在家赋闲的黄长水、庄明理、洪丝丝等侨界人士住得很近。"位卑未敢忘忧国"，这帮侨界朋友一起看书读报、讨论时政，为无事可做的孤寂生活增添了一分色彩。

庄希泉为人清廉，作风稳健，威望甚高，造反派们拿不出证据，只好在他院子外瞎嚷嚷。后来，林彪、"四人帮"抛出臭名昭著的"海外关系论"，谓凡是在海外活动过或者有海外亲属、朋友的人都有阶级敌人的嫌疑。造反派便试图揪住这一条不放，向庄希泉发难，聚众去抄家。此事惊动了周恩来，他亲自出面指示，说庄希泉是华侨领袖，是共产党几十年的忠实朋友，应该得到保护。造反派这才象征性地在庄希泉家呼喊了几句口号，张贴了几张大字报。

全国侨联副主席兼北京市侨联主席王源兴，不愿再走进贴了封条的办公室。一天，他绕到庄希泉在和平里的宅院，想找他下棋喝茶解闷。庄希泉知道造反派正在院外监视，遂苦笑道："我奉赠老弟打油诗一首：以往琴棋书画茶，人人样样不离它。而今世事皆在变，柴米油盐酱醋茶。"王源兴心领神会，茶也不喝了，匆匆离去。

黄长水、庄明理、洪丝丝等人的日子更不好过，有的被下放到农场劳动，有的被赶出去扫大街。庄希泉对此既气又恼，但也无能为力，只能尽量在其他方面帮助他们。

缅甸侨领徐四民，曾主持《新仰光报》，在缅甸排华浪潮中，毅然回到北京定居，有意为国家作点贡献。但不幸的是，"文化大革命"爆发后，心直口快的他，不仅理想落空，而且身陷困

庄希泉（右）与全国侨联副主席黄长水在颐和园

境。庄希泉虽然力有不逮，但也尽力保护。徐四民决定赴香港谋生，庄希泉提议朋友们为他钱行。可当时大家手头都很拮据，而且徐四民又是上了造反派黑名单的人物，大家心中有些忐忑。庄希泉不避嫌疑，提议每人拿出三十元钱凑份子，并带头出钱。凄风苦雨故人情，庄希泉的这一举动，让徐四民凄冷的心备感温暖。

中央文革小组组长陈伯达，早年在福建参加第一次国内革命战争时便与庄希泉认识，庄希泉对他多有帮助，包括他结婚和到苏联留学，都有过慷慨支持。"文化大革命"前，陈伯达也经常来庄希泉家走动。"文化大革命"中，陈伯达炙手可热，红极一时。其时，庄炎林在福建正被斗得厉害，庄希泉的一些朋友也落了难，于是有人好意跟庄希泉说："你儿子永福几年没有音讯。陈伯达和你是老乡、老朋友，他现在抓'文化大革命'，权势很大，只要你跟他打个招呼，就好办了。"

庄希泉对陈伯达出任中央文革小组组长，并带工作组接管《人民日报》后的一系列言行甚为反感，生气地说："找他干什么？我对'文化大革命'有我的看法。他走他的阳关道，我过我的独木桥！"后陈伯达终栽跟头，一些朋友认为庄希泉当时很有远见卓识。

这段时间，庄希泉也有开心的日子，最难忘的是1971年10月中国在联合国恢复了席位。在报上看到这条振奋人心的消息后，他兴奋不已，找到王源兴，大发感慨地说："自鸦片战争以来，中国在国际上一直抬不起头来，即使是弱小的国家，也瞧不起我们。现在我们国家终于加入了联合国，国际政坛上从此有了我们的席位，少数大国想无视中华人民共和国的日子一去不复返了！"

王源兴也兴奋地说："参加联大，我国的国际地位空前提高，而且必将在国际事务中发挥日益重要的作用，海外华侨今后也更有了依靠！"

虽然被"文化大革命"的阴影所笼罩着，但两位爱国华侨，还是为祖国的喜事举起了酒杯，言谈间不禁热泪盈眶。

庄希泉被抄家后，虽然受到周恩来的保护，免遭大的冲击，但并没有生活在世外桃源。他的一个重要工作是外调，即其他单位为了检查某人的历史向庄希泉来人来函求证或征求意见。其时庄希泉已是八旬高龄，很多东西难以记起来，外调数量繁多，手又不利索，故而很是困难。但他仍然不敢马虎，实事求是地完成了数以百计人员的外调任务。

对台湾籍中共党员、前大公报主笔、著名政论家李纯青的调查，就找到了庄希泉。

李纯青生于台湾,因不愿做亡国奴,幼时就从台湾回到祖籍福建,1933年8月参加了中国共产党。卢沟桥事变后,李纯青从日本回国,先后在上海和香港的大公报工作,以笔为矛,写抗日文章,在香港和海内外引起极大反响。此外,他还出版过《清算日本》《日本春秋》等著作,引起周恩来的关注,指出"宣传抗日,就是革命",指定专人与李纯青联系。庄希泉在香港和重庆时,也和李纯青有所联系,所以成了外调的人选。

当年已然发黄的记录稿,清晰地记录着有关部门通过庄希泉了解李纯青的四个问题:(一)抗战期间在重庆的台湾革命同盟会是个什么性质的组织,李纯青是否参加了该组织;(二)李纯青当时同台湾革命同盟会哪些人关系比较密切,当时从事了哪些活动;(三)李万居的政治面貌,当时他和李纯青的关系如何;(四)有关李纯青的其他政治情况。

庄希泉实事求是地做了回答:"1944年,台湾革命同盟会在重庆正式成立,并在李子坝地方设立办事处。我因不是会员,所以对李纯青是否参加该组织,无从知晓。李纯青当时在重庆担任大公报主笔,专写抗日文章,颇受读者欢迎。我与李纯青平时往来不多,之所以了解李纯青的一些情况是由于谢南光、李万居、宋斐如等台湾同胞时常称赞他的写作。此外,对于他有什么政治活动,确不知道。"

1968年2月24日,菲律宾归侨陈荣芳的调查组也找到了庄希泉。庄希泉据实相告:"在重庆期间,吴铁城提他为伪国民参政会参政员,当时他是支持抗日民族战争的,对蒋介石反动政权的腐败,也表露过愤慨。抗日战争胜利后,陈荣芳离开重庆回到厦门,1948年前后当蒋匪帮垮台时,他当上了厦门市伪市长。在其任内新加坡英帝曾把四五十名华侨驱逐至厦门,要反动政府惩办,其中大部分是政治犯。王雨亭等同志听到这个消息,就写信给陈荣芳,正告他不要当英帝的刽子手,成为民族的罪人。结果这批人到厦门后都获得了释放。厦门解放前后,陈荣芳去了香港,从此他就长期居留在香港,生活费由其在菲律宾的儿子负担,政治上拥护新中国,曾多次回国观光,对祖国的新气象观感很好,也想为新中国做点事,以弥补过去的罪过,因此他经常向我党在港有关同志反映菲律宾和台湾的一些政情,同时也常来信通过王雨亭向中侨委反映菲律宾的一些侨情。"

前面提到的最终投入人民怀抱的原军统特务张圣才,在"文化大革命"中也没有逃过被批斗的厄运。专案组专门来找庄希泉了解情况。

庄希泉如实指出："张圣才给国共两党收集了许多情报，其中有些很重要，包括日本准备发动太平洋战争偷袭珍珠港，中国政府都告知美国了，美国不相信。张圣才有一条原则，那就是只做对抗日有利的工作，后来他到菲律宾，收集国外情报，给我们提供……"

庄希泉既指出张圣才走过弯路，也如实证明他为革命立过功。要不是庄希泉仗义执言，张圣才也许就没命了。后来张圣才被安排到厦门市文史馆工作。

1968年11月13日，全国人大常委会调查组派人来调查连贯的情况，庄希泉说："王雨亭离开香港后，有一次连贯要我代约张圣才谈话，我知道张圣才去菲律宾仍做军统工作，我已与他不往来，因此表示不去找他。"

不久，全国人大常委会连贯调查组给庄希泉来函说："记得上次找你谈话时，你曾说有一次连贯要通过你找张圣才交换情报，而你这一次所写的材料中没有这一情况，请再写一份补充材料。"

连贯在香港时和军统特务"交换情报"，这问题可就大了，而这"交换情报"之说，纯系空穴来风。庄希泉深感其中利害，在11月21日的复函中指出："连贯要约张圣才谈话，但并没有说要找张圣才交换情况，只是说约张圣才来茶楼饮茶而已。'交换情况'这句话是我说的。因为之前去茶楼见面，大家谈的多是些抗日情况与日寇动态，也是平常报刊所宣传的日常新闻。前日与调查组同志谈话时，调查组问我：'他们谈什么？'我误把一般交谈抗战情况说成了交换情况，语不恰当，应当改正。"

在那个政治高压的年代，庄希泉并没有一开始就否认"交换情报"之说，而是巧妙地先把"交换情报"改为"交换情况"，一字之别，天壤之别，这就大大地为受冲击的连贯减少了政治风险；同时又指出二者不是"交换"，而是"交谈"，"交谈"的乃是抗战情况；最后主动揽责，说自己当时"语不恰当，应当改正"。如是这般，既给调查组保留了面子，又为连贯、张圣才洗刷去了"罪名"。

经历过一场又一场政治运动的庄希泉，深知在接受外调时话语若稍有不慎，就有可能给受调查者招致厄运，因此他认真谨慎地对待每一次外调，以有效地保护革命同志。

不少外调问题尖锐，比如通过庄希泉了解饶彰风在新加坡的活动，内容充满着火药味：（一）饶彰风在新加坡是怎样认识英特刘牡丹的，为什么要认识刘牡丹；（二）饶彰风与英特刘牡丹在新加坡搞了些什么活动，他们之间属什么关系。

对这些问题,庄希泉知之为知之,不知为不知,关键处还讲公道话,纠正不恰当的提法。

在调查中,有人为了达到打击、陷害别人的肮脏目的,有意要庄希泉作伪证,有的造反派还多次要他诬蔑一些中央领导人,都被庄希泉断然拒绝。

在人人自危的"文化大革命"期间,庄希泉想到的不是个人安危,而是国家的命运、其他同志的处境。他顶逆流而上,反对林彪、"四人帮"祸国殃民和迫害归侨、侨眷的行径。他敢于主持正义,为许多华侨及其子女做证,使他们在"文化大革命"中免遭迫害。

虎落平阳不减威

相较于父亲,庄炎林在"文化大革命"中所受到的冲击要激烈得多,可谓经受了炼狱般的考验。

作为叶飞的"黑干将"、省人委秘书长,省里不论哪个领导挨批斗,他几乎都要被拉去陪斗,给他定的罪名是"叛徒、特务、死不改悔的走资派"。所谓叛徒,是说他打游击时曾被敌人扣留,后通过关系释放;特务呢,是说他有海外关系,又有海外经历,抗战前从国外回来,在国外条件优越,为什么要回来?肯定是特务,而且是国际特务。关于国际特务,后来又加一条"佐证",说他当年在南委系统工作,受方方领导,方方是国际特务头子,他也是国际特务。

一天,几个臂戴红袖章的造反派,气势汹汹地把庄炎林押走。庄炎林被关进了楼梯底下的小黑间。屋里光线暗淡、空间狭小,他几乎像罐头里的沙丁鱼一样窝在里面。天气炎热,酷爱游泳的他不仅不能下水搏击江河,而且每天仅有半桶水,庄炎林只好将就着"搓面条"(即擦身)。尽管环境如此恶劣,但生性乐观的他仍然在里面坚持锻炼身体。由于屋子过于狭小,无法进行倒立式锻炼,他就做俯卧撑和仰卧起坐。

造反派得知这一情况后,马上厉声呵斥:"好大的胆子,扣了你工资,饭都不给吃饱,叫你饿肚子反省,你还锻炼?庄炎林,我看你中刘少奇活命哲学的毒太深了！"

"毛主席说，身体是革命的本钱，我只是按主席的要求办事。"庄炎林平静地说。

造反派见庄炎林不思悔改，便加大惩罚力度，用香烟烫，用刻蜡纸的钢笔刺，还让他戴着高帽子游行，胸前挂一块牌子，公布他的"罪行"。别的走资派脖子上挂的是木制牌子，造反派对庄炎林却格外"照顾"，在钢板外面糊上纸张充当牌子，有好几十斤重。看到庄炎林的脖子被勒出一条深深的血痕，好心的群众拿毛巾给他垫脖子，但很快就被造反派抽掉了。

许多群众相信庄炎林是无辜的，在批斗之余设法帮他。庄炎林打饭时，炊事员总要避开人尽量给他多舀一勺。造反派让庄炎林跪石子挨批斗，他的膝盖被磨破了，鲜血直流，有人便设法偷偷给他红药水。

造反派来检查，拉起庄炎林的裤脚，发现情况后勃然大怒："就是要让你的脚烂，你还涂药水！谁给你的？"

庄炎林说是捡来的，造反派不信，抓住他的头发往墙上撞。庄炎林用力顶住，直到那些小将们累了为止，但他的头上到底还是隆起了许多包。后来庄炎林理发时，好心的理发师将他的头发理得短短的，以防造反派们再抓他的头发撞墙。

中侨委停止办公后，庄希泉赋闲了一段时间，复以全国人大常委身份出来接待外宾。这本应对庄炎林有利，可造反派却整他整得更厉害了，还说："你不要以为你父亲出来了，你就没事了。你是你，你父亲是你父亲。"

造反派知道庄炎林性子硬，对他的批斗绞尽脑汁，让他坐"喷气式"。有人还说"喷气式"对庄炎林太轻，又在他背上加压一个办公桌。见他顶住了办公桌，便又加了一把椅子，接着又加了一把。福州时值盛夏，烈日当头，庄炎林此时已是汗如雨下，衣服全湿，但他还是咬牙挺住了。

造反派却不顾这些，凶神恶煞地问："你相不相信党和群众？"

庄炎林回答："这是毛主席语录的第一条，哪能不相信？"

造反派蛮横地说："那你就是叛徒、反革命，这是群众说的。"

庄炎林倔强地回答："正因为我相信群众，所以我不是叛徒，我不能乱说。"

夹在残酷批斗之中的还有审讯："对过去犯下的罪孽，你承不承认？"

"我一直都是按照毛主席指引的方向前进的。"

"你只要承认就没了，你看×××承认自己是叛徒，结果我们就放他回家了。你要向他学习。"

"我不是叛徒,绝不能向叛徒学习!"

庄炎林"死不悔改",造反派便斗争不止。在一次批斗中,庄炎林竟长达二十九个多小时没坐、没吃、没喝,造反派搞车轮大战批斗庄炎林。当时还是"文化大革命"初期,批斗完还可以回家。庄炎林回家喝水吃饭后,再骑自行车去大梦山游泳池游泳,然后回家睡觉。

后来在囚室里,庄炎林坐在地铺上抚摸着伤痕累累的双腿,怎么也想不通:自己到底因为什么问题被关押? 是不是有人加害? 这些人的做法,怎么比国民党还凶残? 他们究竟要搞到什么地步? 他苦思冥想,却找不到答案。经过大风大浪的他,何惧之有,只是如此不明不白地遭受刑狱,不能不让他窝着一肚子火。

有一次,庄炎林被强令去四楼高处擦窗户,造反派却在底下吆喝:"看,革命的叛徒想畏罪自杀,自绝于人民了。"那时确有"走资派"被推下高楼,还被加以"畏罪自杀"的罪名。

庄炎林立即当众发表声明:"我生性乐观,绝不会自杀。如果有人把我推下楼摔死,请大家查出凶手,组织上会为我申冤。"

庄炎林记得鲁迅有句名言:"敌人要你死,你就偏不死!"话虽如此,但他不知往后还会发生什么,自己该怎样抵挡这股逆流,渡过这凶险的难关,并保全自己。斗得厉害时,庄炎林担心自己会被整死,于是用捡来的铅笔头和破纸片写了遗书。但因经常被抄查,他便把遗书藏在壁上毛泽东像的后面,遗书上面说:"如果有一天我死掉,一定是有人陷害我,我是无辜的。"

被折磨了不知多少个日日夜夜,一天,上头来人找到庄炎林,说:"你的问题基本弄清了,花了不少人力财力,除西藏等几个地方,都调查了,可以回家等候指示。"于是,庄炎林得以解放。而此时,妻子陈俶辛已经被下放到闽北邵武县拿口公社插队落户,女儿庄大欣随同去了那里。

"文化大革命"期间,陈俶辛也不断被轮番批斗,要她交代、揭发、检举庄炎林的"问题"。造反派明知她患有严重的高血压,仍对她搞长时间的疲劳轰炸,进行逼供信。还逼她上山扛柴,摔断手臂也不给治疗,结果造成终身残疾。

1970年春,庄炎林也被下放到闽北邵武县山区,接受劳动改造。落户地点在朱坊公社,朱坊位于邵武县中部,鹰(潭)福(州)线从中穿过,距离拿口公社不远,庄炎林得以见到在那里落户的妻子和女儿。

正为庄炎林牵肠挂肚的陈俶辛,见丈夫被折磨得遍体鳞伤,黑瘦了一圈,不禁伤心得直掉眼泪。庄炎林倒挺乐观,安慰妻子:"我一清二白,没有做对不起组织和人民的事,再大的浪涛也冲不垮我。"

朱坊的生活相当清苦。庄炎林夫妇连同女儿就住在山下大队一座小木楼的底层。房子用木板作墙,冬天寒风呼呼直灌进来,冷不可耐。

一家三口相聚没多久,就又不得不分开了。庄炎林在山下大队,陈俶辛在庄上大队,女儿在朱坊公社。庄炎林在山下大队,天天像普通百姓一样出工。夏收时,朱坊公社革委会主任张海先到山下大队搞"双抢",见庄炎林虽然对农活不熟练,但劳动积极,大事小事都抢着干。张海先说:"你不能这么干,会累垮的。"庄炎林回答:"我身体好,没事。"结果这年"双抢",庄炎林用的扁担都挑断了。人毕竟不是机器,半个月下来,他感染了疟疾,时而高烧四十度,时而冷得直哆嗦,可半夜还得披着棉被参加电话会议。

尽管生活艰苦,但没有成天发疯似的造反派来此扰乱,可以实实在在地做点事情,庄炎林心里有一种踏实的感觉。山区的文化生活很单调,他便自己掏钱订了省报,了解外面的世界。他还用"文化大革命"期间被扣的工资上千元钱买了一批《毛主席的五篇哲学》,每户送上一本。当地群众还通过庄炎林买了电机、电线,搞了一些农业基本设施建设。

后来,张海先向邵武县委汇报,说庄炎林表现很好,挑谷子把扁担都挑断了。县委研究决定,调庄炎林到吴家塘公社担任党委书记兼主任。

在山区改造,庄炎林最放心不下的就是远在北京的父亲。从一位知情者口中得知父亲受到周恩来的保护,他悬着的心才稍稍放下。1971年春,庄炎林请假到北京探望父亲,并到胡耀邦家看望老领导。当时胡耀邦还未被"解放",造反派还在逼他揭发检举邓小平、彭真等同志,被胡耀邦严词拒绝。

九一三林彪叛逃后,形势有所好转。不久,中侨委原党组书记、副主任委员方方去世,周恩来指示要见报,以同志相称。新华社发了一条短消息,说"方方同志逝世"。方方既然是同志不是特务,庄炎林的"特务"罪名也就随之取消了。

审查清白的庄炎林携家人回到福州,但仍处于赋闲状态。

1972年,庄炎林和陈俶辛重回晋江工作。晋江历来派性斗争严重,尤其在"文化大革命"期间,武斗更是不断升级,弹片横飞。庄炎林认为,晋江地处海防前线,又是重点侨区,敌情、社情都极其复杂,因此,必须刹住封建械斗的歪风。但要平息这一严重的态势,谈何容易!庄炎林下乡搞调查,汽车被人放气不说,还常被掀翻，就连本人也被械斗双方"炒花生"（即在人群中被推来搡去），但危难时刻他从未退缩过，每次在接到报告后，他都二话不说，义无反顾地赶到武斗现场，耐心细致地做说服工作，教育两派群众"要文斗，不要武斗"、"打倒派性，安定团结"，要"抓革命，促生产"，大抓晋江县的水利命脉建设，并开凿"金鸡水渠"，尽力稳住了局势。

1973年，庄炎林任晋江县县委书记时在水利工程现场指挥

　　1974年1月，国家对外经济联络部（简称国家外经部）部长方毅打算调庄炎林去北京工作，但福建省里不放人。不久，庄炎林又被调回福州，挂了个闲职。

　　在省里没有什么事可做的庄炎林，凭着他耿直和闲不下来的性格，少不了要对不正常的政治现实发些牢骚。有人就把庄炎林的牢骚话不负责任地传递出去了，造反派很快就又找上门来揪斗他，但这次形势有所不同。原来，1973年底，全国八大军区司令员对调，兰州军区司令员皮定均调任福州军区司令员。得知庄炎林被斗得厉害，皮定均马上叫来军代表，问为什么斗庄炎林。军代表支支吾吾说不出个所以然，皮定均叫两个造反派陪着庄炎林去看伤。医生诊断后吓了一跳，原来庄炎林身上到处是伤，外伤连着内伤，便惊讶地问："谁打的，伤得这么厉害，怎么才来看？"考虑到庄炎林在福建的境况，皮定均同意庄炎林前往国家外经部工作。

　　庄炎林调回北京，是中侨委副主任林一心推荐的。当时援外的坦赞铁路正在施工中，方毅跟林一心讲，想找一个去坦桑尼亚主持坦赞铁路修建工作的合适人选。林一心担任过福建省委书记处书记，熟悉庄炎林，便向方毅推荐庄炎林。刚好方毅在福建工作期间，也对庄炎林有好印象，人选遂定。

庄炎林到国家外经部报到的第一天，就到部长办公室见方毅。方毅简要了解了他在福建的磨难后，关切地问："怎么样，身体无大碍了吧？"

庄炎林也不答话，就在办公室给老领导表演了一番拿手的倒立功夫。

方毅看后，眉开眼笑："好！好！虎威不减，坦桑尼亚有的是山林，又地处热带，倒是合了你的名字，炎林、炎林，大有用武之地！"

支援非洲兄弟去

1975年春，庄炎林到国家外经部不久，即被任命为驻坦桑尼亚经济代表，主持修筑坦赞铁路等几十个援外项目。

1975年，中国驻坦桑尼亚经济代表处人员合影。左四为庄炎林，左三为陈傲辛

坦桑尼亚和赞比亚两国分别于1961年和1964年独立。为了发展民族经济，支持南部非洲人民反帝反殖、争取民族解放的斗争，同时也为摆脱受制于南非与南罗得西亚白人种族主义政权的南部出海通道的依赖，坦赞两国迫切需要另辟一条新的运输线。两国首先寻求西方大国和苏联的帮助，但均遭拒绝。

　　1965年2月,坦桑尼亚总统尼雷尔首次访华,请求中国援建坦赞铁路。中国领导人从支持非洲国家争取和巩固民族独立、发展民族经济,以及积极推动中国同第三世界国家的友好合作关系的战略高度出发,表示同意援助。1967年6月,赞比亚总统卡翁达访华期间,也同样探询了中国政府对修建坦赞铁路的意见。中方明确表示,只要坦赞两国总统下决心,中国愿意投资修建。卡翁达总统回国不久,坦赞两国迅即组成政府代表团来华商谈有关事宜。1967年9月,中、坦、赞三国政府代表团在北京举行会谈并正式签署了《中华人民共和国政府和坦桑尼亚联合共和国政府、赞比亚共和国政府关于修建坦桑尼亚、赞比亚铁路的协定》,开始了新中国成立后最大的外援项目。

　　但庄炎林放心不下年迈的父亲,耄耋之年的庄希泉却安慰儿子说:"你放心去吧,这是国际主义事业。我身体很好,再过十年也没有问题。"说罢,他又用手按捏着自己的小腿给庄炎林看:"瞧,肌肉弹性还很好。"

　　在考虑派庄炎林去坦桑尼亚时,方毅曾专门找庄希泉商量,说这项任务很重要,庄炎林有过带大型队伍搞建设的经验,堪当此任。况且,现在"文化大革命"还未结束,国内形势很乱,到国外去干一段时间也好。庄希泉赞同方毅的意见,并表示坚决支持。

　　"父母在,不远游。"这是儒者的情怀,可对于这对在血雨腥风中从事革命的父子来说,革命生涯常分手,离别早已是家常便饭,加上新中国成立后又天南地北忙于建设,如今出国"远游",自古忠孝不能两全。庄炎林反复叮咛父亲身边的工作人员,怀着依依惜别之情,于这年8月初抵达坦桑尼亚。

　　坦赞铁路东起坦桑尼亚首都达累斯萨拉姆,西至赞比亚的新卡比里姆博希,全长约一千八百六十公里,由中国专家和工程技术人员进行勘察、设计并组织施工。该项目于1970年10月正式开工,到庄炎林接手工作时,仍有相当部分工程没有完工。

　　对于工程的复杂与困难,庄炎林已有足够的心理准备,但其条件之恶劣,还是大大出乎他的意料。其一是工程浩大,技术复杂,施工条件异常困难。铁路全线要穿越坦赞两国的部分高山、峡谷、湍急的河流、茂密的原始森林,有的路基、桥梁和隧道地基土质为淤泥、流沙,沿线许多地区荒无人烟,野兽出没。其二是生存条件恶劣。非洲疾病流行,援建坦赞铁路的工地上,蚊虫如云,室内空气混浊,闷热难耐,稍有不慎,就可能染上疟疾、肝炎。其中,一种名为萃萃蝇的飞虫好生厉害,人一旦被叮,几个月都沉睡不醒。毒蜂也是无处不在,叫人防不胜防。有一位老专家因跑不快,结果头被叮得肿如篮球。周恩来派名医吴阶平乘飞机前往救治,但他还是牺牲了。水也有毒,在野外作业水源少,喝错了水不是闹肚子就是打摆子。有时早上起来,发现靴子里竟栖有毒蛇。另外,山区路况极差,恶性交通事故时有发生,中国援外专家有多人因车祸牺牲。

为了让工程人员和当地居民都能喝上放心水,庄炎林带着打井队顶着烈日到处打井,解决了困扰多年的喝水难问题。当地百姓看在眼里,感激不尽,纷纷称中国援助人员为"玛吉"(水之意)。

为了改善生活,增强体质,庄炎林倡导工作人员自己种菜。非洲土质肥沃,中国专家种的蔬菜、水果长势良好,尤其是木瓜长得特别快。

1976年,坦桑尼亚总统尼雷尔会见庄炎林,左二为中国驻坦桑尼亚大使刘春

庄炎林是经济代表,又是中国大使馆的党委委员,经管所有的经济援助项目。经济代表处对内虽受大使馆领导,对外却可以独立开展工作。庄炎林身边的工作人员有秘书、随员及翻译,妻子陈俶辛担任经济代表处秘书。经济代表的权力很大,主要是与当地政府打交道,除了要做好各个工地的后勤支援和政治思想教育工作,还要负责专家组的项目研究。坦赞两国总统对不辞劳苦支援他们的中国工程队颇为重视,坦桑尼亚总统尼雷尔曾数次专门邀请庄炎林与他同机考察。

除援建铁路之外,中国政府还派有帮助坦赞两国找煤炭、铁矿等的专家组,以及种水稻的专家组,就连军事上也有专家组。为此,庄炎林得经常到各个专家组检查指导工作,以便及时了解并处理有关问题。庄炎林到坦桑尼亚后通过考试获得当地驾照。一次,他亲自驾车出行,当从陡峭逶迤、险象环生的盘山公路下来时,不料轮胎突然爆裂,车子失控,滑入路旁的溪沟。幸好这时已到山脚下,才得以逃过一劫。当时,同车的几位专家吓得面如土灰,庄炎林却诙谐地说:"我们的国际主义工程没有完成,马克思不会让我们向他报到的。"

在坦赞两国期间,庄炎林比较不适应的是和当地政府官员吃饭。坦赞两国的人用右手抓饭,用左手擦屁股,然后用水冲。因此,他们拿东西给人都用右手,因为左手不干净。另一件让庄炎林不舒服的事是洗不上冷水澡。因为当地没有冬天,正常水温也很烫。这让习惯了用冷水洗澡的庄炎林担心回国后无法适应。后来他想出一个法子,即用两种水温的水交替洗澡,锻炼自己的适应能力。

没想因此还闹出了点小矛盾。当时驻外使馆人员也有思想极左的,毛泽东主席逝世期间,庄炎林恰好回北京汇报工作,回坦桑尼亚后依然坚持锻炼身体。大使馆有的领导便说:"毛主席都逝世了,你还在锻炼身体,不像话!"庄炎林说:"毛主席不是说了嘛,增强人民体质,把革命进行到底。"庄炎林如此巧辩,事情总算没有闹大。

1976年,庄炎林陪同坦桑尼亚总理卡瓦瓦参观坦赞铁路

经过中方广大工程技术人员的艰苦努力,坦赞铁路于1976年7月全线建成移交。为建设这条铁路,中国政府提供无息贷款九亿八千八百万元人民币(当时一元人民币约等于一美元),共发运各种设备、材料近一百万吨,先后派遣工程技术人员近五万人次。在工程修建及后来技术合作过程中,中方有六十四人为之献出了

宝贵的生命,加上其他专家组牺牲的人员,共有上百人。"青山处处埋忠骨",根据周恩来的生前指示,牺牲的烈士遗体不运回国,在两国为他们分立了一个公墓。

铁路建成后,交由坦赞两国组成的铁路局共管。其后,为保障铁路的正常运营,中国继续提供无息贷款,予以技术合作援助,并派出专家和技术人员参与管理并提供咨询。因此,工程完工后,庄炎林等人并没有立即撤回,而是等到1977年7月才动身回国。回国时,坦赞两国人民表现出了浓烈的惜别之情。

第十章　老树开新花

九旬老翁再掌全国侨联

庄炎林夫妇援非回京时，祸国殃民的"四人帮"已被粉碎，多年来笼罩在中华大地上空的阴霾渐渐消退，天空重现湛蓝。

春回大地，万象更新，庄希泉的政治生命也迎来了一个春天。

"文化大革命"期间，中侨委被撤销、全国侨联停止办公后，华侨一切事务均归外交部领事司侨务处管。"文化大革命"斗私批修，华侨挨整，海外关系动辄和"国际特务"挂钩，被另眼看待、打入另册，大家躲都来不及，谁还敢与之沾边？侨务处门可罗雀。

随着"文化大革命"的结束，华侨一批接一批找庄希泉解决有关问题。庄希泉虽然有时感到力不从心，但他说："现在侨务机构的工作还没有恢复正常，海外华侨回来联系事情，我不出来做工作，他们就会感到跟祖国的脐带断了。这可是大事啊！"

1978年3月8日，在政协第五届全国委员会第一次会议上，九旬高龄的庄希泉当选为全国政协副主席。庄希泉的当选在海内外引起强烈反响。

居庙堂之高，庄希泉考虑的事情更多了，但最让他牵肠挂肚的还是侨务工作。1977年9月，复出不久的邓小平就指出，林彪、"四人帮"说什么海外关系复杂、不可信任、反动等，这种错误政策一定要纠正。他还明确表示："海外关系是一种好东西。"庄希泉从邓小平的谈话里，看到了侨务工作的春天。他向廖承志等人提出，要开始考虑中侨委和侨联的重建工作。

不久，廖承志、林一心等侨界人士走进中南海，向中央进言。中央领导人胡耀邦明确表示要加紧侨办和侨联的重建工作。

廖承志讲了工作情况,诉苦道:"侨办侨办,事情难办。侨联侨联,实在可怜。"

胡耀邦指示:"侨办要带头办,大胆地办。侨联要广泛地联,到海外去联。"

拿着这把尚方宝剑,侨办和侨联的重建工作得以启动。

1978年12月中下旬,第二次全国归侨代表大会在北京举行。这是侨联停止活动十二年之后,各界归侨代表的第一次全国性聚会。与会代表愤怒揭批林彪、"四人帮"破坏侨务工作,迫害归侨和侨眷的滔天罪行。根据新时期的总任务,提出全国侨联和各级侨联今后的工作中心。党和国家领导人李先念、耿飚、陈慕华、廖承志和谷牧出席了开幕式。李先念代表党中央、国务院向大会致辞,大会选举出第二届全国侨联委员二百三十七名,庄希泉当选为全国侨联主席,廖承志被推举为全国侨联名誉主席。

1978年,庄希泉(前排右)在第二届全国侨代会上

庄希泉在会上作了题为《团结起来,为祖国实现四个现代化贡献力量》的工作报告。这次大会,标志着中国的侨务工作重新回到了正确的轨道上来。

侨办、侨联恢复之时,正值越南当局疯狂排华,数十万难侨流离失所之际。侨办、侨联根据中共中央的指示,部署难侨安置工作,使回到国内的二十五万难侨得以安居乐业。

十一届三中全会后,中共中央提出工作重点转移到经济建设上来,侨办有人提出搞经济建设是华侨的长处,遂向庄希泉汇报。庄希泉认为对外开放,要着眼于发挥海外侨胞、港澳台胞的优势。他在家里召开办公会议,做出部署,并提出要召开一个侨乡经济工作会议。

就在这时，《中华人民共和国中外合资经营企业法》正式出台。紧随其后，全国两大侨乡广东、福建，经中共中央、国务院同意，决定在对外经济活动方面实行特殊政策和灵活措施，并在广东深圳、珠海、汕头和福建厦门设置经济特区。中国对外开放从此进入实际运作阶段，向世界宣告敞开国门的坚定信心。

1979年冬，在庄希泉和廖承志等人的运筹下，国务院侨务办公室（简称国务院侨办）和全国侨联在著名侨乡福建泉州联合召开动员大会，鼓励广大侨胞投身经济建设。

与平反归侨、侨眷中的冤假错案同时推进的，是落实华侨政策，其中最棘手、阻力最大的是归还被占用的华侨私房问题。"文化大革命"期间，在极左路线的淫威下，很多归侨和侨眷的房产被无理霸占，影响十分恶劣。庄希泉向中央高层提出："我们对华侨亏欠太多，这次趁拨乱反正的春风，要尽快恢复落实土地政策，抓紧清退被挤占的华侨私房，要把团结侨胞当作国策。"中央慨然拿出两个亿来补偿。但有的归侨、侨眷高风亮节，提出只要恢复房产就好，不要国家赔偿。庄希泉两头穿针引线，竭尽全力使事情得到妥善解决。

随着拨乱反正脚步的加快，以及中共中央领导人胡耀邦"要保护和发扬侨胞爱国爱乡的热情，挫伤和压制这种热情，就是违背党的政策"的谈话广为传播，侨务工作又恢复了往日的生机。

1980年元月，复办后的华侨大学成立第一届董事会，庄希泉出任董事长，廖承志任校长；国务院侨办副主任林一心、连贯，国家科委副主任童大林等任副董事长；中国科学院福建物构所所长卢嘉锡、香港华侨商业银行董事长庄世平等任董事。庄希泉谆谆告诫董事会和学校领导：华侨大学是在敬爱的周总理关怀下创办的，全国只有华大、暨（南）大是面向海外招生的大学，复办后一定要坚持面向海外、面向港澳台的办学方针，按照为侨民服务、为经济建设服务的办学宗旨，把两所大学办成海内外有影响的一流大学。

1983年6月20日，中共中央、国务院批复中宣部、教育部、国务院侨办《关于进一步办好暨南大学和华侨大学的意见》，决定将华侨大学列为国家重点扶持的大学，对华侨大学提出"办出特色，办出水平"的更高要求。由国家正式发文确定一所大学的办学方针，这在新中国教育史上实属罕见。

为了纪念一代侨领陈嘉庚，庄希泉积极动员海内外侨胞捐资，协助有关部门在华侨大学建立了陈嘉庚纪念堂,并亲赴泉州,参加陈嘉庚塑像奠基仪式。

庄希泉不忘陈嘉庚当年的遗愿,提出在北京创办华侨历史博物馆。他还提出侨联要从根本上拨乱反正,要从源头上澄清华侨历史,成立华侨历史学会。

庄希泉的提议得到各方的积极响应。1980年6月13日,华侨大学率先成立华侨史研究室。1981年底,第一次全国性的华侨历史学术研讨会在北京举办,庄希泉亲自主持。在这次会上,成立了第一个全国性华侨研究组织——华侨历史学会(20世纪90年代更名为中国华侨华人历史研究所),廖承志担任名誉会长,庄希泉被推举为首届会长。庄希泉为新时期的华侨史研究倾注了大量心血。

十一届三中全会后,各项事业长足发展,庄希泉和广大归侨、侨眷一样,看在眼里,喜在心上。1981年元旦,他以全国侨联主席身份,发表致海内外侨胞的元旦祝词。

1981年是辛亥革命七十周年,为了纪念南洋华侨对祖国革命事业的贡献,庄希泉特地发表了《辛亥革命中的南洋华侨》一文。这篇文章,是作为华侨历史学会会长的庄希泉给华侨史研究提供的一份宝贵材料。

1981年,北京晚报记者特地采访了庄希泉,他无限感慨地说:"我从几十年坎坷不平的人生中,实践、探索、比较,最后认识到中国共产党确实是一个除了人民的利益和民族利益以外,没有任何其他私利的政党;是一个能够领导人民同敌人进行百折不挠斗争的党,是一个千百万爱国侨胞众望所归的政党。"

当采访结束时,他欣然为将要发表的文章题词,既表心迹,又寄语广大侨胞共勉:永爱中华心向党,九死未悔志不移。

6月26日,《北京晚报》以《天海长存赤子心——访全国政协副主席庄希泉》为题,发表了这篇访谈。

1981年下半年,庄希泉不慎跌倒,胯骨粉碎性骨折,住进北京医院。大夫们会诊后,提出两种治疗方案:一为保守疗法,即不动手术,让碎骨自然愈合,但今后将长期肿痛;二为动大手术,即换上不锈钢关节,今后拄拐杖走路,但有一定风险。为了能尽快出来工作,年逾九旬的庄希泉在听取了主治大夫提出的两种治疗方案后,竟要求医院采用大手术——钢钉固定法。

治疗一个多月后,庄希泉就能下床行走了。刚好戏剧大师曹禺也住北京医院,闻讯大为钦佩,并以此为例,于11月20日致函因腿伤住院动手术的老友巴金,其云："我看这样治疗方案(指钢钉固定法)是好的。……你虽年近八十,也会好得快。华侨代表庄希泉九十余岁老寿翁,也折骨,在病院用了钢钉固定法,不久行动如常。"

情系海峡彼岸

祖国统一问题,始终是萦绕在庄希泉心头的一件大事。新中国成立后,每次回厦门,他总要站在鼓浪屿日光岩上深情眺望海峡彼岸。

1980年冬,中共中央任命项南主政福建。南下履新前,项南特来拜访庄希泉,听取老人的治闽意见。

庄希泉同项南着重谈到福建的两大特点:一是华侨多,福建是全国第二大侨乡,做好侨务工作至关重要;二是面对台湾,福建具有地理位置的独特优势,加上血缘相连、语言相同、习俗相近,在发展两岸关系中具有不可替代的优越性,做好对台工作事关祖国统一大业。他还说,在吸引侨资、台资加快改革开放方面,福建应该作出成绩来。

以后,每次见到项南,庄希泉总是念念不忘祖国的统一大业与侨务工作这两件大事。

项南的到任,使福建的对台工作上了一个新台阶。自1958年炮击金门后,海峡两岸虽然不再炮来炮往,但宣传弹照样打,一打就是二十多年。项南认为,干脆连宣传弹也不要打了,大家和气生财不是更好嘛。胡耀邦赞同他的建议。

宣传弹虽然不打了,有关部门却又指示搞空飘、海漂。项南认为,这也是一厢情愿的事情,飘不到要去的地方。后来,这个海漂也不搞了。

海峡两岸,前所未有地出现了风平浪静的局面。

在项南的主持下,福建的"侨牌"和"台球"打得有声有色,侨务工作、对台工作和发展经济并列成为福建省20世纪80年代的三大任务。庄希泉从报上、电台,从探视他的乡亲们那里知道了这些情况后,十分高兴,他甚至喜欢上了80年代流行的《鼓浪屿之歌》："鼓浪屿四周海茫茫,海水鼓起波浪。鼓浪屿遥对着台湾岛,台湾就是我家乡。登上日光岩眺望,只见云海苍苍。我渴望,我渴望,快快见到你,美丽的基隆港……"

当年在台湾和海外的那段传奇经历,让庄希泉拥有不少台湾朋友,并与他们的后人保持着联系。蒋渭水的后人便是其中之一,每逢春节,便要携妇将雏到庄希泉家拜年。

庄希泉对蒋渭水始终有一种深情,对他的孙子蒋建春更是由衷地喜欢。一讲到蒋渭水,他的话就滔滔不绝起来:"庄爷爷年轻时在厦门从事抗日活动,被日本人抓起来押解至台湾,正好与你的祖父同关在台北的监狱中。我们一起坐牢,互相鼓励,成了好朋友。"

庄希泉对蒋渭水的儿子、儿媳说:"如果我没记错的话,你们的父亲是1931年日本人发动九一八事变前在台北病故的。"

蒋渭水的儿子动容道:"庄伯伯的记忆可真好。这么多年了,还记得这么清楚。"

庄希泉情真意切地说:"怎么能忘记呢?当时我在上海,得知你们父亲不幸病故的消息,马上和几位朋友在沪为他开了个公祭会。我心里难过了好长一段时间。"

蒋建春后来回忆说:"那时我年幼不谙历史,感觉像听一个离我似近又远的英烈传奇……"但促进两岸统一,却自幼在他心中植下了根。

1981年9月30日,全国人大常委会委员长叶剑英阐明台湾回归祖国实现和平统一的方针政策,建议举行两党对等谈判,实行第三次合作。10月2日,庄希泉以全国侨联主席身份发表谈话,指出爱国华侨热切希望祖国和平统一,促进台湾回归祖国完成和平统一大业。

1982年7月24日,全国人大常委会副委员长廖承志致函国民党主席蒋经国,殷切期望台湾当局捐弃前嫌,以国家民族利益为重,当机立断,共谋祖国统一大业,"合则对国家有利,分则必伤民族元气"。这封信发表后,在海内外引起强烈反响。7月27日,旅居纽约的宋希濂等一些前国民党高级将领,称此信"遣词恳切,意义重大",祖国统一乃大势所趋。香港一些报纸发表评论,希望蒋经国"最好捐弃前嫌,共图振兴中华大业"。

7月28日,庄希泉就廖承志致蒋经国信发表文章《愿蒋经国先生在青史能留芳名》:

　　廖承志同志7月24日写信给蒋经国先生,对他的健康表示关切,并根据历史与现实,为国家、民族与蒋先生个人前途,剖析利害得失,义正情殷,表达了全国爱国同胞一个恳切的期望,就是在蒋先生主持台政期间,祖国能够和平统一。相信爱国的台湾同胞、港澳同胞、海外侨胞,都能人同此心,心同此理,希望蒋先生不要辜负爱国同胞的殷切希望。

　　我过去加入了同盟会,在孙中山先生领导下参加革命工作,与国民党有历史关系。我又经历了共产党和国民党两次合作的时期,深切体会到两党每一次合作都在重要的历史关头起了极大的作用,给国家、民族带来很大的希望。第一次合作有利于打倒北洋军阀,第二次合作有利于全民抗战。现在我这个九十五岁的老人,非常急切地盼望能够看到两党第三次合作,完成祖国统一大业。

　　……

　　我的父辈住过台湾,我又为了爱国和革命事业,在台湾坐过日本帝国主义的监牢,因此,也深知台湾同胞从来就一心向往祖国,长期希望回归祖国的怀抱。我也曾多次奔走于港澳,深知港澳同胞也富有爱国的热情。我深信,蒋经国先生如果毅然接受廖承志同志苦口婆心的劝告,为国家的和平统一贡献力量,这个千秋功业必然为台湾同胞、港澳同胞、海外侨胞以至全国人民所钦佩。如果不走这一条正确的道路而空喊不切实际的口号,企图负隅偏安,则辜负众望,丧失人心,终非长久之计。

　　台湾终究要回归祖国怀抱,祖国必将实现大统一,这是大势所趋,人心所向,也是不可违逆的历史规律,绝不是任何人的主观愿望所能阻挡的。早统一总比晚统一好,和平统一总比其他方式好。希望蒋经国先生以民族大义为重,以国家利益为重,顺应历史潮流,毅然进行和谈,为国家的和平统一建立不朽的功绩。

　　蒋经国先生以"求名当求万世名"自勉。我以为所谓"万世名"有截然不同的两种:一种是芳名;另一种则相反,不言自明。文天祥的诗说:"人生自古谁无死,留取丹心照汗青。"这说明留在青史上的最好是光

辉的名字，不要为后世所诟病。蒋先生为个人千古的声誉着想，也应该
抓紧时机，作出有利于国家和平统一的抉择，为国家民族建立一个大
功，在青史上留个芳名。

廖承志的信和庄希泉的文章，先后在7月25日和28日的《人民日报》刊发，在
海内外华侨华人中影响深远。8月4日，纽约中文报纸纷纷载文呼吁蒋经国莫失良
机，为统一大业作出贡献；同日，泰国华文报纸认为台湾当局应以民意为依归进
行和谈。9月12日，纽约中国和平统一促进会成立，潘维疆、宋希濂等呼吁国共和
谈，和平统一祖国。

为了更多地了解台湾，庄希泉晚年最喜欢收听对台广播电台和福建电视台
开办的《海峡同乐》节目。一次在与全国台盟负责人谈话时，庄希泉情真意切地
说："我年轻时到过美丽的基隆港，但现在一晃半个世纪，心盼碎，眼望穿，竟不得
见，真希望有生之年还能到台湾看一看啊！"

年龄最大的新党员

1982年12月30日，位于北京北新桥三条甲的全国侨联小礼堂内，传出一阵有
点沧桑但又十分坚毅的声音。这里正在举行一场小型的入党宣誓仪式。从窗外向
里望去，鲜艳的党旗下，一位老者正站在党旗前宣读誓词。老人拿着誓词的手在
微微颤抖，看得出老人十分激动。

老人就是年逾九十五岁的庄希泉。这年9月，庄希泉受邀列席了中国共产党
第十二次全国代表大会，参与讨论研究党和国家的大政方针。大会期间呈现的新
气象，让庄希泉感慨万分。

人到迟暮，都免不了想及自己的生前身后事。只是庄希泉思考的不是个人的
荣辱或者子孙的得失，而是自己的政治归宿。

想到政治归宿，庄希泉不禁神思迷离。想当年，他追随孙中山，投身旧民主主
义革命，下南洋筹款，加入同盟会，而后致力于实业救国和教育救国，与妻子余佩

皋一起加入孙中山改组后的中国国民党,铁心革命。那时,他是多么的意气风发,对国民党组织带领实现国家和民族振兴的期望是多么的高。但蒋介石的猝然叛变,破灭了他美好的梦想,国家前途迷茫成了他刻骨铭心的痛。为此,他毅然退党,继续寻找革命的真理。在后来的革命实践中,他加入民盟,并接触到诸多中国共产党人。此后,他成为共产党的亲密帮手和友人。其间,他在抗日战争、解放战争时期和新中国成立初期,都曾提出申请加入中国共产党。他有一句肺腑之言:"党在困难时期,更需要支持,这个时候要求入党更有意义。"但或是由于政局动荡、事务繁忙,或是由于党组织基于他在党外工作更有利的考虑,他都未能如愿。

"文化大革命"期间,尽管形势恶劣,他仍然没有对党失去信心,仍然在等待机会。1978年5月11日,《光明日报》发表了题为《实践是检验真理的唯一标准》一文,石破天惊,马上引发了全国性的大讨论。庄希泉和千千万万个读者一样,从这篇文章中,看到了冲破阴霾的霞光和希望。紧接着在12月18日至12月22日召开的十一届三中全会,高举解放思想、实事求是、团结一致向前看的大旗,使庄希泉确信,中国这艘大船开始拨正航向,破浪前行了。

如今在中国共产党的"十二大"上,他这个党外人士竟然受邀参加,充分体现了共产党对他的高度信任。亲耳聆听了邓小平关于建设有中国特色社会主义的主张后,庄希泉心潮澎湃,以至于夜不能寐。回想将近一个世纪的历程,他别有一番情思和惆怅。他知道,他的生命与这个世纪的风风雨雨是分不开的,而他的信仰和归宿归结起来就是五个字:中国共产党。

想到这里,庄希泉找来胞弟庄朝亨,请他根据自己的口述代笔,向党组织写下了又一份入党申请书。

国务院侨办、全国侨联党组接到申请书后,立即召开支部党员大会讨论。全国侨联副主席连贯欣然表示愿做庄希泉的入党介绍人。自抗战期间在香港相识以来,连贯对庄希泉的爱国情操和政治品格一向敬佩,新中国成立后在侨界共事,对庄希泉为新中国华侨工作付出的诸多心血更是了解。国务院侨办副主任林一心,对庄希泉了解颇深,表示愿同连贯一起做庄希泉的入党介绍人。

因为庄希泉是侨界有影响的人物,又是国家领导人,他的入党申请送中共中央审批。不过两个星期,中共中央书记处批准庄希泉为中国共产党正式党员(无须预备期)。中共中央书记处书记习仲勋还批示,庄希泉同志的入党宣誓要在年前举行,并由新华社、《人民日报》播发。这样,庄希泉以九十五岁的高龄入党,成为中共历史上年龄最大的新党员。

从党的"二大"到"八大",党章均规定党中央有权直接接收个别同志入党。"九大"、"十大"和"十一大"通过的党章,没有了这条规定。1982年党的"十二大"通过的新党章又作了规定:"在特殊的情况下,党中央和省、自治区、直辖市委员会有权直接接收党员。"据有关资料记载,被党中央直接接收为党员的有杨度、叶挺、邹韬奋、续范亭、赵寿山、范铭枢、李又然、赵博生、董振堂、许广平、沈雁冰、陶峙岳、董其武、宋庆龄等人。其中,庄希泉是"十二大"后中共中央直接批准接收的又一个新党员。

1982年12月29日,当国务院侨办和全国侨联领导把这一喜讯传达给庄希泉时,这位历尽沧桑的老人不禁忘情地说:"我终于实现了几十年的夙愿,政治上有了归宿。"

12月30日,受中共中央委托,主管侨界工作的政治局委员廖承志,代表中央宣布接收庄希泉为中共正式党员的决定,并做他的入党监誓人。廖承志特别说明:"我们党一直是把庄老当作自己的同志看待的。可以说,庄老早就是党外的布尔什维克了。"

庄希泉对党的信任、关怀深表感谢,慨然表示:"我今年九十五岁,在旧社会九死一生,当年屈原'虽九死其犹未悔',我不能输他,不改信仰,只要一息尚存,就要继续身体力行,为党工作,直至生命的最后一刻!"

廖承志握着庄希泉的手,真诚地说:"希望庄老再为党和国家工作一二十年。"

1982年,九十五岁高龄的庄希泉宣誓入党

庄希泉看着也已年届古稀、时露病态的廖承志，语带关切地说："廖公，我们来个共勉，你也得再为党和国家工作一二十年。"

庄希泉知道，廖承志复出后，为了重整侨务，总是夜以继日地工作，终积劳成疾。

早将个人生死置之度外、只争朝夕的廖承志，面对庄希泉的关怀，应承道："好，我们来个比赛，尽量争取多活几年，为祖国的大团结、大统一多做工作。"

几天后，1983年1月3日，庄希泉和廖承志一起出席在全国人民大会堂召开的全国侨务系统表彰大会。中共中央总书记胡耀邦亲自出席了这次表彰大会，亲切地和庄希泉握手，祝贺他加入党组织。

作为负责人，廖承志和庄希泉共同主持了这次大会。会上，廖承志作了题为《团结奋斗，振兴中华》的讲话。庄希泉致闭幕词，表达为祖国繁荣昌盛和统一大业尽绵薄之力的决心。

1983年，庄希泉（前排右一）与中共中央总书记胡耀邦（前排右三）、国务院副总理万里（前排右二）、全国人大常委会副委员长廖承志（前排右四）等在全国侨务系统先进表彰大会上

在中共中央、国务院的关心和庄希泉、廖承志等广大侨务工作者的努力下，中国的侨务工作频有喜讯。1983年3月21日，中国政府颁布照顾归侨、侨眷子女升学规定，照顾归侨、侨眷住房规定及照顾归侨、侨眷子女就业规定。海内外侨胞在给庄希泉的函电中，盛赞这些利侨政策。

1984年4月3日，庄希泉在筹备召开第三次全国归国华侨代表大会之际，响应中央关于侨务干部要年轻化的号召，致信大会，表达退避贤路之决心。

4月11日，第三次全国归国华侨代表大会在北京召开，六百九十四名侨界代表出席会议。开幕式上，庄希泉和乌兰夫、习仲勋、杨尚昆等并排在主席台就座。国家副主席乌兰夫代表中共中央、国务院致辞。全国侨联副主席洪丝丝代表庄希泉，宣读了题为《发扬华侨爱国爱乡的光荣传统，为振兴中华作出新的贡献》的工作报告。

这次大会总结了几年来拨乱反正、落实党的侨务政策的成绩，讨论研究了围绕以经济建设为中心开展侨联工作的设想。大会修改并通过了全国侨联新的章程。大会选举产生了新的领导机构，推举叶飞、庄希泉为全国侨联名誉主席，当年在新加坡南洋女校与庄希泉一起共事的张国基当选为主席。

4月16日闭幕式上，邓小平、胡耀邦、李先念、彭真、邓颖超等党和国家领导人到会接见了与会全体代表。他们对庄希泉领导的第二届全国侨联的工作是满意的：从1978年到1984年的几年时间里，侨联的省一级组织由十四个发展到二十八个（即除西藏、台湾外的省级组织均建起了侨联），而且大多数地、市、县都成立了侨联组织。

握着邓小平的手，庄希泉笑了。

第十一章 改革开放马前卒

敢于吃第一只"螃蟹"

庄炎林、陈俶辛夫妇援非回京后,继续留在国家外经部工作,庄炎林担任办公厅主任。

九秩高龄的庄希泉,平生第一次有儿子、儿媳长时间地陪伴身边,享受着来之不易的天伦之乐。此时,正值伟大的变革时代,父子俩密切地关注着形势的变化,他们的心情随着形势的发展而起伏。

社会稳定了,尘封多年的国门也打开了,不只隔绝已久的港澳台同胞回乡探亲,肤色各异的外国人也纷纷来华旅游观光。1978年8月,中国旅行游览事业管理总局(简称旅游总局,后改为国家旅游局)应运而生,庄炎林出任旅游总局副局长、党组副书记。陈俶辛也跟着到了旅游总局,是教育司的负责人,主要精力用在筹建旅游学院上。

庄炎林担任此职,是廖承志点的将。所谓内举不避亲,廖承志了解庄炎林的品行,亲自把他调到旅游总局委以重任。在国务院部委中,旅游总局不是什么重要部门,何以说是重任?到旅游部门又能做什么?别说一般人,就是刚刚履新的庄炎林也不熟悉这个领域。

中国现代旅游业诞生于20世纪初的上海。当时经济凋敝,战乱连年,缺乏发展旅游业的社会基础。新中国成立后,海外华侨、港澳同胞回祖国大陆探亲访友、参观旅游者渐次增多。1954年,新中国第一家全国性旅行社——中国国际旅行社成立,但新生的共和国因为受到一些国家的敌视,朋友还没遍及天下。到1958年,大陆旅行社共接待境外自费旅游者一万多人。1964年,周恩来成功访问亚非欧十四国,并与法国建交,架起了通往西方的桥梁,来自西方的旅游者开始增加。但突如其来的"文化大革命",使新中国刚行起步的旅游业顿陷停滞状态,到如今才重受重视。

"你的工作,就是招商引资,筹建旅游饭店。"庄炎林上任之际,廖承志把他叫到办公室,交代任务。

以现在的眼光看,招商引资、建饭店是极为平常的事,但在改革开放之初,这一工作却极不平常。

为什么要建旅游饭店呢?廖承志向庄炎林讲起了个中缘由。随着搞活经济、对外开放等一系列重大政策相继出台,来华旅游观光的人数与日俱增。仅1978年,全国旅游入境人数就达一百八十万九千人次,超过以往二十年人数的总和;1979年又猛增到四百二十万四千人,比上年增长132.4%。但是,这一喜人的数字后面却潜藏着一系列棘手的问题,其中一项就是住宿问题。外国客人来华,总要住旅馆,但在北京,此时仅有七家涉外饭店,床位五千二百张,实际达到接待标准的仅一千张左右,而且基础设施、服务态度、管理水平都与国外的星级宾馆相距甚远。庞大的旅游大军令北京的接待单位措手不及,北京实在无处下榻了,便把客人送往京郊、天津,甚至用飞机空运到南京、上海等地。有好几次,廖承志在深夜接到告急电话后,还亲自与民航联系,调度飞机拉送客人。北京尚且如此,外地就更不足为奇了。到桂林的海外侨胞和港澳台同胞,还有被安排打地铺的,于是便有人写了一首具有嘲讽意味的打油诗:"桂林山水甲天下,我到桂林住地下……"

住宿难,则势必减少来华人数;来华人数少,则创汇效益低;创汇效益低,则不利于国家的经济建设。这显然与改革开放的掌舵人邓小平强调的"旅游业大有文章可做"、"发展旅游业,为改革开放积累外汇"、"要打好侨牌,做好做足两油(即石油和旅游)工作"这个精神相违背。旅游住宿问题成了对外开放的瓶颈,建设旅游饭店势在必行。可另一个矛盾是,国家财政吃紧,不可能拿出大笔资金来建旅游饭店。而归国旅游观光的华人华侨中,多有豪商巨贾,手中掌握着大量游资,且有意在国内投资。

游客住宿成了令人头疼的大问题,也惊动了中南海。邓小平发话说,外资建旅馆可以干嘛!利用外资修建旅馆应多搞几个点,一个地方一千至二千个床位。他还具体算了这样一笔账:一个外国旅游者如果在中国消费一千美元,我们一年接待一千万旅游者,就可以赚一百亿美元;就算接待一半,也可以赚五十亿美元。"两油"搞个十年八年,一年赚五十亿美元,我们的日子就好过多了。

为了彻底扫除旅游住宿紧张这个拦路虎，国务院还成立了以谷牧、陈慕华、廖承志为首的利用侨资、外资建设旅游饭店的领导小组。这个特殊的领导小组，下设办公室于中国旅游总局内，旅游总局局长卢绪章兼办公室主任，负责具体工作的就是庄炎林。

廖承志对庄炎林说："要改革开放，非要解决旅游饭店问题！新中国成立之初，我就感到有修建招待归国华侨的高级饭店之必要，所以后来促成了新侨饭店。"

庄炎林知道，戴着北京第一家公私合营高级饭店桂冠的新侨饭店，是廖承志与其表妹夫、时任全国工商联副主任委员邓文钊合作创办的。

"新侨饭店在(20世纪)五六十年代为接待归国华侨和海外客人发挥了重要作用，现在虽然落后了，但其经验值得借鉴。这就是，国家没有钱，但可以想办法利用外资！"廖承志缓了口气道，"这次找你来，是看中了你有身体本钱，有组织工程经验，也熟悉和了解外面的情况，经得起折腾。你要做好碰钉子、挨棍子的准备。利用侨资、外资建旅游饭店是新事物、新现象，肯定会遇到各种意想不到的阻力，更重要的是，不能被风浪刮倒，要站立潮头，敢于吃第一只'螃蟹'！"

现时利用外资建饭店，不仅是工程问题，还是个政治问题，蕴涵着解放思想、突破固有经济体制的意义。因此，廖承志把这件十分重要的工作交给了信得过的庄炎林。

从廖承志手中接下任务后，庄炎林心里既高兴又深感责任重大。他了解到，新侨饭店建成后，由于人所共知的政治原因，合资饭店建设渐渐无人问津，几乎到了绝迹的地步。如今要利用海外侨资、外资建设高级旅游饭店，在中国大陆是近二十年未有的事，但开弓没有回头箭，庄炎林立即投入到紧张的工作当中。

1978年12月12日至12月15日，谷牧和廖承志在北京京西宾馆主持召开研究利用侨资、外资建造旅游饭店的会议。会议纪要上报后，受到邓小平的高度重视。1979年1月6日，邓小平同国务院负责人谈话，指出：搞旅游要把旅馆盖起来，下决心要快。第一批可找侨资、外资，然后自己发展。方针政策定了要落实，首先是选好人。家有梧桐树，下一步就是要招来金凤凰。

首要的工作就是物色合作伙伴。庄炎林牢记邓小平的指示、廖承志的叮嘱，第一炮必须打响，这第一家合资饭店打了哑炮，不仅是个人名誉扫地的问题，还将影响中国旅游事业的进程。他为此开始了艰难的前期工作。海外华人华侨来了，外商也来了，前后找上门来洽谈的竟有几百家。为了在众多有意投资的华人华侨和外商中找到合适的伙伴，为了在谈判中为国家争取更多的利益，庄炎林和手下的工作人员常常忙到后半夜。他们本着平等互利、友好协商的原则，广泛地接触外商和侨商，反复比较，选择最合适的合作伙伴。

庄炎林和侨办、外资办的人顶着风险，排除各种干扰，克服重重困难，一年内先后与二十多个国家和地区的一百二十多家侨商、外商进行广泛的接触与洽谈，并就饭店的合作方式等问题进行了充分的研究和论证。

他忙得不可开交，情况越摸越明朗，但风言风语也多了起来：

"庄炎林一批一批地与外国人谈判，听说宴请用的烤鸭，摞起来有一座饭店那么高了，他究竟想干什么啊？"

"咱们卫星都能上天，还怕盖不成饭店，管不了饭店？要去求人家洋人，岂不是丢我们中国人的脸嘛！"

"我们不是有自己的北京饭店嘛，怎么说我们不会管饭店呢?！"

……

谈判中，外商曾向庄炎林推荐一种盒式结构的速成房子，只要这边基础打好，国外房子的模具连同全套家具立即运来组装，饭店就可以马上营业。庄炎林对此很感兴趣。

这项工作还在洽谈中，有人却说开了："沙石材料也要从外国进口，这不是崇洋媚外吗？"

有人还把状告到了廖承志那里。

虽然廖承志也好，庄炎林也好，对飞短流长一概置之不理，但一种更可怕的论调却在滋长：建合资饭店？与外国资本家联盟一起赚中国人的钱？那还了得！这不是一个简单的经济问题，这是阶级立场问题！中国人自己就不能建饭店，非要交给外国资本家？简直就是卖国！

这可真是一顶天大的政治帽子，建合资饭店变成了丧失阶级立场，丧失国家、民族立场的卖国行为，罪莫大焉。俗话说："一朝被蛇咬，十年怕井绳。"刚刚经历过"文化大革命"的国人，但凡听到这种论调，少不了要不寒而栗。二十年后，庄炎林回忆说："当时人们所争论的还不仅是姓社姓资的问题，而是上升到了爱国主义还是卖国主义的问题……"

各种风言风语和非议，也传到了庄希泉耳朵里，但他毫不含糊地给儿子以鼓励和支持。从父亲那里，庄炎林全面了解了廖承志对旅游事业的特别关注和良苦用心。新中国成立之初,廖承志就有一个明确的设想:做海外侨胞的工作,主要是从国内做国外的工作,因为华侨在国外,过去他们来不了,我们更出不去,后来能出去了,人数也很有限,最好让他们多回来探亲、旅游,百闻不如一见。所以,在廖承志的支持下,最早在北京和广东、福建等侨乡搞起了华侨旅行服务社,后来又发展为全国性的华侨旅行社。"文化大革命"中,中侨委被撤销,华侨旅行社自然难逃被冲垮的厄运。如今形势大好,廖承志想的已经不是单纯地恢复华侨旅行社了,而是要借改革的春风建几家像样的旅游饭店,让广大华侨回来后有更好的居所,并借此促进改革开放。

处于舆论漩涡的庄炎林,面对扑面而来的风暴,毫不在意。为了选择最佳的合作人选,他宵衣旰食。

但非议还是有增无减地从四面八方传来,庄炎林不得不为此分心。廖承志也发现苗头不对,遂把庄炎林再次叫到办公室,开门见山道:"炎林,工作进行得怎么样?"

"廖公,压力不小啊。"庄炎林欲言又止,但还是说了出来。

"嗯,这个我有听说,但你要坚决顶住。我相信你!记住,只许成功,不许失败。这第一家合资饭店,就是能否成功引进外资的第一场攻坚战。如果失败,引进外资搞建设这一重大决策就可能被否定,我们的旅游业甚至整个改革开放步伐势必受到严重影响。"庄炎林认真地听着,他从廖承志的话里又一次感受到责任重大。

"你以前是花外汇,搞坦赞铁路花了十来个亿,现在要想办法赚回来!"廖承志说完,沉吟片刻,又说,"炎林啊,我这个后台,可不是只给你出难题的噢!我给你介绍一个合作伙伴……"

廖承志介绍的人选叫陈宣远,早年在上海圣约翰中学读书,后来到美国定居,拥有饭店管理者和建筑师的双重身份,在美国设计并建造过旅馆,也经营管理过饭店,如今拥有美国加利福尼亚州旧金山的帕罗沃特、拉古娜、帕萨迪娜、希尔顿等四家假日酒店和一个建筑事务所,对饭店的建设、经营和管理都颇有经验。更重要的是,他有强烈的爱国报国思想。

廖承志还告诉庄炎林:"陈宣远是我的远房表亲,他的为人我了解,他与我谈过在国内建饭店的事。举贤不避亲,当然,我只介绍,绝不插手,你们自己去谈。"

头一批"涉外婚姻"的台前幕后

在廖承志的牵线下，庄炎林迅即与陈宣远取得联系。庄炎林严谨务实的作风给陈宣远留下了深刻的印象，而陈宣远一心想为祖国贡献一分力量的赤子之情，也让庄炎林深为感动。两人相见恨晚，谈判进展得很顺利。

陈宣远真心诚意想为国家作点贡献。当他了解到以往谈判中，中方皆因有人怕吃亏而未成功时，他毅然做出了重大让步："我看这样，我们拟订合资方案，要按让国内各方面都能够接受的条件来办。我的目的只有一个，就是尽快在北京办成中国第一家合资饭店。"

由于当时还没有出台相关的法律法规，双方最后议定：双方各投资一千万美元建建国饭店，饭店共五百二十八间客房，其中外方占49%的股份，中方占51%的股份；双方合作十年，十年后，中方只需花一美元，就可购下外方所有股份，也就是说中方十年后完全拥有饭店。

既然陈宣远诚心为国家作贡献，愿意在十年后送给祖国一个饭店，为什么还要中方花一美元购买呢？陈宣远带来的美国律师道出其中的奥妙：按照美国的法律，在国外投资是不能送的，白送就是违法，但对方可以买，至于多少钱则没有规定，是一千万美元还是一美元由业主说了算。因此，便有了"一美元买一个饭店"的议定。

显然，这个条件对中方是十分有利的，而且中方所出的一千万美元，全部是低息贷款，汇丰、花旗等国外银行都看好此项工程，愿意提供贷款。

1979年6月7日，庄炎林签发了旅游总局呈送国务院的一份报告，提出了不仅要中外合资，而且要合营建旅游饭店的意见。报告就合作方式说明：由陈宣远负责筹集全部资金，分别作为双方投资，共同合作建造和经营。中方负责提供地皮、劳力和沙石料等（均计价收外汇），外方负责设计和进口材料、设备等。饭店建成后双方合营十年，总收入扣除支出和按期返本付息后，剩下的净得按照投资比例分配，合营期满，中方象征性地以一美金购得外方所有的股份，饭店全部归中方所有……

但报告送上去后，遭到多方反对。国家计划委员会（简称国家计委）有的负责人说："我考察了许多合资饭店，都是赔本的，有这样从外面借钱干赔本的事的吗？"国务院高层也有人持不同意见。

没法子，国务院副总理兼利用侨资、外资建设旅游合资饭店小组组长谷牧提议召开国务院常务办公会议，讨论是否要建建国饭店。一个饭店的建设放到了国务院常务办公会议上讨论，可见不只是群众，来自领导层的思想阻力也很大。庄炎林列席了这次会议。与会的除国务院领导外，还有有关部委以及北京市建设委员会的领导。会议一开始，争论就十分激烈。有人似乎有备而来，拿出了一个可行性分析，在具体说明建国饭店这个工程每年的收支数字后，得出结论：建国饭店在经营二十二年后，要还清从汇丰银行借贷的二千万美金的本息，也还差二万美金。如此这般，他振振有词地责问庄炎林："为了国家的利益，我们反对上马。钱要用在刀刃上，如果你庄炎林硬是想建饭店，那好，二十二年后你来还这二万美金。"

在这位发言者看来，似乎只有他对国家财政有责任感，真理在手，理直气壮。

听罢这话，庄炎林不禁暗自佩服廖承志的远见。几天前他把"十年后一美元买一家饭店"当作特大好事报告廖承志，并认为应该不会再有人反对这个方案时，廖承志却摇了摇头，深思熟虑地说："你不要高兴得太早。办旅游饭店不赚钱的观念还很有市场，你一定要与陈宣远一起，把可行性分析搞得详细并留有充分的余地，否则一旦人家认定办饭店赚不到钱，你也无法说服人家嘛。"庄炎林听后，马上与陈宣远再次仔细审核可行性计划，力争万无一失。若没有事先防备这一手，今天赴会可就措手不及了。

庄炎林列举了陈宣远在美国办旅游饭店的大量数据和实际情况，又立足国内实际情况，指出：新中国成立以来旅游业的接待式管理、招待所式的饭店经营，不仅远远不能满足国外对中国旅游和饭店业的需求，也造成了旅游和饭店业多年的亏损状态。

庄炎林以大量的数据和事实，充分剖析建国饭店建设的利与弊，让人感到办建国饭店的必要性、可能性和能为国家赢利的必然性。他最后得出截然相反的结论："快则六七年，慢则八九年，建国饭店定能够全部还清本息，还赚回一个饭店，只需花费一美元。"

在众人低声议论中，庄炎林继续道："现在正值改革开放之际，要发展中国旅游，但全国合格的涉外饭店客房严重不足，成了北京的瓶颈。要大量建设旅游饭店，资金、技术和经验都很缺乏。引进侨资、外资，不仅能让投资双方受益，缓解客房紧张的局面，而且还能取得国外经验，进一步发展旅游，发展经济。这样的好事，何乐而不为呢？"

庄炎林言之凿凿，分析得合情合理。

会议这下热闹了。因为没有先例，又无任何条文可遵循，你争我论，双方结论的差距又如此之大，以至于国务院常务办公会议一时无法定夺，只好将双方截然相反的分析上报最高决策层。

为了建国饭店的事，庄炎林几乎天天往廖承志家中跑。

廖承志安慰庄炎林："这是史无前例的举措，中央领导层并不熟悉，持严谨态度毫不奇怪，我们必须以极大的耐心说服，再难也要努力。万事开头难，就像大战役中的头一个攻坚战，只有一鼓作气攻上去，才可能扩大战果，开辟新战场。"

一向不爱走门子的廖承志，这次一反往日风格，会上交谈不够，还躬身个别拜访。他以良苦用心和少有的耐心和韧性，详细介绍合资对象情况，旗帜鲜明地表示支持："国家开放，国外客人来要有地方住，要先盖宾馆。国内有沙石、有人工、有土地，向外方争取些资金、设备、技术和管理经验，就上去了。"

庄炎林拟就的旅游总局报告，在十七位中央高层领导手中流转，或画圈或批示。首先，邓小平态度鲜明：要旅游，就必须建造足够的上档次的旅游饭店。陈云、李先念等一批元老级人物相继过目，经过详细分析，他们也站在了庄炎林的一边，力主上马开工。最后，时任党中央主席兼国务院总理的华国锋一锤定音：建合资饭店我们没有经验，但可以试一试，搞好了，以后推广，搞不好，就此一个。

如此这般好事多磨，第一批作为引进外资的试点项目批下来了：中国航空食品公司、建国饭店、长城饭店。这也是中国大陆的第一批合资企业，其中建国饭店、长城饭店两个项目由庄炎林负责。

项目批准后，庄炎林立即开始选地址、定楼层等工作。经过细致比较，地段决定选在建国门外大街，拟建二十来层，占地面积一万平方米。这里地段繁华，人流不息，庄炎林与陈宣远商定，要好好地大干一场。

但问题也随之来了，所选地址后面是某部委的宿舍区，居民不同意，告状说挡了他们房屋的采光。做不通工作，没法子，只好让步。最后商定在有宿舍的一方只建四层半，保证该部委居民在全年太阳最短的冬至那天，阳光能照到他们的一层窗户;在无宿舍的一边,也只建九层高的楼房。

建国饭店的总体设计仿照陈宣远在美国帕罗沃特假日酒店的设计,外观低矮错落。天窗采光的中央大厅,白天温暖,夜晚明亮;两侧的花园景观,典雅秀丽,以创造与熙熙攘攘的长安街截然不同的内环境。

1980年6月,建国饭店破土动工。工地的篱笆竖起来了,搅拌机开进来了,工人们开始甩开膀子干起来了。

但怪事连连。那个部委的一些干部子弟,说这盖楼既"扰民"又影响风水。于是,工地上白天竖起的篱笆,晚上就有"地下工作者"秘密破坏,稀里哗啦拆掉,笨重的搅拌机也被掀翻,工程无法进行下去。

怎么办? 庄炎林决定向廖承志求援。

廖承志听罢,猛一拍桌子,说:"炎林,你立即起草一份报告,我送报中央,看谁还敢这样胡来!"

庄炎林立即拟好报告,廖承志将报告送到邓小平手里。

邓小平对旅游事业的支持是坚定的。正是在他的支持下,1979年9月,全国第一所旅游大专学校——上海旅游专科学校始得成立。邓小平看完庄炎林拟就的报告,也不说话,只在上面批示了十一个大字,当即就让秘书传下去。

邓小平批示的消息传开后,工地上的"地下工作者"再也不见了。

这十一个产生了巨大效果的字是什么呢?翻开当年的档案,只见上面赫然写着:"有理也不得取闹,何况无理?!"

"小平同志是十分赞同和支持建合资饭店的!"庄炎林至今回忆起来,依然感慨不已。

建国饭店破除重重阻力,于1982年4月顺利竣工。

饭店建起来了,国务院开会讨论客房价格问题。国外的通常做法是投资数和客房价相关联,一般标准间为饭店总投资的千分之一,如投资二千万美元,五百个房间每间是四十美元一天。但国内要按床位计价,因此,物价局提出了限制客房最高价的方案。

庄炎林说:"引进外资建饭店,我们要还本付息,如果限制价格,那你帮它还本付息吗? 我的意见是不要限制,让它按商业运作,客房价格又不关系国计民生。"

会议经过一番讨论,同意放开客房价。

但物价局又说:"即使不限制它的最高价, 也要限制最低价,万一它一味降低,就有可能冲垮我们其他的旅馆。"

庄炎林对此也表示反对,说:"客房是特殊的商品,今天租不出去,就等于零,明天得重新开始。旺季高一点,淡季低一点,也是常情。何况淡季时价格再怎么降低,总还有点收入嘛。你又不帮它招揽客源,何必要限制它的最低价。"

大家听了,觉得有道理,遂不再设限,允许饭店根据淡旺两季合理地上下浮动客房价。

由于建国饭店是国内首家高档合资饭店,此间来华访问的法国总统便将答谢宴定在这里举行。

宴会当晚6点,受法国总统邀请的各国驻华使节及各界人士相继而来,建国饭店盛况空前。就在这时,服务员报告,通往宴会厅的一处天花板突然漏水。

这可怎么办?中方人员一时着了急,有的说在那里放个脸盆接水,有的说弄块牌子,上书"请绕行"标志,不一而足。

到底是外方经理有经验,他凝思片刻,即吩咐一位领班站在漏水处,寸步不离,表面上是为客人们引路,实际上是以身接水。

整个招待会顺利进行而毫无破绽。建国饭店华丽的装饰、鲜美的菜肴和优质的服务,博得了诸多驻华使节的高度赞扬。大家像发现新大陆一样,对北京城这座新饭店的出现刮目相看。性急的人已经在悄悄向服务人员打听:在这里举办一个类似这样的宴会需要多少经费?尽管宴会结束后那位为客人"引路"的领班已浑身湿透,但他作出的牺牲和为饭店换回的收益却是巨大的。客人身上、头上没淋到一滴水,当然不会注意到过道天花板上正在往下滴水。而法国总统的答谢宴一结束,饭店这边马上进行了彻底的补漏。

建国饭店一时声名大噪。

望着雪片般纷至沓来的订房和租用宴会厅订单,庄炎林和饭店管理人员打心底里佩服外方经理高超的管理艺术。廖承志听后,也赞不绝口,说:"法国总统的答谢宴会,如果按我方管理人员的设想,在过道漏水处放个脸盆或痰盂,那叮叮咚咚不绝于耳的滴水声势必影响人的情绪,破坏整个晚上高雅的气氛。事后,还将留下一个质量很差的印象。"

庄炎林深有感触道:"这也从一个侧面证明,引进外资、引进外国先进的管理经验和技术这一举措是正确的。"

从1980年签约到1982年4月28日建国饭店正式开业两年间,陈宣远从美国飞回中国大陆二十二次。其中有一次他不慎跌倒，手臂骨折，仍吊着绷带来谈判。这是对他发展祖国旅游事业一片痴情的最好诠释。

建国饭店开业当年，就赢利一百五十万元。庄炎林既高兴又激动，把陈宣远和北京市旅游局的领导拉到廖承志面前："廖公，建国饭店谈判签字开工后，我就把饭店交给北京市旅游局干，可饭店建成开业时，这位仁兄对我说，搞这个项目北京最吃亏了，第一年至少亏损一百万元。当时正巧陈先生也在场，陈先生让他放心，肯定赚钱，第一年至少赚一百万元。"

"那你们怎么理论？"廖承志饶有兴致地问。

"我当时就说，你们两家打个赌，我做公证人，待营业一年后做个总结，谁输了谁请客！他们两个都答应了。"庄炎林兴奋地说。

"好好好，实践是检验真理的唯一标准。那现在怎么样了？"廖承志明知故问。

"哎，廖公，真是人算不如天算啊，是我们输了。以我过去的经验，我只知道搞旅游饭店是只赔不赚的，哪晓得情况变了。这次饭店一年赚了一百五十万元，真是大大出乎我们的意料。"北京市旅游局的领导一副心服口服的样子，"高兴哪，这个赌我认账，今晚我请客。"

愿赌服输的北京市旅游局领导兑现了承诺，办了五桌酒席，庆祝建国饭店开业一周年。饭店开工前，尽管他们对饭店赢利有信心，但毕竟还是理论上的计算，因此他们的心一直悬着，现在饭店赢利了，一份份订单纷至沓来，这才是最踏实的。而且，饭店的成功也直接击破了那些什么"阶级立场问题"、"卖国主义"等风言风语，对改革开放所带来的政治效应更是难以估量。建国饭店本身受益不说，更重要的是，此举把北京的旅游业打开了，并提供了可资借鉴的管理体制和模式。

此后，建国饭店的利润年年攀升，仅仅用了四年多的时间，就连本带息还清了汇丰银行的全部贷款。而十年后，建国饭店所创下的利税等于赚了七八个饭店，这个结果以不争的事实印证了当年庄炎林的预言："外方能赚钱，我们赚得更多。"当然，这只是经济效益，在经营管理等方面学到的许多经验，以及在国内外产生的巨大影响，是无法用经济来衡量的。

事实上，不到两年，建国饭店的业绩就引起了党中央、国务院的高度重视。1984年7月24日，国务院发出通知，号召全国学"建国"——要将建国饭店的建设与管理经验和模式在全国推广。后来，中央还为此再次下文，要求全国饭店学习建国饭店的建设模式和经验。

就因为一个建国饭店，国务院专门下文号召学习，以现在的眼光来看，多少显得有些小题大做。但明白人都知道，这不仅仅是一次饭店建设经验的推广，而更像一次运用具体案例解放思想的活动。它向外人昭示：共和国已经不再自我封锁，放弃了"以阶级斗争为纲"，而以"解放思想，实事求是"的开放心态和自信面向世界。此后，一大批具有高质量和高水平的饭店如雨后春笋般涌现出来，而其他领域的改革开放也迈上了新的台阶。

就饭店论饭店，"建国"旋风也是引人注目的。它打破了过去招待所的管理经营思路，让中国人眼见为实，看到了西方旅游业按经济规律办事的先进性，看到了如此办旅游业将给国家带来的巨大收益。如果不办起这第一家合资饭店，光从理论上去争论，说不定还要久久徘徊在"是社会主义还是资本主义"这样"大是大非"、"立场问题"的僵化思维模式中。

如果说，中国对外开放的起步，是从引进外资入手的话，那么，引进外资最初是以引资建旅游饭店为突破口的。建国饭店不仅为引进外资搞建设这一重大策略的实施做了一个圆满的答复，还加快了中国旅游业的发展步伐。庄炎林有幸参与了这项工作，成为中国最早引进外资的直接参与者和拓荒者之一。

1988年3月，未届花甲之年的陈宣远，在美国寓所溘然病逝。消息传来，庄炎林甚为悲痛，他如是评价陈宣远："在中国刚刚打开国门之际，许多外国人因为不摸底，怕失败，不敢来华投资。但陈宣远先生不怕风险，也乐于承担风险，这才有了改革开放以来的中国第一家合资饭店。作为第一个吃'螃蟹'的炎黄子孙，他为祖国的发展作出了不可磨灭的贡献，将永远被历史铭记。"

一波三折的兆龙饭店

以改革闯将闻名的项南主政福建后，认为庄炎林人才难得，又熟悉福建情况，极力向中央举荐调他到福建任副省长。中央组织部（简称中组部）领导也已找庄炎林谈话征求意见。

庄炎林对此有所犹豫。主要是父亲庄希泉年事已高，自己这一走，父亲身边便没有合适的人照顾。可是，放不下对家乡福建深厚的感情，尤其想到福建是中央决定的改革开放两个先行省份之一，庄炎林打心底里又想跟项南一起闯条新路，在改革开放的前哨大显身手。他试探着询问老父亲的意见。

"去吧，好好干！"一向以国事为重的庄希泉支持儿子的决定。

1981年5月，就在庄炎林准备接受新的任务南下福建工作时，一个电话找到了他。廖承志要庄炎林下午到他的办公室一趟。

庄炎林依言赴约，匆匆赶往廖承志的办公室。庄炎林尚未落座，廖承志就单刀直入："哎，炎林呀，听说项南同志到中组部要你去福建搭档，不错嘛，你是福建人，又曾在福建工作过二十多年，情况熟悉，听说中组部也同意了，你自己怎么打算？"

庄炎林不知就里，如实做了回答："我一向都是根据工作的需要服从组织分配。"随后加上一句："廖公，自小平同志批示后，建国饭店建设万事顺利，估计不会再出现意外折腾了，兆龙饭店也上路了。"

"所以，你就想甩手走了？"廖承志沉吟了片刻，说，"炎林啊，你有没有考虑过影响？你服从组织分配很好，但是我们还要考虑对外影响。人家一说起来，共产党人不讲人情，父亲都九十多岁了，还把他身边唯一的儿子调到千里之外工作，这样好吗？"廖承志接下来的语气陡然严肃起来。

他不等庄炎林解释，继续说下去："我知道到福建是工作需要，但工作需要未必一定要到福建去。你了解侨情，对侨民有感情，愿意为侨民办事情，今后要考虑接我们这些老家伙的班。现在有一份更适合你的工作，可让你既留在父亲身边，做好接班准备，又便于施展拳脚。我已经跟组织上讲了，调你去国务院侨办工作，当副主任兼中国旅行总社社长、党组书记。"

庄炎林刚来时还以为廖承志找他是交代他去福建的注意事项，没想到事情来了个一百八十度的大转弯。

于公于私，庄炎林都觉得这样的安排比较合适，于是表示服从调动。

在庄炎林负责筹建建国饭店的过程中，还同时进行着另一个饭店的筹建工作，那就是兆龙饭店。

兆龙饭店的投资者是有"世界船王"之称的包玉刚。自1949年初辞去上海市银行副总经理，携家南下香港创业以来，包玉刚经二十余年奋斗，建立起庞大的"海上王国"——环球航运集团。1978年，他拥有二百余艘巨型船只，载重吨位二千万吨以上，超过美国或苏联国家所属船队的总吨位。翌年被国际独立油轮协会（总部设在挪威奥斯陆）推选为主席，国际航运界为之瞩目。

包玉刚有一位姨表兄在大陆任职，这位姨表兄不是别人，正是国家旅游局局长卢绪章。卢绪章当年是中共地下党员，打入国民党核心，曾与陈立夫、陈果夫兄弟办洋行，任总经理，后来成为电影《与魔鬼打交道的人》中的原型，包玉刚曾在他那里当过伙计。中国改革开放政策出台后，包玉刚敏锐地感觉到大陆的新变化，急切地想为改革开放出些力。但由于"左"的思想在国内尚未完全消除，包玉刚一时尚有顾虑。

想来想去，包玉刚采取了一个投石问路的办法，以其夫人的名义给国内发去一封电报，大意是包夫人打算回国探亲，看望卢绪章夫人。包玉刚的夫人黄秀英与卢绪章夫人是表姐妹，以她的名义来拍这封电报，自然可以省去许多不必要的麻烦。

按照既往观念，包玉刚是国外的大资本家，轻易碰不得，何况电文中包玉刚想回国做点事的意图很明显。卢绪章接到电报后，不敢疏忽，立即禀报中央，最后电报转到邓小平那里。

"船王要回国，好事嘛。"邓小平言简意赅。

邓小平意识到，在外界对中国仍充满偏见和猜疑时，包玉刚回国探亲考察，必将起到积极的推动作用。他立即授意廖承志复电："热情欢迎包玉刚夫妇回国。"

1978年10月，包玉刚夫妇踏上了北上的航班。在京期间的所见所闻，以及与卢绪章的促膝长谈，使包玉刚欣喜地意识到，邓小平正领导中国重新回到现代化建设的轨道上来。这位有着强烈爱国心的宁波籍实业家，在第二年表示，愿意捐出二千万美元，一千万美元用来在北京盖一座有三百间房的旅游饭店，另外一千万美元在上海交通大学兴建一座现代化的图书馆。

1980年3月15日，包玉刚受邀到北京商谈订购船舶和航运合资经营等事宜。在与王震、谷牧、姚依林等领导人的会谈中，包玉刚又一次表示愿意积极支持祖国发展旅游事业。他说："北京缺少旅游饭店，我来贡献，就在北京建一座旅游饭店，要求只有一个：纪念我的父亲，我父亲已经八十多岁了，饭店就以我父亲的名字命名，叫兆龙饭店。"

包玉刚一诺千金，只要中方同意，这笔款即可到位。

负责旅游饭店建设具体工作的庄炎林听后，自然是分外高兴。

但是，一个怪现象出现了，包玉刚建饭店的一千万美元支票无人敢接。庄炎林等人说不上话，要待高层定夺，而高层的部分领导人尚有不同意见。而且，一个不和谐的声音很快传遍了北京城:北京要建兆龙饭店,这不是为资本家树碑立传吗? 是爱国主义还是卖国主义? 有人甚至当面指责庄炎林:"你庄炎林是共产党员,又是老同志,应该知道,新中国成立后我党一直强调自力更生,拒绝外援,你在搞什么名堂嘛! "

显然,这是又一股"左"风在刮。人家白送一个饭店,我们却不敢要,天下哪有这样的怪事啊!不能因为"左"的因素迟滞国家的发展。庄炎林立即打报告给廖承志,寻求支持。

他还小心翼翼地对廖承志说:"廖公,广东、福建一些侨乡,许多华人华侨、港澳同胞捐资建学校、医院等,当地就用他们或他们亲属的名字命名,这样的事在建国初期就有。"

廖承志万分感慨地说:"华侨爱祖国、爱家乡和多做善事,光宗耀祖,二者一点也不矛盾。像包玉刚这样的华人,既非共产党员,又非领导干部,'文化大革命'中,宁波人破'四旧',把包家的祖坟都挖了,包家国内亲属也受了许多委屈,我们对不起人家啊。可人家一没有骂娘,二没有记仇,相反,心甘情愿地捐献二千万美金建饭店,盖图书馆,想为国家出点力。这本身是利国利民的好事情嘛!一个世界级船王,能对祖国有这片心意,已经是很不简单的事了,何必对人家这一点点敬老扬名的愿望吹毛求疵呢? "

廖承志在屋里来回踱着步,借以平静自己起伏的心潮:"世界上各国都有侨民,可是你想想看,哪国的侨民能像我们的华侨那样,离开祖国后,在海外一代甚至几代,生根了,发财了,可心里想的念的,依然是远在天边的家乡和祖国! 他们关注、渴望的依然是家乡和祖国的建设和富强! "

但廖承志清楚自己的身份,知道由自己出面解释,所起作用还是很有限。他是个聪明人,又在周恩来领导下工作多年,深知怎样做才有最好的效果。于是,他让庄炎林写报告,然后由他把报告直接送到邓小平手中,并向邓小平再次介绍了包玉刚的详细情况。

早在1977年复出政坛之初, 邓小平就把目光投向旅居海外的华人华侨和港澳台同胞,指出:"海外关系是个好东西,可以打开各方面的关系。""说什么海外关系复杂,不信任,这种说法是反动的。我们现在海外关系不是太多而是太少。把华侨同地、富、反、坏并列,这种错误政策一定要纠正过来,要做大量工作。"

包玉刚的大名,邓小平当然知道,听罢廖承志的情况介绍,邓小平说:"人家无偿捐资一千万美元给我们建旅游饭店,是对我们社会主义建设有用的事嘛,何乐而不为?要求命名兆龙饭店为什么不可以呢?人家讲孝心,是好事嘛,我们共产党人要讲人情啊,何况人家对我们有贡献,纪念纪念应该!"

邓小平还表示由他出面接受这笔捐款,替饭店题个名。

此话传出来后,庄炎林立即着手开展选址和征地工作。当时北京有关部门本位主义严重,几经协商,始得在如今的三环边选了一块地。

纵然得到了邓小平的口头支持,兆龙饭店建设仍有阻力,直到一年后才举行赠款签字仪式。

这时一个令人惊喜的消息传出:邓小平要亲自参加签字仪式!

1981年,庄炎林(前排右一)陪同邓小平(前排左七)、王震(前排左五)接见包兆龙(前排左六)、包玉刚(前排右五)父子一行

1981年7月6日,邓小平以中共中央副主席的身份,在人民大会堂会见包玉刚和他的父亲包兆龙等家属,庄炎林奉命作陪。庄炎林与邓小平第一次见面是在1949年5月的上海,当时是经由张鼎丞介绍的。

邓小平和包玉刚见面后,紧握着他的手说:"我们早就应该见面了!"他详细询问了包玉刚与中国船舶工业的合作情况,对他帮助中国船舶打入国际市场表示感谢。包玉刚则具体介绍了自己赴内地考察的情况和对中国发展船舶工业的建议。

庄炎林感觉到,尽管邓小平和包玉刚是初次见面,但共同关心的话题使双方交谈甚欢。

在签字仪式上,邓小平亲手收下了包玉刚双手递上的一千万美元支票,感慨地说:"你们要知道,我们国内现在办事的效率就这样,定个名字、找个地方就那么难,拖了一年半。今后一定得想办法改进。"

邓小平知道庄炎林是庄希泉的儿子,在负责主持这项工作,因此,他将支票交给庄炎林时,语重心长地说:"问题总算解决了,你们现在可以抓紧盖了。"

邓小平的殷切期望,让庄炎林信心倍增。已是耳顺之年的他,拿出一副"老夫聊发少年狂"的劲头,全身心地投入到兆龙饭店建设的工作中去。

得益于邓小平的关心和支持,兆龙饭店的建设得以顺利进行。此时庄炎林已就职国务院侨办副主任,虽然不再具体负责兆龙饭店的建设事宜,但仍热心关注此事。

1985年10月,由邓小平亲笔题写店名的兆龙饭店落成。邓小平再次破例出席当月25日饭店举办的剪彩仪式。这是他平生唯一一次为外资饭店题写店名和开业剪彩,既表示了对利用侨资、外资建设旅游饭店的大力支持,又显示了一代伟人的政治智慧。

在庄炎林看来,这多少也是对自己工作的肯定。

包玉刚率全家参加了饭店的落成典礼。

此时的包玉刚,已和邓小平成了无话不谈的朋友。邓小平自上回和包玉刚见面相识至今,已会见他七八次,向他了解香港情况和外界信息,并阐述中国政府关于解决香港问题的设想和方针、政策。包玉刚拥护邓小平"一国两制"的伟大构想,积极参与中英关于香港问题的谈判。因为他与两国领导人均有良好的关系,在谈判中起到了他人起不到的作用。

兆龙饭店兴建时,庄炎林根据既定方案,指示饭店要给包玉刚留一套高级套房。该套房比总统套房还大,除包玉刚本人,他的至亲也可免费入住。

在国内没有星级饭店时,兆龙饭店按国外三、四星级标准建设。最大的特色,在于它附设有很好的游泳池,须知当时国内最高级的北京饭店,也没游泳池。这缘于一代船王包玉刚对游泳的钟爱。

包玉刚知道庄炎林爱好游泳,曾对庄炎林说,有一次他从纽约起程回港前先游泳,经旧金山换飞机,短短两小时的停留时间,他也找地方去游泳,回香港后要游泳,到北京却没地游了。得悉此情,庄炎林就想带他到养蜂夹道(今文津街俱乐部)游泳。包玉刚是香港人,庄炎林就专门向中共中央办公厅汇报,得到特批,庄炎林才带包玉刚去游泳。

包玉刚和庄炎林在养蜂夹道游泳之后,十分满意,对庄炎林说,以后我来北京能住这里就好了。庄炎林由此想到,新建的兆龙饭店一定要有游泳池。

包玉刚对兆龙饭店的硬件、软件设施十分满意。

令人遗憾的是,兆龙饭店落成时,不仅包玉刚的父亲包兆龙已然仙逝,廖承志也因心脏病突发去世。

忍辱负重建丽都饭店

要做好旅游工作,必须及时掌握国际旅游市场的动向及不同国家、不同阶层旅游者的不同需求。1980年7月,为了学习、了解国外先进的管理经验,一个由国家计委、国家建设委员会、国家旅游局、北京市旅游局、上海市旅游局等单位十来位局处级以上干部组成的考察队伍,由庄炎林带队,远渡重洋,前往欧美学习。

在西方人眼中,遥远的中国是东方一个神奇的国度。勤劳勇敢的炎黄子孙,在老外们看来,始终是个难以破译的斯芬克斯之谜。这些龙的传人,为了谋生计、求发展,循着黄河、长江艰难地跨越国门,漂洋过海。他们开始往往一穷二白,除了祖先留下的"三把刀"(菜刀、剪刀、剃头刀)功夫外,可以说赤手空拳。令人不可思议的是,就在瞬息万变中,他们已在异国他乡站稳了脚跟,事业有成,有的还执一方、一国经济之牛耳,甚至驰名世界。最令人不可思议的是,在异国他乡不管经历了多少代,他们安土重迁的东方情结却始终不泯,一心图报桑梓。

这次出访,每逢老外请庄炎林破解中国人之谜,他都少不得为走出国门的华人华侨给世界带来的冲击波而自豪,但他现在考虑更多的是如何把外国人请进来。他坦诚地告诉他们中国的改革开放政策,并说:"我们中国有个'捷足先登'的成语,第一批跨进中国大门的投资者,肯定会成为中国对外开放的首批受益者。"

在美国,庄炎林和代表团在孟菲斯假日饭店总部参观时,发现他们经营得有声有色。全球五十多个国家和地区有他们连锁经营管理的饭店达一千七百多家,拥有三十多万间客房。大家由衷称赞孟菲斯假日饭店精巧的室内设计、个性化的家具，尤其是优良的现代化管理措施。经过一番接触和商谈，双方均有合作的意向。

但庄炎林和代表团也发现了一个非常严重的问题：孟菲斯假日饭店外面升着的各国国旗里，没有中华人民共和国的五星红旗，却有中国台湾的青天白日旗。当时中美关系已经正常化，美方承认一个中国的原则，台湾是中国的一部分，因此，这显然是一个十分严重的问题。

庄炎林当即提出抗议，声明一个中国的政治原则："我们就国旗问题郑重向你们提出抗议，虽然这次出访只是商业行为，但关涉到国家利益和尊严等大是大非问题，不能马虎。只有一个中国，这就是中华人民共和国，台湾是中国的一部分，这是中美两国政府早已达成的共识。我们要求，立即撤下台湾当局的旗帜，悬挂中华人民共和国的五星红旗，这是我们合作的政治前提。"

听完庄炎林义正词严的一席话，孟菲斯假日饭店的负责人也觉得问题严重，连忙解释说，悬挂的旗帜是表示该国家或地区有他们合作经营管理的饭店，之后表示立即纠正。但孟菲斯假日饭店没有五星红旗，对方又歉意地表示：下次中方来时看到的一定是五星红旗。庄炎林1984年再次来到孟菲斯假日饭店时，旗杆上果然飘扬着鲜艳的五星红旗。

孟菲斯假日饭店是国际著名的旅游饭店集团，在全球设有众多分店，只因中国国门初开，故尚未进驻中国大陆。但酒店高层对中国这样一个潜在的庞大市场，显然是看重的。为了表示与中方合作的诚意，对方提出了包括投资、管理、挂名等各种合作方式，条件相对宽松。另外，为打消中方的政治顾虑，对方还表示愿意取消与中国台湾方面的合作。

庄炎林对合作方式很满意，但并不赞同对方取消与中国台湾的商业合作，他说："贵方与台湾正常的商业往来我们并不反对，这样有利于全球合作，也有利于我们和台湾搞好关系，促进'三通'。你们还可以通过总部的电脑中心，介绍台湾客人来大陆住我们的饭店。"

经庄炎林这样一说，外方表示同意。

谈判结束后，代表团有人为庄炎林的这番言论担心："庄团长，人家要取消与台湾的合作，我们倒叫他们继续合作，这样回去会不会挨批呀？"

"别怕，由我负责。"庄炎林胸有成竹地说。

事实证明，庄炎林的决定是正确的。代表团回国途经日本东京，下榻孟菲斯假日饭店时，看到宣传小册子上介绍说：一座规模最大的北京丽都假日饭店正在兴建,开业后,全世界各大城市都可以通过假日饭店总部订房。小册子里列了许多城市的名字,其中包括中国台北。回国后,庄炎林向中央领导人如实作了汇报,得到了中央的肯定。

这次与美国假日饭店的商谈,为后来中国合资饭店——丽都假日饭店的管理做了铺垫。

北京丽都假日饭店由董事长庄炎林和副董事长罗新权共同取名。丽都假日饭店的建设,有一个曲折的故事,而他的主角之一便是庄炎林。

丽都假日饭店的投资者、新加坡华人罗新权是广东客家人,为了完成父母的遗愿,他计划在北京投巨资建造一座二千间客房的综合性饭店。庄炎林与他洽谈。当时也是一片反对声,但庄炎林一如既往地顶住了压力。关于饭店今后的产权归属问题,身任国家旅游局副局长兼中国国际旅行社总社副总经理的庄炎林一碗水端平,说中国国旅、国家旅游局届时各一半产权。

事情刚有眉目,发生人事变动,庄炎林调往国务院侨办,不再在国家旅游局负责旅游饭店的建设工作。接替庄炎林与罗新权谈判的一位同志,因为没有经验,在很多方面心里没谱,与罗新权谈得磕磕绊绊。在一次谈判中,罗新权认为在中国办事情实在难,遂说:"照这样搞下去,我终归会垮台。"

这样的话本是可以理解的,谁知这位同志是四川口音,误把"终归"理解为"中国",加之谈判中心里老不高兴,于是大发脾气,拍桌子喝道:"你说中国会垮台? 中国是不会垮台的!"罗新权当即严正声明,我根本没说什么"中国会垮台",两人吵了一通,令人啼笑皆非。

合作建设,天时、地利、人和三要素缺一不可。这一声断喝,自然使谈判无法进行下去。消息传出,国家旅游局新任局长韩克华表示:"庄炎林有经验,还是请他来谈判好了,这个项目由旅游局和侨办共同对外合作。"

于是,庄炎林又重新和罗新权坐在了谈判桌上。但在谈判的过程中,又出现了波澜,旅游局有的领导说,两家合作麻烦,干脆归侨办算了。

国务院侨办党组在研究此事时,有人认为:便宜没好货,好货不便宜,人家旅游局都不要,这样的项目肯定不是什么好项目,我们又何必揽过来,自找麻烦?还有人说,我们与资本家打交道没有经验,吃亏还是小事,万一出了政治问题怎么办?

庄炎林则坚决主张接过来,他说,罗新权建饭店是有诚意的,他所提的条件体现了互惠互利的原则,无论从哪个角度看,对我们国家都非常有利。

为了增强说服力,庄炎林还拿出相关数据,并讲述了自己筹建建国饭店和兆龙饭店的感受,列举许多理由说明饭店建成后的有利前景,言辞恳切,证据确凿。

一番争论后,国务院侨办党组同意了庄炎林的意见,并决定由他具体负责饭店谈判和建设事宜。

一经获得授权,庄炎林迅速组织人马与对方谈判。由于当时还没有适用的法律,双方商定:饭店采用中外合作方式,中方出土地和市政配套,对方全额投资,建设一座大型的与国际接轨的高级饭店,营业利润按中方20%、外方80%分配,外方负责还本付息,合营十五年后饭店归中方所有。饭店选址在当时的北京郊区酒仙桥附近,在市区与首都机场中间。

关于选址还有一个小波折。当时准备选在市区东直门附近,协议已经签好了,但有关部门不同意。罗新权只好写信给中央,说政府不守信。后来邓小平发话,要遵守协议,给人家一个满意的答复,最后才确定改在现在的地址。

丽都假日饭店终于破土动工了,但庄炎林不知道,就在这时,一场风暴正向他袭来。

1983年10月,上面传言下来,要彻查丽都假日饭店。

为什么要彻查?因为中央整党指导委员会接到一封署名“丽都饭店一职工”的匿名告状信。信中标题十分醒目:《中外合资的北京丽都饭店上当受骗损失严重》。信中谈到,庄炎林主持的丽都饭店在合资过程中,外方不出一分钱,中方损失几千万美元。匿名信刊登在《经济时报》的内参上,中央政策研究室的《情况反映》加以转载。对此,一位领导批示:“这件事我听到不止一次,我认为很可能是贪污受贿。即使是上当受骗,造成重大损失,也要从重查办。如查有贪污受贿,应即由法院严惩。我建议组织一个强有力的检查组前往彻查。”

中共中央总书记、中央整党指导委员会主任胡耀邦觉得事情虽然重大,但也有蹊跷之处,特别是匿名信中多有“可能”、“应该”、“差不多”一类似是而非的字句,应谨慎对待。他慎重批示:“看了这个检举揭发材料,我认为首先查清事实是否如此,如事情真是如此,那我们是干了一件大蠢事。干蠢事也不要紧,但要从中吸取经验教训。我们共产党就是在干蠢事中学乖的。要对干蠢事的人给予帮助,包括处分、撤职查办,也包括帮助。如果干得对,还要给予鼓励、重用。”

此时庄炎林正准备赴香港,应邀参加香港中国旅游协会成立大会。丽都假日饭店突生风波,他本拟取消行程,以免有人认为是心虚外逃,但万里、姬鹏飞都批了,而且外交部还特地要求英国驻华大使馆提前办好赴香港签证,香港中国旅游协会已对外宣布,不赴港看来不行。

走前,他花了三天三夜,收集资料,给中央领导写报告,详细说明丽都假日饭店建设的来龙去脉,一切都是按照规定程序请示报告,完全依法办事。而且,这个项目总的来说,贯彻了平等互利的原则,尤其对我们国家有利,并且要求尽快派检查组来检查。

然而,一波未平一波又起。庄炎林将报告呈上去不久,第二封匿名告状信又冒了出来,标题为《编造假账,欺骗中央》,署名为"丽都饭店一党员"。这是针对庄炎林对中央领导的信而写的。

此时庄炎林正在香港开会,丽都假日饭店群龙无首,大家一时慌乱起来。众人心里清楚,写告状信的人就在丽都假日饭店内部。

丽都假日饭店工地也传出消息:建筑工程队不想干了,免得以后受庄炎林牵连,跟着他进班房。

庄炎林在香港开了一星期的会回来,闻听此事,深感震惊,觉得事态严重,必须认真对待。他觉得,个人荣辱不要紧,事情弄不清楚,耽误了丽都假日饭店的建设,对国家损失可就大了。

他分头找到了中央政治局常委、书记处书记、中央整党指导委员会常务副主任胡启立和国务院副总理田纪云,反复说明利害关系和原委,请中央尽快派检查组下来检查,但不要让施工停下来,以免影响进度和试营业,造成损失。

党中央和国务院采纳了庄炎林的建议,在联合下文中指示:中央领导决定组织强有力的检查组到丽都假日饭店检查,如有什么问题,也得等查清楚后再处理,不要妨碍继续施工和试营业的准备。丽都假日饭店可以一边继续施工,一边接受检查。

为了彻底搞清丽都假日饭店的问题,真正对党和国家负责,中央成立了一支规格高、规模大的检查组。组长是中央顾问委员会常委伍修权,组员有正副部长、兵团级及军级干部七八个,司局级干部十几个,会计师和审计师几十个。很快,检查组进驻丽都假日饭店办公。

隔离问话、查数据、核货单等,历时三个多月,检查组未查出任何问题,

在中央检查组下来前,国务院侨办已组织人对丽都假日饭店进行检查。当他们向中央检查组汇报说未发现有问题时,有人竟批评他们"屁股坐到资本家那里

去了"。

历史上,一纸诬告将人打倒在地的事例不少,这封匿名告状信自然也把庄炎林推到被审查的位置上。何况此时正是厉行整党之时,立功心切的有关人员认为抓到了一条大鱼。因此庄炎林本人也被多次叫去谈话,甚至在庄炎林冬泳后拿大顶不慎摔伤住院后,也被叫去问话。

庄希泉也知道了这事,他相信自己的儿子,对庄炎林说:"你问心无愧,有什么好怕的!"

有父亲的支持,庄炎林心里更坦然了。在伍修权面前,他把事情的来龙去脉一一说清楚。天平渐渐向他一边倾斜。

不料就在这时,第三封告状信再次在中央高层神秘出现,别有用心地提醒不仅要查中方单据,还要彻查罗新权在国外进货的原始单据。于是,中央检查组提出要查国外进货的原始单据。

原始单据对一般的投资者来说是商业秘密。得知此事,看到没完没了的架式,许多人害怕了,施工单位不敢继续施工,合作单位要求散伙,外方投资人罗新权自然不愿意,几个月来的折腾,已经让他领教了中国式办事方式,他心里难以接受,为免惹下大祸,想抽身而退。

"既然中国大陆政策不稳定,我不干了,我已经投入的一千万美元算我捐给国家。"罗新权对庄炎林泄气地说。

一方是上级无休止的检查,一方是投资人情愿丢掉一千万美元而打道回府,免得惹下大祸!面对残酷的现实,庄炎林的内心在流血,不是因为自己受到诬陷,而是眼看一个有利于国家建设的大型合作项目将化为乌有,眼见国家的形象将受到严重损害。

庄炎林耐心地开导罗新权:"罗先生,打退堂鼓,半途而废,岂不是赔了夫人又折兵?你丢了一千万美元,项目搞不成,我们国家也没有得到好处,事情好坏说不清,还玷污了清白之身。我看,你还是配合工作,把原始单据运来,让他们查,问题总会解决,真金不怕火炼。"

罗新权终于被说动了。在他的配合下,工程得以继续施工,重达九十多公斤的原始单据也从海外空运过来,给中央检查组彻查。

1984年2月15日,丽都假日饭店在漫长的审查过程中迎来了第一期五百三十间客房试营业的日子。由于检查期间不允许饭店广播、登报,不许宣传、发海报,加上饭店地处偏僻郊外,还没有知名度,因此鲜有人问津。开业第一天只住进十个客人,对拥有一千多个床位的丽都假日饭店来说,利用率还不到1%。第二天也只来了二十多个客人。

经营管理饭店富有经验的总经理不禁担忧起来,说自己从未遇到过这种情况,国外的饭店都要登广告、出海报,在广播、电视里宣传的,丽都饭店不做广告,问题可大了。

罗新权也有点着急了,找到庄炎林诉苦:"照这样下去,可亏大了。"

"不用担心,我们丽都饭店的硬件很好,只要把软件搞好,管理服务搞好,客人的宣传比什么广告都好。"庄炎林好像胸有成竹。

天无绝人之路。一周后,一个绝佳的机会来了。2月下旬,一架从香港往北京对飞的英航波音747客机,被一名精神病患者劫持到台湾。当晚在北京机场候机的三百多名客人滞留在机场数小时,客人们情绪焦急。飞机来不了,机场方面又无法安排,只好四处求助。丽都假日饭店了解到情况后,马上组织车辆到机场接客人到丽都来住。一些客人反映:"不知道这里还有个这么好的饭店,五星级的设施和服务,四星级的收费。我们下次来北京,还来这里住,还要介绍朋友们来住。"

由此,丽都假日饭店开始了它的辉煌。

也就在这时,经过长时间的调查,中央检查组宣布结论:对庄炎林的告状纯属子虚乌有,丽都假日饭店建设中既不存在上当受骗,也不存在欺骗中央,更不存在贪污受贿的问题,倒是查出了诬告者及诬告的内幕。

一时间,众人哗然。

风波总算平息了,但风波造成的不良影响很大,尤其是对丽都假日饭店和庄炎林不利。中央问庄炎林有何要求,庄炎林说,发个声明说明真相,原先的通报发到哪一级,这次真相声明也就发到哪一级,澄清此事,以免再影响丽都假日饭店的建设和声誉,减少引进外资合作的障碍。

当这起弄得他疲于应付,几乎要让丽都假日饭店半途而废的冤情终于水落石出时,庄炎林得到的是人们的尊敬。

当时刊载了诬陷信的《经济日报》,就此事写了检查,说不慎重,登了这样影响恶劣的东西。耐人寻味的是,中央的通报批评被人为地压了几个月,直到1985年,中央政策研究室在第1184期《情况简报》中,才为庄炎林澄清了问题。这份特殊的文件这样公布:

中外合营的丽都饭店，中方不存在上当受骗、损失严重的问题，中方主持人庄炎林同志及饭店领导人许森源同志不存在贪污受贿和编造假账向中央谎报情况的问题，检查组按照党的开放政策，坚持实事求是的原则，全面进行了深入的调查研究，澄清了事实，促进了丽都饭店的工程建设和按期试营业。试营业情况良好，一年来已接待十八万人次，总收入二千零八十二万元，赢利五百三十八万元，得到旅客好评。饭店虽然地处郊区，较为偏远，年平均住房率仍达83%。

受委屈时，庄炎林很平静；平反正名时，他仍然一脸的平静。

后来，国家旅游局召开成立三十周年大会，给几位对旅游事业有重大贡献的人员颁奖，庄炎林便是获奖人之一。党和国家领导人来人民大会堂颁奖，在休息室问起此事时，庄炎林如是相告："经过中央检查组近半年认真细致的调查，总算查清楚了，根本没有问题。"一位参加颁奖的领导安慰他说："查清楚就好了，匿名信十个可能有两三个不属实的。"

出席大会、同为颁奖人的中央政治局委员方毅说："要我看啊，恐怕十个还没两三个属实的。"

"不管十个中有几个属实，关键是最后的检查给予了公正，这就好了。"庄炎林后来谈及此事，脸上写满了豁达。

丽都假日饭店事件后，工程进展迅速。这时，另一个突出的问题摆在了庄炎林的面前，缺乏合格的管理人才和服务员。为此，庄炎林和同事们采取公开招聘、择优录取的办法，从几千个报名者中选录了五百多人，聘请国外的管理专家进行专门培训，效果很好。在竣工前夕，丽都假日饭店又学习西方的经营模式，搞试营业，以寻找漏洞，扩大影响。

当时公交车经过丽都假日饭店的站名带个"坟"字，成长在新加坡的罗新权也迷信，认为不吉利。经庄炎林交涉，花了一笔钱请公交公司支持，改名为丽都站。

丽都假日饭店是当时国内为数不多的按国际五星级标准建成的饭店，建成时为亚洲规模最大，集旅馆、公寓、办公楼、体育俱乐部、外籍子弟学校等多功能为一体的综合性饭店，内设当时许多饭店没有的超市、球场、游泳池、影视厅等，而且均按四星级收费。丽都假日饭店质优价廉，客房爆满，当年就赢利。

丽都假日饭店建成后,根据庄炎林率团出访美国假日饭店后的考察报告,中方决定仿照假日饭店的模式经营,由假日饭店派部分人员来华管理。谈判中,美国假日饭店要求提取总营业额的8%作为管理费。庄炎林坚决不同意,因为没有与利润挂钩,这样外方获利过高。利润与外方无关的话,美方必然只注意开源,不关心节流。另外,还要限制外方人员过多、工资过高(为中方普通员工的十多倍)的情况。

最后双方商谈的结果是:美方提取总营业额的3%作为基本管理费,另有总利润的5%作为奖励管理费。这样一来,给外方的管理费实际上减少了,而美方的收益多少也与利润挂钩,使他们不仅注意开源,也关心节流,还注意培养中方管理人员顶替外方人员,以减少开支,增加赢利。此后,庄炎林要求全国所有中外合资饭店以及饭店管理公司,都要按此与利润挂钩的模式经营,以保证中方利益。

值得一提的是,庄炎林在丽都假日饭店兼任了十年的董事长(1978年至1988年),却从未拿过一分钱的工资。

向旅游大国迈进

1979年,庄炎林与卢绪章等人制定了1980年至1985年的全国旅游发展规划。规划设想,到1985年争取接待外国旅游者三百五十万人,外汇收入约二十五亿美元。1979年9月,经国务院批准,国家旅游局在北戴河召开全国旅游工作会议,就旅游规划展开热烈讨论,会议形成《关于大力发展旅游事业若干问题的报告》,并为完成上述规划提出了要采取的措施和需要解决的问题。同年11月29日,国务院批准了这个报告。

巨大的旅游消费需求和落后的旅游基础设施之间的反差,迫使中国旅游业把提升饭店档次作为起飞的基石。紧随其后,道路拓宽了,机场建设步伐加快了,旅行社的经营管理也逐步完善,大小景区和旅游度假村的开发建设日新月异。

其实,不仅旅游如此,中国要改革开放,要真正成功地引进外资,当务之急就是要下大力气改善投资环境,解决宾馆不足、水准太低的问题。

万事开头难。旅游饭店的建设,始终绕不开第一批引进的侨资、外资饭店。它们全设在北京,以大、中、小三家饭店为代表,大的是长城饭店(投资八千万美元,一千套客房,五星级),中的是建国饭店(投资二千万美元,五百套客房,四星级),小的是与民航合作的航空食品公司(投资一百万美元)。其中前两家饭店,庄炎林引资、谈判并主持筹建,建国饭店的建设速度之快、影响之大,堪称中国旅游饭店建设的里程碑。

一花独放不是春,百花齐放春满园。随着包括兆龙饭店、丽都假日饭店在内的第一批侨资、外资饭店在中国大地上落地生根,它们的室内外装修设计以及管理经验等,对随后的饭店建设产生了很大的影响。于是,一时间,各地的旅游饭店便如雨后春笋般拔地而起。

当时建设大中型旅游饭店,少不了国家旅游局开绿灯。其中,北京市建香山饭店,当年就轰动一时。由美籍华人建筑大师贝聿铭负责设计,庄炎林亲自陪同贝聿铭前去考察。香山饭店建成后,后来的美国总统老布什(时任驻华办事处主任)专程前往参观。

除北京第一批令人瞩目的星级饭店之外,谈判协议书上签着庄炎林大名的著名饭店,还有南京金陵饭店。

南京金陵饭店高三十七层,为当时国内最高的饭店,并首设国内饭店的旋转餐厅。筹建时,争论也很大,虽然,中央领导小组审议同意利用侨资、外资建设旅游饭店,但省市意见不一致。南京市领导十分积极,但江苏省有的领导不赞成金陵饭店选择南京市中心新街口而建,因为这里是棚户区,困难户多,拆迁麻烦。

1979年秋,饭店投资方、南京籍新加坡归侨陶欣伯见饭店选址问题谈不下来,只好到北京搬出庄炎林做救兵。庄炎林和陶欣伯一家同飞南京。

到南京会谈后,省市意见仍然无法一致。庄炎林就组织陶欣伯他们在市内参观旅游,自己则去访问圈定拆迁的那些贫困户,耐心做工作。棚户区的贫困户大都表示理解,同意拆迁。庄炎林向南京市方面建议,先盖好这些贫困户的安居房,谁先同意拆迁,就让谁先挑新房,个别钉子户再想办法做工作。心中有数后,庄炎林打电话向正在上海开会的国务院主管旅游的副总理谷牧汇报。谷牧开完会后,即与国家计委的顾秀莲等人专程赶到南京,召集省市领导开会,这才拍板定下来。陶欣伯后来对庄炎林说:"你要是不和我们去南京,金陵饭店就建不成了。"

广东的中山温泉宾馆,广州的白天鹅宾馆、中国大酒店、花园酒店,都因为当时浮动利率很高(最高时达到年息20%左右),谈不下来。主持广东工作的习仲勋、杨尚昆要庄炎林跑一趟广东,协调商谈。庄炎林认为,不可能长期这样居高不下。经与外方反复商谈后,决定按照金陵饭店的模式:利率超过15%的,由外方负责;低于15%的,按实际计算。这样就把这些饭店的建设定了下来。这些饭店的投资方霍英东、胡应湘等后来对庄炎林说,那次你要是不下来,我们这几个饭店都谈不下来。

1981年,庄炎林(前排左)与霍英东(前排右)及儿子霍震霆夫妇

为了尽快适应旅游业的需要,庄炎林还建议在全国各大旅游区搞一批快速宾馆,包括家具、卫生间等在内的整套设备,全由美国、澳洲运来,相关管道一接即可使用,这就叫盒子结构。北京、南京、苏州、镇江、桂林、无锡等地,都建有这种盒子结构的快速宾馆,一般都是两层,很解决问题。

庄炎林还参与了国内自己投资兴建的北京国际饭店、华都饭店、深圳华侨城、香港中旅社的一些饭店以及全国许多地方华侨饭店的建设。

在庄炎林还兼着丽都假日饭店董事长时,1986年,国务院将旅游业纳入国民经济和社会发展计划。1992年,中共中央进一步明确旅游业是第三产业中的重点产业,全国各地发展旅游业的积极性被充分调动起来。经过二十多年的苦心经营,从住宿到交通,制约点逐一消除,旅游生产力大幅提高。中国旅游业由事业型转向产业型,由垄断经营转向开放搞活,由坐等来客转向主动出击,成就了今天的灿烂辉煌。2002年,中国旅游外汇收入居世界第五位。这一年,世界休闲组织理事会决定,2006年世界休闲博览大会在杭州举办。也是在这一年,上海被选定为2010年世博会主办地。中国开始以崭新的姿态,步入旅游大国的行列。

在旅游成为大众消费行为、进入寻常百姓家的今天,在中国已经发展成旅游大国的今天,回望中国旅游业在风雨兼程中走过的极不平凡的发展道路,提起中国最早利用外资建设旅游饭店的初衷,庄炎林这位可敬的长者总是百感交集。

第十二章　最美不过夕阳红

风范长存

庄希泉长期担任领导职务,尽管有专车,但他办私事时总要乘坐公交车。一次,他和秘书陈隆华(印度尼西亚归侨)一起到天津办事,顺便与从国外回来看望他的亲属见面。来往费用本可以报销,但他不干,甚至连秘书的费用也是自己掏腰包。

1973年厦门市开展农业学大寨期间,当地政府在规划平整土地时,因涉及庄氏祖坟而难以进行。庄希泉得知此情,同意迁坟,费用自理,并交代由儿子庄炎林负责出资,由弟弟庄朝旺到厦门具体操办,"采用收敛遗骸集中族葬办法",选址"以不占耕地为原则"。

庄希泉虽然对身边工作人员很关心,但要求也很严格,从不为他们谋私利。他雇佣的保姆赵月华,20世纪60年代丈夫病逝后,庄希泉便让她把未成年的儿子接来读书,抚养成人。庄希泉当上全国政协副主席后,按有关规定,赵月华的工资可由政府支付,但庄希泉没有开口,仍由自己出钱,直到秘书陈隆华报管理部门办理后他才同意。他认为,国家建设要花钱,自己能省则省,能出力则出力。最为感人的是,保姆年纪大了,庄希泉不仅没有辞退,而且还另请他人来护理,所以家里住了好几个老人。

庄希泉搬住崇文门小区后,为了照顾好已近暮年的这位国家领导人,组织上安排庄炎林与父亲比邻而居。

1983年6月4日,政协第六届全国委员会第一次会议在北京隆重召开,庄希泉和庄炎林父子一同参加,不同的是,庄希泉坐主席台,新当选为全国政协委员的庄炎林坐台下。

6月17日,会议选举邓颖超为全国政协主席,庄希泉再次当选为政协副主席。

会议期间,庄希泉、庄炎林父子和政协委员们还列席了六届全国人大一次会议,对全国人大设立华侨委员会表示拥护。

"老夫喜作黄昏颂,满目青山夕照明。"晚年的庄希泉非常欣赏全国人大常委会委员长叶剑英积极浪漫的诗句,积极参政议政。他最大的憾事之一,就是痛失廖承志。

1983年5月,金陵饭店落成。正在南京视察并扫墓的廖承志,虽说身体状况已经很差,仍然拄着拐杖兴致勃勃地参观了客房、商场和宴会厅,并欣然题词:"金陵饭店好!"在南京,廖承志还留下了他人生的最后一首诗:"金陵无限好,来到正清明。信笔纪心事,鲜花唁老亲。"

回到北京,廖承志就住进了医院。病中的他,还为全国侨联正筹备的侨乡风貌与华侨生活画展题字,岂知,这竟是他留给世界最后的珍贵遗墨。

6月2日,全国人大、全国政协两会召开党员大会,庄炎林见到从医院出来参加会议的廖承志,并向廖承志致以祝贺——他知道这次召开的六届人大拟选举廖承志为国家副主席。谁知6月10日凌晨,庄炎林在家接到从北京医院打来的紧急电话,报告廖承志心脏病突发,正在抢救。庄炎林马上和国务院侨办副主任林一心一同赶往北京医院,但天妒英才,廖承志经抢救无效,于当日清晨与世长辞。

庄炎林对廖承志的突然离去十分悲痛,他迅速赶回来将这一消息告诉父亲庄希泉。

轮椅中的庄希泉听后,呆了半晌,才语声沉重地缓缓开口:"三年,真的只有三年呀,他比我小了整整二十岁,怎么走得这么快啊,他还说要和我比赛呢!"

庄炎林知道,父亲说的三年,是指廖承志心脏搭桥后医生说的生命余暇。

庄希泉一语既出,早已满脸清泪。父亲和廖承志在中侨委共事,几十年来朝夕相处,亲密无间,庄炎林焉能不知!

庄希泉一任泪水流淌,看着儿子喃喃道:"廖公公而忘私,这几十年来,他为保护国外侨胞、归侨、侨眷的正当合法权益耗费了大量精力,真正做到了鞠躬尽瘁,死而后已。我们要向他学习啊!"

庄希泉、庄炎林父子对廖承志的突然离世感到悲痛难忍,廖承志的为人、操守,长年为华侨、旅游、港澳台和对日事务作出的业绩,他们最清楚不过了。

6月13日,庄希泉以全国侨联主席的身份,发表谈话哀悼廖承志,号召大家化悲痛为力量,努力做好侨务工作。6月24日,中央在人民大会堂隆重举行廖承志追悼大会,国家主席李先念致悼词,庄炎林参加了追悼会。

"人怀故乡事,心有千千结。"步入晚年的庄希泉更是如此。

1983年,庄希泉应《福建画报》之约,撰写了题为《永爱中华,长怀桑梓》一文,充分抒发了他如何真诚效法陈嘉庚,热爱祖国、热爱家乡的一片情怀。

1983年10月下旬,厦门国际机场举行通航典礼。该机场系向科威特借款兴建,由闽江水电工程局承建。从正式开工到建成,只用了八个半月的时间(不算前期工程),实现了令人难以想象的高速度。福建方面向庄希泉、庄炎林父子都发了请柬,但庄希泉年事已高,加之前些时候骨折初愈,医生认为不宜远行。庄炎林便与全国人大常委会副委员长叶飞、全国政协副主席杨成武两位闽籍开国上将,以及中国民航局局长沈图等,同乘专机飞往厦门。飞机降落前,可以看到金门岛,机上有人担心说:"别落错了地方,跑到国民党方面的金门去就糟了。"叶飞则风趣地说:"要是到了金门,我们就找他们谈判。"当专机平稳地降落在厦门高崎机场,舱门打开的一瞬间,但见整个典礼会场彩旗飘扬,锣鼓喧天,号声嘹亮。庄炎林的心情无比激动:厦门经济特区,终于有了一双坚实的翅膀!

庄炎林回京后告诉父亲所见所闻,并介绍说,厦门国际机场建成后,不仅通福州、桂林、广州、北京,而且要通往我国的香港、马尼拉及新加坡等地区和国家,还要通往美国的洛杉矶、旧金山。庄希泉频频点头,喜形于色,说道:"今后能直通台湾,就更好了。"

1984年,庄炎林(前排右二)参加全国侨办主任会议听胡耀邦总书记作报告

1984年3月19日,中共中央书记处召开会议讨论侨务工作。胡耀邦第二天作了有关侨务工作的报告。紧接着,胡耀邦又在4月召开的集各省、自治区、直辖市侨办主任参加的会议上发表讲话。胡耀邦说:"我想起许多归侨、侨眷在华侨农场生产生活还很困难,晚上都睡不好觉。"他建议国务院给华侨农场减免税,支持华侨农场尽快发展生产,改善归侨、侨眷的生活。国务院副总理谷牧当即表示赞同,大家都热烈拥护,为胡耀邦真心实意关心海内外侨胞深深感动。

庄炎林参加了这两次会议,回来向父亲作了汇报。庄希泉对胡耀邦的讲话十分赞赏:"自有华侨以来,华侨是对得起祖国的,但我们在很多方面却对不住华侨。自清朝以来,广大华侨或以金钱,或以性命,直接或间接参加建设祖国的活动,可谓不遗余力。当华侨在所在国面临厄运时,却得不到来自祖国的支持和帮助。尤其是清末政府当局,还把华侨当作'化外之民',华侨真是成了'海外孤儿'。"

听父亲徐徐道来,庄炎林少有地争辩道:"这还不是因为清末以来的几任政府皆腐败无能、积贫积弱所致,要是中国政府稍微像个样子,也不致如此。"

庄希泉叹了一口气,不置可否,只是接着说:"远的不说,新中国成立后,广大华侨以为从此有了依靠,可一个'文化大革命',海外关系成了'高压线',一些归国华侨也惨遭迫害,不知伤了多少华侨的心!"

庄炎林一时默然,半晌才说:"'文化大革命'的确让不少华侨、侨眷遭了难。值得欣慰的是,广大华侨并没有因此忌恨祖国,而是一如既往地热爱并关心祖国的建设和前途。"

庄希泉点点头:"别的不说,光每年的侨汇,对祖国的经济建设已是大大的助力。共产党充分肯定华侨对国家建设的贡献,这是有良心的话啊。但这还不够,今后我们应继续开明政治,发愤自强,提高国力,使外人不至于因我国力弱而凌虐我侨胞,只有关心侨胞,积极地维护侨民的生活、生存权益,才对得起他们。"

庄炎林这才明白父亲年纪虽大,但并不糊涂,他是在深层次考虑问题,为党分忧。咀嚼着父亲的话,庄炎林深感自己责任重大。

4月11日至4月16日,第三次全国归国华侨代表大会在北京举行。庄希泉卸下二届全国侨联主席职务,和叶飞一道,被推举为全国侨联名誉主席。

1987年9月9日是个特别的日子。这天,庄希泉步入百岁之年。

"山中常有千年树,世间难逢百岁人。"对一位为革命励志奋斗、饱经沧桑的老人而言,今天无疑是个具有标志性的日子。还在年初,庄希泉的海内外亲友就不约而同地提出,要为老人祝寿。守在父亲身边的庄炎林也有此意。庄希泉自是高兴,毕竟人的年龄越老,思念亲友故旧的心情越是迫切,他也没能例外。

但庄希泉没想到的是,全国政协和全国侨联也提出要为他祝寿。8月初,全国侨联向中共中央提出:鉴于庄老在海外侨胞中具有的影响,又系中央领导人中第一位百岁老人,建议为老人祝寿。中央迅即批复同意。

1987年,百岁老人庄希泉与庄炎林

9月26日这天,北京医院一间小客厅里,一场小型的祝寿活动在进行。

全国政协主席邓颖超给庄希泉送来了花篮,向他表示诚挚的祝福。

来医院祝寿的还有胡启立、习仲勋、叶飞、刘澜涛、宋平、杨静仁等领导人,他们纷纷走上前去,与庄希泉亲切握手致贺。有关方面负责人阎明复、周绍铮、张国基、廖晖等也参加了祝寿活动。福建省委副书记贾庆林代表福建父老乡亲,专程前来北京祝贺。

庄炎林告诉大家,老人百岁逢盛世,这些天很兴奋,25日很晚才入睡。

前来祝寿的,还有庄希泉的海内外亲友,大家济济一堂,其乐融融。

庄希泉端坐在沙发上,心情异常激动。尽管讲话已很困难,但他仍然颇有感触地告诉大家:"永爱中华,此志不渝,这是我一生的座右铭。"

1987年12月18日,马来西亚华人决定每年的这一天为华文教育节。庄希泉得悉消息,对庄炎林说:"南洋的华文教育,我和你妈妈是尽了力的,现在开花结果了,要是你妈妈还活着,她该有多高兴啊⋯⋯"

痛失至亲

1988年5月14日上午11点16分,庄希泉走完了一个世纪的人生之路,在北京医院安详地离开人世,享年一百岁。他留给世人最后的一句话是:"我最大的遗憾,就是没有看到祖国统一⋯⋯希望诸君努力啊⋯⋯"

5月15日,新华社发表专电通稿,报道庄希泉逝世的消息。《人民日报》《人民日报》(海外版)和全国各地以及海外报刊随即转发。

庄希泉的继室周吟萍在庄希泉病逝前还到北京医院来回奔走,颇为不幸的是,悲伤过度的她,一星期后,即于5月22日凌晨辞世,享年九十二岁。

5月27日下午,首都各界五百多人在八宝山举行庄希泉遗体告别会。中共中央、国务院、全国人大常委会、全国政协以及邓小平、杨尚昆、李先念、邓颖超等党和国家领导人送了花圈。国务院总理李鹏及万里、乔石、胡启立等中央领导,亲自到灵堂静默志哀。庄希泉国内外的亲属及好友云集而来,与庄希泉作最后的告别。

庄炎林从心底里敬爱父亲。29日,他在《人民日报》发表《安息吧,爹爹——悼念亲爱的父亲庄希泉》一文。在他满含深情撰写的《永爱中华"庄一中"》一文中称:"在他长达一个世纪富有传奇色彩的百岁人生历程中,饱受忧患,历经磨难,却始终弘扬伟大的爱国主义精神,执着地实践了他亲笔写下的'永爱中华,此志不渝'的誓言。"

所谓福无双至,祸不单行。没想到,不过百天,与庄炎林风雨同舟的妻子陈俶辛也撒手人寰。

三个月中走了三个至亲,泪不轻弹的硬汉庄炎林忍不住放声痛哭。据当年同是桂林高中同学的云南省政协副主席陈盛年回忆,庄炎林在那段日子里,内心十分悲痛,给他打过好几个电话倾诉,常常语声哽咽。此时的庄炎林也已是一位六十七岁的老人了！

但他毕竟是经历过风雨的共产党人，所以，他强抑悲痛，以满腔的热情，投身到新的领导工作中。就在7月间，他从国务院侨办顾问位置上，调任全国侨联党组书记，并增选为全国侨联第三届副主席，主持侨联工作。

子承父业当侨领

父子先后担任全国侨联主席，这在全国独一无二。可以说，庄炎林是循着父亲的足迹投身侨务工作的。

他认为，侨务工作是做人的工作，要广交侨界朋友，努力扩大团结面，以心换心，理解并保护他们爱国爱乡的热情，同时加快落实侨务政策的步伐，调动华侨、归侨、侨眷参加祖国建设的积极性，使他们在引进人才、资金和先进技术等方面发挥更大的作用。他还说，要善于打好"侨牌"，以前不敢打，没打好，是因为林彪、"四人帮"一伙把海外关系给妖魔化了，现在小平同志给海外关系平了反，说海外关系是好东西，我们就不能再瞻前顾后，要把"侨牌"作为好牌、王牌打出去。

1984年，为了贯彻胡耀邦总书记提出的要对华侨农场放宽政策、实行减免税的指示，庄炎林和新上任的国务院侨办副主任廖晖一起来到有几百万华侨的广西，帮助广西党政负责人排除困难，深入推动侨务工作。广西壮族自治区主席韦纯束清楚地记得，1985年，庄炎林又来广西检查侨务工作，一见面就说："华侨对我们贡献很大，现在有不少归侨、侨眷生活和工作有困难，我们应该关心他们，帮助他们改善生活条件，真正把'侨'字装进脑子里。"他拉韦纯束走了不少农场，还一起到来宾华侨农场住了一晚，事后有针对性地对韦纯束说："现在的华侨农场简直成了小社会，包袱很重，要响应中央号召，关心归侨和侨眷，首先应从给华侨农场减免税开始。"

投身侨务工作后，庄炎林身体力行地广交侨界及各方朋友。定居美国的原国民党北平警备区司令的儿子胡小川，来中国大陆时找到庄炎林。他对大陆修复浙江奉化的蒋氏祖坟十分高兴，参观后还在那里照了相，说要给蒋经国看。他与蒋经国熟悉，说蒋经国思念大陆，喜欢大陆的墨菊，可台湾没有。庄炎林说我给你选一盆，请你带去给蒋经国。接着又讲到国民党要人陈诚，说陈诚在台湾临死前还牵挂当年在南京官邸种下的树怎么样了，他的后人也很想知道。庄炎林说这个好办，立即叫南京方面前往陈诚的旧官邸照了相，也托他带走。胡小川把这几件东西带到美国后再转到台湾，听说蒋经国非常高兴，陈诚的后人也十分感谢。此后，蒋纬国托人拜谢了庄炎林，还送了笔记本和讲话录音给他。

1983年12月，叶飞受中共中央委托，统管党内侨务工作。叶飞是庄炎林在福建的老领导，他专门找庄炎林到家里谈了半天，询问国务院侨办、全国侨联、全国人大华侨委的情况，怎么个搞法。本身是菲律宾归侨的叶飞，晚年为保护归侨、侨眷权益，花了很大心血，主持制定了诸多法律草案，庄炎林对此表示由衷敬佩。当年叶飞主张在深圳创建华侨城，庄炎林积极拥护，并具体进行落实。他多次找广东省省长梁灵光，深圳市委书记、市长梁湘等人商谈，也跑了不少部门，做了许多推动工作，终于得到各有关方面同意，划出四平方公里的土地开发华侨城，并制定了一些优惠政策。

还在国务院侨办副主任任上时，一次，上级找庄炎林谈话，说组织上考虑派他去香港加强港澳工委。本来这事都谈好了，后来因故发生变化，庄炎林未能成行。别人都为他惋惜，他却平静地说："党的干部，就得听党的安排。"

长期以来，全国侨联没有人事权，处以上干部都要经过国务院侨办任命。实际上，连下面各个部门，也相应地受侨办各部门领导，侨联成了照顾"遗老遗少"的地方。

庄炎林认为，在新形势下，为了更好地发挥侨联的作用，侨联党组应在党中央领导下独立开展工作，不仅要搞国内归侨、侨眷的工作，还要搞海外侨胞的工作。他和父亲庄希泉有个共识，侨联以人民团体的名义出面，做海外华人华侨社团的工作，有些方面比侨办更为有利。可当时侨办有的领导想不通，还是坚持老观念，不同意侨联"独立"，认为侨联就搞归侨、侨眷的工作，不要联系海外，也不要涉足经济工作。

眼看第四次全国侨代会召开在即，庄炎林只好直接向刚走上中共中央总书记领导岗位的江泽民陈述己见。江泽民原则上同意这个建议，还答应出席侨代会并发表讲话，接见与会全体代表。

1989年12月18日至12月22日,第四次全国侨代会在北京举行。江泽民亲自与会祝贺并致辞。这是中央最高领导人第一次出席全国侨代会并发表重要讲话。李鹏总理和万里、乔石、姚依林、宋平、李瑞环、吴学谦、叶飞等党和国家领导人会见了全体代表。

会议选举产生了新一届全国侨联领导班子,庄炎林当选为主席。

上任伊始,庄炎林情不自禁地想起廖承志生前跟他讲过的"文化大革命"期间发生的一件事。

中国银行在东南亚某国有个分行,这是新中国成立之际,国民党银行起义,由中国银行接管延续下来的一个分行。当地华侨出于对祖国的感情和对新中国的信赖,一直积极存款,每年都为祖国增加一笔不小的外汇收入。"文化大革命"中,华侨亲属受到冲击和迫害,引起当地华侨的不满。国民党特务趁机制造谣言,一夜间在街头巷尾到处传播:中国银行快倒闭了,赶快去取钱,晚了就只能打水漂了。

小道消息也传到了银行工作人员的耳朵里,他们连夜调集和准备了大量资金,以应付侨民的提款高潮。第二天,当地华侨分成几路,在银行门外排起了浩浩荡荡的队伍。银行工作人员紧张的心陡然提起来了。开门后,人头涌动,喊声不断,却都是要存钱的声音。他们所报钱数不同,然而"存"却是一个共同的声音。

正在银行门外洋洋得意等着看好戏的人惊呆了,银行柜台里,担心出事的工作人员也惊呆了。

当时廖承志讲这个故事时,眼睛都湿润了。庄炎林听完,也忍不住红了眼圈。庄炎林每每想起此事,总是感慨万千:华侨以祖国为靠山,为了祖国的发展,他们不惜毁家纾难,这是何等的情怀!

他也油然想起父亲生前所言再不能亏待华侨的那席话。自己作为新一届全国侨联主席,一定要把侨务工作做好。

侨联独立、升格还不够,还要争取做政协界别的组成单位。这些问题,早在庄希泉当侨联主席时,就向时任总书记的胡耀邦反映过。胡耀邦认为,全国侨联应跟政府部门分开,侨办是国务院的办事机构,侨联是人民团体,是党和政府联系海内外广大华人华侨的桥梁和纽带,不仅对内,还可对外。但随着胡耀邦的离职,此事不了了之。

在其位谋其政。庄炎林把此事作为自己任内首先要解决的大事之一。根据工作进展,他计划在1991年元旦全国政协召开新年茶话会之时,向中央领导人郑重提出。

但就在这个时候,庄炎林多年来第一次住进了医院。1990年底,他赴长春参加吉林省侨代会后,又马不停蹄赶到深圳。回到北京后,又接到第二天一早去清华大学参加冬泳的通知。谁知,未做准备活动的庄炎林,在冬泳完后全身发抖,被送进北京医院,医生会诊后,说是得了急性肾炎。

身在病榻,庄炎林还想着侨联的事。1991年元旦这天,他提前出了院,利用参加全国政协新年茶话会的机会,把侨联做政协界别的组成单位的想法向江泽民、李鹏提出,言辞恳切。获得他们的口头同意后,庄炎林又找到时任中央办公厅主任的温家宝,递上正式报告。温家宝对此举表示支持,并表示提早讨论解决。

庄炎林的建议,很快就获得中央的批复同意。以前参加政协叫归侨界,现在叫侨联界,范围扩大了。

紧接着,在庄炎林的争取下,国务院办公厅于当年5月发出23号文件,确定全国侨联和各级侨联可以搞经济、办企业。此举也带动解决了工商联同样面临的问题。经过一番努力,华兴公司和华侨大厦得以归属全国侨联。

从1989年12月接掌全国侨联,至1994年6月卸任,庄炎林主政了五年的全国侨联工作。

1994年6月14日,第五届侨代会在北京隆重举行。江泽民、国务院副总理钱其琛等党和国家领导人莅临大会。江泽民再次发表热情洋溢的讲话,对侨务工作的新进展给予高度肯定,对新形势下进一步发挥侨联独特作用寄予殷切期望。庄炎林代表第四届委员会向大会作了题为《为振兴中华统一祖国的伟大事业作出新贡献》的工作报告。大会选举新一届侨联领导班子,杨泰芳当选为第五届侨联主席,七十三岁的庄炎林从领导岗位上退了下来。

古人云,人活七十古来稀。但是经常锻炼身体的庄炎林依然硬朗,思维依然清晰,精力依然充沛。这让有些人为他的"退位"惋惜,但庄炎林却非常平静,他说:"孔子讲过,七十而从心所欲不逾矩。我到这个年龄有什么不能接受的,想当年参加革命,还从未指望活到现在。虽然我从领导岗位上退下来,但我完全拥护中央和侨代会的决定。"

"中华第一老铁人"

庄炎林是政界、侨界名人,在体育界也是明星级人物,早年曾受到贺龙元帅的青睐,离休后仍被推举为中国老年体协常务副主席、北京市老年体协名誉主席、北京市冬泳和长跑两个俱乐部的主席。早在1949年就能开车的他,因为身体好,八十多岁了还被特批持有驾驶证。

其实,庄炎林小时候身体并不好,幼时得过大病,染上霍乱,差点没了命。喜欢运动的庄希泉为此强行让他参加体育锻炼,爬山、跑步不够,还要他跟着游泳。庄炎林到上海后,庄希泉专门给他买了月票,去青年会里游泳,夏天游,冬天也游。庄希泉眼见儿子游得不错了,便领着他到海里和大江大浪中击水。

常年不懈的刻苦锻炼,使庄炎林不仅告别了病羸之体,而且体魄愈练愈强健,精力愈练愈旺盛,屡出惊人之举。

有一年冬,由于寒流突袭,香港九龙一带北风料峭,温度陡然降至几十年来的最低点。因公来港的庄炎林,每日清晨却都要在深水湾海滨浴场畅游个把小时,还说:"海水冷得不够劲。"深谙健身之道的香港巨富霍英东闻之大为钦佩,还特地向他请教其中的秘诀。

20世纪50年代初期,他担任青年团福建省委书记并兼管体委工作时,曾两次从福州市大桥头游到二十多公里外的马尾闽江口。20世纪60年代初期,他担任闽江水电工程局党委书记时,多次参加横渡闽江的冬泳活动。担任福建省人委秘书长时,他曾利用假日一气在闽江畅游了六个小时,顺流直下三十五公里。1965年,庄炎林到闽南惠安崇武参加社会主义教育运

庄炎林用特制的二十公斤哑铃锻炼

247

动,曾救过几位不小心溺水的人。

跳水也是庄炎林热衷的体育运动之一,四十岁时他专门拜师学艺,很快便完成一级运动员的全部规定动作和自选动作,并取得二级运动员称号。有一年他到新落成的福州温泉游泳池三米板跳水,因为该游泳池设计不标准,水深不够,跳下去后被碰得头破血流,缝了十一针。

1974年,庄炎林奉调国家外经部。在他牵头下,北京市于1978年在玉渊潭公园八一湖举行首次冬泳表演。初时有几十人参加,翌年增加到一百多人。

1984年8月,庄炎林出差武汉,六十三岁的他横渡长江。

1985年5月,庄炎林出访菲律宾,在宿务市东面海边水深八千余米的玛利亚纳海畅游了十多公里。

这位运动爱好者不仅在大洋、江河中畅游,而且曾在高山湖泊天池和青海湖,甚至在冰山融雪的拉萨河里击水。

1986年5月初(阴历三月),庄炎林率队去西藏考察,他想畅游青藏高原海拔三千七百米的拉萨河。西藏自治区旅游局局长阿沛·仁清(全国人大常委会副委员长阿沛·阿旺晋美之子)说:"拉萨河水深流急,冰冷刺骨,千万不要下去。"庄炎林说不要紧,坚持跳下了水。拉萨河在雅鲁藏布江上游,奔腾着冰山流下的雪水,水流湍急,多有漩涡,在其中游泳需要强健的体魄和高超的技巧。

庄炎林以望七之身游拉萨河,被视为奇迹。当他第二次下水时,西藏自治区政府副主席毛如柏特地带电视台过来拍摄,因为这个季节从未有人下河游过泳。

青藏高原海拔四千六百八十米的羊卓雍措湖(仙女湖),也留下了庄炎林畅游的身影。

1987年3月,庄炎林在新疆检查工作时,来到举世闻名的天池。大天池冰冻三尺,厚可行车;小天池却仍是一潭好水。此时正天寒地冻,雪峰叠嶂,寒气逼人。望着碧波荡漾的湖水,庄炎林忽然动了冬泳的念头。其时,当地最低气温是零下摄氏十八度,寒冷彻骨,穿着棉衣还瑟瑟发抖的陪同人员纷纷劝阻,有人还使劲地拽着他说:"这小天池相传是王母娘娘盥洗的地方,这水一部分是从大天池的冰层下流出来的,一部分是高山融雪,夏天游泳还会抽筋呢。"这么一说庄炎林更乐了,说:"王母娘娘都可以盥洗,我也可以。"说着脱了衣服就跳下水,畅游了二十分钟,过了一把瘾。上岸后,他诗兴大发,脱口而出:

阳春三月雪初融,北疆风光冰犹封。

喜见瑶池明如镜,畅泳天池乐无穷。

值得提及的是,著名的铁人三项比赛(游泳、自行车和马拉松)还是庄炎林从国外引进,并率先参加完成全程。

1980年,庄炎林访问美国夏威夷。这里每年都举办各种各样的体育活动,像冲浪、铁人三项比赛等,因而吸引了世界各地的游客。庄炎林抵达时,夏威夷刚举办过铁人三项比赛。美国朋友问他:"中国有没有铁人三项比赛?"庄炎林自信地回答:"中国现在没有,今后一定会有。"

访美回来,庄炎林就积极倡议开展这项运动。经考察,他认为三亚市无论海浪、沙滩、风景都可与夏威夷媲美,甚至可以说"不是夏威夷,胜似夏威夷"。海南岛至今还没被开发出来,何不在那里举办中国首届铁人三项比赛,搞出名气来?

1986年底,庄炎林退居二线担任国务院侨办顾问后,有了从容的时间,有工夫组织铁人三项比赛了。经多方联系和一番筹备,1987年春节前夕,三亚市承办中国首届铁人三项比赛。庄炎林第一个报了名。虽然当时大多数中国人并不知道铁人三项运动是何物,但正如庄炎林所预料的那样,来自全国十九个省市自治区和解放军的二百多名运动爱好者前来报名。经组委会严格考核,有四十五人取得了比赛资格。六十六岁的庄炎林是年龄最大的参赛者,年龄最小的参赛者只有二十一岁。

比赛中,整整十二个小时,庄炎林除了喝一些饮料外,一口饭也没吃,中途也没有停歇,硬是完成了全程比赛,捧回了"中华第一老铁人"的奖杯和荣誉证书。让人吃惊的是,第二天,他照样进行游泳、跑步、拿大顶等体育锻炼。

同年7月5日,庄炎林再次参加在北京怀柔县举行的国际铁人三项马拉松比赛。年龄最大的庄炎林坚持到底,完成了全部赛程。他的出色表现,再次博得众人的喝彩。

自此,铁人三项运动在中国的土地上生了根。1989年8月,国家体委将此项目列为在全国正式开展的运动比赛项目之一,并于翌年初在北京成立了中国铁人三项运动协会,庄炎林任顾问。该协会随即加入国际铁人三项联盟。在中国倡导下，1991年6月29日，亚洲铁人三项联合会（简称亚铁联）成立，中国的楼大鹏担任亚铁联主席。

庄炎林倡导的运动项目还有不少，其中横渡琼州海峡颇值得提及。

从1810年英国著名诗人拜伦横渡赫勒斯滂海峡，揭开近代横渡海峡史的第一页以来，世界上许多海峡都为人类所征服，横渡海峡已成为世界性的游泳活动。曾几何时，欧洲人横渡英吉利海峡的事，引起了庄炎林的莫大兴趣，也激发了他的挑战决心，他希望中国人也能横渡自己的海峡。在他的积极倡议下，1988年5月1日，首次横渡琼州海峡活动在湛江市至海口市之间举行，庄炎林担任本次活动的顾问。

上午7点50分，庄炎林从雷州半岛徐闻县排尾角下水，晚上9点在海口市的白沙门上岸，行程直线三十多公里。组织者为庄炎林配备了一艘救生船，并派一名年轻力壮的游泳运动员陪护。两小时后，陪护的运动员对庄炎林说："我吃不消了！"庄炎林问他怎么啦，他说因为水太冷，浑身发抖。庄炎林知道他平时没有坚持冷水浴，怕对方抽筋，赶快游过去保护他，并招呼救生船过来，让他上岸。庄炎林以十三个小时又十分，粒米未进、没有靠船的奇迹游完全程。当总裁判和总指挥宣布他的成绩时，大家热烈鼓掌，称赞庄炎林"中华第一老铁人"名不虚传。

横渡琼州海峡的成功，是中国体育史上的壮举。它向世界宣布，欧洲人能横渡英吉利海峡，中国人也能征服琼州海峡。

跑步也是庄炎林喜爱的体育项目。他除多次参加正式的马拉松比赛外，一次"跑兴"大发起来，硬是沿着二环路，绕北京市奔了两圈多，足足五十余公里，方才止步。

多年来，庄炎林一直担任领导职务，工作忙，社会活动多，但他从未间断锻炼。不管是在家还是出门在外，哪怕忙到深夜，第二天照样早起锻炼。庄炎林坚持冬泳五十多年，练就了一副矫健的身躯，即使隆冬时节，所穿衣服都很单薄，令人难以置信。

自称体育运动杂家的庄炎林，还不时开发自己的潜能，创造新的健身路子。有一段时间，由于工作关系，他经常乘火车旅行，为此特意练就一手绝招——火车上拿大顶。在飞驰的列车上，他双手撑地，在过道上进退自如。后来，这一绝技竟然在国际航班上亮相，金发碧眼的国际友人大饱眼福的同时，不禁为中国老人喝彩。

庄炎林另有趣味盎然的三奇:他曾在香港表演倒立行走,如履平地;他引吭高歌,底气、韵味十足;他花甲之年特制一副二十公斤的哑铃,用于锻炼臂力。

1994年6月,七十三岁的庄炎林从全国侨联主席的岗位上退了下来。在一般人的想象中,此时的他应该安享晚年了。但庄炎林是个对工作充满信念、对生活充满激情的人,正是这份情怀,使他离休后的生活丰富而多彩。

2004年10月20日,由中国老龄协会和《人民日报》(海外版)共同举办的首届中国九九重阳敬老百老养生联谊会在北京人民大会堂隆重召开。年逾八旬的庄炎林腰板硬朗,精神矍铄,耳聪目明,思维敏捷,声若洪钟,他本人就是健康的最好证明。因此他所奉行的养生之道,受到众多老同志的欢迎。

有些老同志从领导岗位上退下来后,很长一段时间都无法适应现有的环境,往往产生失落感,久而久之影响了身心健康。庄炎林却保持一颗平常心,淡泊名利,真正做到了"恬淡虚无"。

千金难买老来伴,庄炎林的晚年安康,离不开第二任妻子的关爱。

1988年陈俶辛病逝后,庄炎林出访美国。旅居美国的女儿庄大欣见到父亲时主动建议父亲再找个老伴,并向父亲推荐了雷应申女士。

雷应申1937年出生于上海,其父雷立品在大革命时曾做过林伯渠的秘书,后到新加坡陈嘉庚的公司任职,回国后在银行工作。雷应申的外祖父林云琯和庄希泉是多年好友,在南洋有橡胶园。

雷应申的父母去世较早,上海交大毕业后,雷应申被分配到福建省广播电台工作,后到厦门大学物理系任教。因负责照顾和培养弟妹,她迟迟没有跨进婚姻的门槛。20世纪70年代末,雷应申的弟妹先后大学毕业,她也调任机械工业部。因为既有的关系,她和庄炎林一家颇有往来。庄炎林和陈俶辛一直想给雷应申介绍个对象,但都没成。陈俶辛过世后,庄大欣感到父亲年事已高,在国内又孤身一人,有必要找个知冷知热的伴侣。庄炎林与雷应申在1990年元旦喜结连理。

心中永系祖国

　　1999年11月中旬，庄炎林与夫人雷应申应邀出席在马来西亚云顶高原举办的世界安溪乡亲联谊大会。

　　除1965年，庄炎林陪同父亲专门回闽南安溪祖籍地寻根外，这是他1938年回国后，第一次返回安溪故里。以生产乌龙茶、铁观音闻名天下的安溪县，还是著名的侨乡、台湾同胞的重要祖籍地。

　　那次，庄氏父子在县侨联人员的陪同下，专门到毗邻厦门特区的龙门镇寻找祖父辈的远亲。得知庄氏祖庐所在地龙门镇，旅外华人华侨就达八万人之多，另有港澳台同胞二十多万人，而且这些海外赤子，时刻关心家乡的发展，支持家乡建设，庄希泉深为家乡自豪。

　　1992年，第一届世界安溪同乡会在新加坡召开，主办方郑重邀请了时任全国侨联主席的庄炎林，并把他列入主席团。庄炎林申请出境与会时，有关部门却以世界安溪同乡会这个社团没有级别为由，认为不需要全国侨联主席去，去个处长就行了。庄炎林没办法，只好给大会题了词，派夫人雷应申前往。来自世界各地的一千多名安溪乡亲代表出席了盛会，台湾的王永庆等人上了同乡会主席团，主席台上却没有中国大陆的来人。主办方误认为庄炎林当了大官，对世界安溪同乡会不是重视不够就是不屑于参加，而雷应申又不能把庄炎林受阻的情况如实相告，只好解释说庄炎林太忙。但主办方却接上一句："就庄先生当官忙，我们做生意的就不忙了？"弄得雷应申难以应对。新华社在报道这次会议情况时，对庄炎林没有与会很有意见，说都是安溪人，做个海外联谊，讲究什么级别呢！

　　这件事给庄炎林留下了深刻的印象。1994年10月和1997年11月，第二、第三届世界安溪乡亲联谊大会，先后在安溪县举办，庄炎林和雷应申一次也没落下。接下来，庄炎林夫妇参加了在马来西亚举行的第四届世界安溪乡亲联谊大会。会后，夫妇俩到新加坡探访亲友。

南洋,尤其是新加坡,承载着庄氏家族太多的情感和记忆。

庄希泉因为新加坡的那段经历,成为著名的侨领。余佩皋与庄希泉共同创办了南洋女校,双双投身华文教育,成为南洋女子教育的先驱。庄炎林的两个姐姐,长期在马来亚、新加坡执教,其后代多在南洋。当年带他到新加坡的大姐庄复生已于几年前辞世,九旬的二姐庄令昭,头脑还算清楚。她的大女儿林擎权、二女儿林擎治均在新加坡,儿子林擎威则在英国。

庄炎林六叔庄惠泉,在二战期间被任命为盟军新加坡一三六部队上校兼收复马来亚区副区长,一脉人烟尽在南洋。当年他与庄希泉虽然政见不同,但都主张爱国抗日。抗战胜利后,庄惠泉成为新马地区颇有影响的抗日英雄,后来还主编出版了史料价值很高的《新马华人抗日史料》一书。

当年在广西桂林时,庄炎林曾见过六叔庄惠泉。20世纪50年代中期,又曾在福建接待过回国考察的庄惠泉。庄惠泉逝于1974年,其妻尚在,儿子在美国,女儿在新加坡。

除庄惠泉外,庄氏一族在南洋还有值得称道者。其中庄炎林十六叔庄朝松,是为新加坡解放事业而牺牲在日军屠刀下的烈士。十三叔庄朝荣,在中国银行新加坡分行工作,新中国成立后,参加起义,为中国在新加坡的金融事业作出了贡献。

庄炎林给海外亲人们带来了喜讯:1997年3月, 中央政府正式批准在厦门建立庄希泉纪念馆,江泽民总书记亲自题写馆名。由庄炎林任主席的庄希泉基金会也已成立。

庄炎林一生多姿多彩,在海内外华人华侨中有很高的知名度,而且父母都跟新马有很深的渊源。1997年6月1日,新加坡《联合早报》刊发了《庄希泉"出让"李光前》一文,介绍了庄希泉、陈嘉庚知人善任,赏识、培养和重用新加坡工商巨子李光前的佳话。这层关系,使庄炎林来马来西亚、新加坡后,马上受到高度关注,当地媒体称"中华第一老铁人,少年时代在狮城"。

年少时曾在新加坡生活过的庄炎林,因为父亲庄希泉被英国殖民政府驱逐出境,年仅十三岁的他因此被视为"危险人物",使得他只能望着新加坡华侨中学的校门而兴叹,但他对新加坡、马来亚仍有很深的感情。时隔半个多世纪,他仍记得少年时住过的中芭鲁以及马来亚柔佛新哥打、吉兰丹哥打芭鲁等地方。他还记起了一些马来话和马来歌曲。他告诉记者, 那时在新加坡一分钱可以喝一杯咖啡,加牛奶也不过二分钱。

11月24日,新加坡安溪会馆举行热烈的欢迎会,接待庄炎林夫妇这两位来自国内的乡亲。陈嘉庚侄子陈共存、李光前儿子李承义等人与众人共聚一堂。

庄炎林夫妇在新加坡、马来西亚期间,还受到著名侨领唐裕、周颖南等的热情款待。

祖籍安溪的唐裕,是世界安溪乡亲联谊大会的创会会长。1991年在筹备新加坡安溪会馆成立七十周年庆典时,他就倡导筹备举办世界安溪乡亲联谊会,以作为世界各地安溪乡亲联络乡情、促进发展的有效载体,得到与会者的热烈响应。庄炎林对唐裕的爱国爱乡精神予以高度赞扬,并向他讲述了父亲庄希泉当年代表南洋华侨向祖国献旗的历史,介绍了祖国的华侨政策。

来到马来半岛最南端、紧靠赤道的这个城市,庄炎林眼前总是浮现出父母当年实业救国、教育救国的情景。庄炎林在新加坡专程参观了南洋女中。校方向老校主的后人介绍时还自豪地说,新加坡总统黄金辉的夫人和陈嘉庚的女儿、李光前的夫人陈爱礼等都是南洋女中毕业的。

南洋女校——南洋女中,这是庄炎林永远的记忆。多少年了,父母当年在南洋栽种的这棵教育小树,已结出了丰硕的果实,校誉远播。八十多年来,她培育出的一批又一批受过良好教育的女青年,步入社会,为新加坡的发展和壮大添砖加瓦。

2004年下半年,庄炎林夫妇还访问了台湾。他们在台湾待了八天,除见亲人和朋友外,还专门去了趟中山纪念堂,一是凭吊孙中山先生,二是那地方原是当年关押庄希泉的监狱。当年日本殖民者囚禁父亲的台湾监狱已物是人非,但庄希泉与日本殖民当局的斗争事迹,连同他和蒋渭水等台湾友人的事迹,却在台湾流传下来。庄炎林告诉亲人和朋友,父亲晚年和临终前对祖国统一大业十分牵挂。

2004年11月,以海内外安溪乡亲大团结、大联合、大发展为主题的第六届世界安溪乡亲联谊大会在安溪举行,庄炎林和全国政协副主席罗豪才及国务院侨办、福建省有关领导出席大会。

在温暖的侨情乡情里,庄炎林油然想到20世纪重返新加坡时华侨对他讲的那席话:"中国就像是一棵大树,我们都是她的枝叶,走得再远,也脱不了她的根系。"

"莫道桑榆晚,为霞尚满天。"时常连线海内外的庄炎林,有的是不湮的信念:绵绵瓜瓞,中华这棵大树枝繁叶茂,巍然屹立于世界之林。

后　记

庄希泉和庄炎林父子先后担任全国侨联主席，这是独一无二的人文风景。把他们的传记合二为一，是我们写作上的尝试。出版这部长篇传记，如果能帮助读者追忆、缅怀侨界先贤，并进一步鼓励海内外炎黄子孙见贤思齐，为国家、家乡的建设作出更大努力，那我们的心血便没有东流。

经庄炎林同志授权，并受我们所在单位中共福建省委党史研究室委派，我们前后花了三年的时间，完成了本书的撰写。其间，我们采访了伍洪祥(福建省政协原主席)、梁灵光(广东省原省长)、韦纯束(广西壮族自治区原主席)、王唯真(新华社原副社长、代社长)、陈白皋(国务院侨办原副主任)、肖岗(国务院侨办原副主任)、彭光涵(中国侨联原副主席)、李玉莺(中国旅游协会原常务副会长)、黄嘉(广西壮族自治区人大原副主任)、陈盛年(云南省政协原副主席)，以及尹伊、肖雷、吴书剑、张春山、刘瑜、陈耀明、庄朝亨、庄朝旺、许静梅、赵月华、程京献、傅克、陈隆华、黄顺达、许森源、梁永享、卢蒙坚、阳雄飞、胡习恒、吴文铿、姜中卫、杨秀波等同志。他们分别是传主的同事、战友、亲属、故交等，为我们提供了大量的第一手材料。我们也得到了全国政协、国务院侨办、中国侨联、国家旅游局、广西壮族自治区委党史研究室、桂林市委党史研究室、厦门市委党史研究室、安溪县委党史研究室等单位的大力支持，提供了查档及采访等便利。中共福建省委党史研究室原主任林玉涵、副主任汪一朝先生，也关心、支持本书的编撰，并予以指导，在此书由人民出版社出版时担任主编和副主编。在此，谨向上述热心人士和有关单位致以诚挚的谢忱。

拙著出版后，受到社会各界的好评，海内外报刊、媒体或报道，或连载和选载，给了我们极大的鼓舞。这次，我们根据山西人民出版社的意见，做了精心修订，删繁就简，重新呈献给广大读者。此书能在事隔七年后再版，离不开山西人民出版社领导和责任编辑吕绘元女士的大力推动。

在成书的过程中,我们曾长时间采访过本书传主之一庄炎林和夫人雷应申,并得到诸多弥足珍贵的原始资料。初稿完成后,庄老又逐字逐句地审看,一丝不苟地修订。

尚需一提的是,我们在写作中以史实为准绳,书中所涉人物和事件均无虚构,皆系经严谨考订、求证后再行下笔,唯因传记文学的体例关系,未作一一注释。请读者谅之,并放心当作信史来读。

"认定一项于国于民有利的事业,执着地追求下去,对过去不后悔,对现在不攀比,对今后有信心,这样就可以心态平衡、健身强体。"这是庄炎林留给我们的哲理警句,我们谨以此收尾,并与读者共勉。

钟兆云　易向农

2013年9月2日于福州屏山